核心问题——初中数学教学中的

学科教学核心问题研讨丛书

函数关系与几何证明

史宁中 著

中国教育出版传媒集团
高等教育出版社·北京

内容提要

本书以"函数关系"与"几何证明"为主线贯穿初中数学教学的核心内容，梳理了30个问题与30个话题。其中，"问题篇"以问题形式引出，深入探讨数学知识的本质内涵及其蕴含的数学思想方法；"话题篇"则以专题形式展开，侧重介绍重要概念、定理的产生背景、发展脉络及其逻辑关联。

本书充分体现《义务教育数学课程标准（2022年版）》的基本理念，有助于读者理解内容的数学本质，感悟内容的数学思想，可以作为初中数学教师校本研修的教材或参考书，为初中数学教学、数学教学研究提供参考。

图书在版编目（CIP）数据

函数关系与几何证明：初中数学教学中的核心问题 / 史宁中著. --北京：高等教育出版社，2025.7.
（学科教学核心问题研讨丛书）. -- ISBN 978-7-04-064430-2

Ⅰ. G633.602

中国国家版本馆 CIP 数据核字第 2025K1C890 号

HANSHU GUANXI YU JIHE ZHENGMING
——CHUZHONG SHUXUE JIAOXUE ZHONG DE HEXIN WENTI

策划编辑	王文颖	责任编辑	王文颖	封面设计	张志奇	版式设计	杨 树
责任绘图	李沛蓉	责任校对	王 雨	责任印制	高 峰		

出版发行	高等教育出版社	网 址	http://www.hep.edu.cn
社 址	北京市西城区德外大街4号		http://www.hep.com.cn
邮政编码	100120	网上订购	http://www.hepmall.com.cn
印 刷	山东新华印务有限公司		http://www.hepmall.com
开 本	787mm×960mm 1/16		http://www.hepmall.cn
印 张	18.5		
字 数	240千字	版 次	2025年7月第1版
购书热线	010-58581118	印 次	2025年7月第1次印刷
咨询电话	400-810-0598	定 价	49.00元

本书如有缺页、倒页、脱页等质量问题，请到所购图书销售部门联系调换
版权所有 侵权必究
物 料 号 64430-00

前　　言

　　正如我在《基本概念与运算法则——小学数学教学中的核心问题》的前言中所说的那样,自《义务教育数学课程标准(2011年版)》颁布之后,国家组织了大规模的中小学教师培训,面对许多数学教研员和一线数学教师提出的问题,我就萌发了写一本书来回答这些问题的想法。最初,我只是想写一本关于小学数学的案头书,讨论小学数学教学中的一些核心问题并拓展这些内容,便于小学数学教师在教学过程中遇到问题或需要拓展时查阅。2013年,我交稿后,高等教育出版社的编辑王文颖打电话给我,希望也给初中数学教师和高中数学教师分别写一本类似的书,并且希望我把书名一并考虑提出。我经过一些思考就确定了从小学到高中这三本书的书名:《基本概念与运算法则——小学数学教学中的核心问题》《函数关系与几何证明——初中数学教学中的核心问题》《数形结合与数学模型——高中数学教学中的核心问题》。这三本书的书名表达了我对基础教育阶段数学内容的结构性思考,这样的思考也逐渐落实到普通高中和义务教育数学课程标准的修订工作之中。

　　时间如川之流逝,一晃十余年过去了。2013年我写给小学数学教师的书出版了,在完成《高中数学课程标准(2017年版)》修订工作后,2018年我写给高中数学教师的书也出版了。按照计划,在完成《义务教育数学课程标准(2022年版)》修订工作后,本应随即推进初中数学教师用书的编写工作,然而因为我需要处理多项其他事务,使成书进度有所延迟。

　　按照《义务教育数学课程标准(2022年版)》的思路,小学第一、二学段(1~4年级)的数学学习是每个学生接受数学教育的开端,只涉及数学最为基本的概念和方法,并且遵从儿童的认知规律,概念应从现实背景出发,方法应从实际意义出发,这个阶段的数学学习主要基于儿童经验的认知。到第三学段(5~6年级),小学数学教育才提出初步数学化的要求,希望学生能够逐渐脱离现实背景和实际意义,一般性地感悟数学的概念和方法,学会用字母表达数量之间关系。这就是《义务教育数学课程标准（2022年版）》提出的数概念一致性和数运算一致性的要求。

基于上面的表述，我们可以认为，真正的数学教育应当始于初中阶段。这是因为，从初中阶段开始的数学教育，才有了揭示概念内涵的数学定义，才有了表述条件与结果之间关系的数学命题，才有了遵循论证规则的数学证明。于是，才有了这本书的书名所表述的、义务教育阶段数学最重要的两个方面：函数关系与几何证明。这样，相应的数学能力或相应的数学核心素养，也从基于经验的感悟上升到基于概念的思想。希望初中数学教师能够在这样的变化中领会初中数学内容的本质，以及相应的数学基本思想，在教学过程中引导学生学会数学思考。正像我们反复强调的那样，学生会思考问题需要经验的积累，是在自己思考问题的过程中逐渐形成和发展的。我们把这样的教学目标浓缩为"四基"和"四能"，这是"三会"所表述的数学核心素养的底蕴与精髓，因此至少在这个意义上，《义务教育数学课程标准（2022年版）》是传统数学课程标准的延续和拓展。

如前所述，真正意义的数学定义、数学命题和数学证明都始于初中数学，因此本书的第一部分专门讨论数学的定义、命题与推理，为了便于初中数学教师把握这些内容的本质特征，这一部分的讨论从最原始的概念开始。本书其他三个部分按照"数与代数""图形与几何""统计与概率"这三个学习领域组织，虽然这三个学习领域与小学数学一致，但初中阶段的内容发生了本质的变化，择其要点表述如下。

在"数与代数"学习领域，数的认识从非负有理数拓展到一般有理数，于是在数的运算中出现了有负数参与的四则运算；运算的对象由数拓展到字母，这便有了代数式运算，有了字母表达的等式与不等式；与此同时，数量关系的求解发生了根本性的变化，这就是由四则运算的求解拓展到方程式求解；数量关系的表达也发生了根本性的变化，这就是引入变量，形成了数学中最重要的函数概念。相对于传统的数与代数的教育，《义务教育数学课程标准（2022年版）》的一个最大变化是，提出了代数证明的要求，要求证明"加一个正数比原来的数大""加一个负数比原来的数小""个位、十位、百位的数相加能被3整除，这个数就能被3整除"等代数命题。为此，课程标准提供了两个代数证明的基本事实①，一个基本事实与传递性有关：等量的等量相等，另一个基本事实与等式的性质有关：等式的两边加减同一个数等式不变。希望学生在数与代数内容的学习中，不仅能够培养运算能力，也能培养逻辑思维能力，感知代数命题的逻辑推理比几何命题更加贴近生活。

在"图形与几何"学习领域，在小学阶段直观感知的基础上，学生需要理解定义的几何研究对象以及研究对象之间的关系，理解几何学基本事实的现实意义和理论意义；理解平行线公理，感知平行线判定定理和性质定理之间的关系，在探索并证明的过程中开始熟悉几何学的演绎证明，尝试一种强有力的数学证明方法，即反证法；进而，在小学阶段直观叙述的基础上，可以用演绎法证明三角形内角和为 180°；感悟并且表达图形运动三个最重要的概念、即平移、旋转、轴对称，在图形变化的过程中感悟几何不变量，即两点间距离保持不变；基于对几何不变量的理解，开始学习欧几里得几何最为生动的论证，这就是关于图形全等和图形相似的证明。《义务教育数学课程标准（2022 年版）》把尺规作图中的部分内容，如"作给定线段""作给定三角形周长"等内容放到小学，与此同时，对初中数学尺规作图的学习提出更高的目标，要求在教学过程中启发学生思考作图的方法，把传统的技能性学习提升为想象力的实践，培养学生的几何直观和空间想象力。

对于数学教育，数形结合始于初中数学，是通过数轴和绝对值表述的。小学阶段的数学，已经构建了自然数的数轴和自然数数对的平面直角坐标系，借此叙述了数与点之间的对应。更进一步，初中数学的要旨，是把数与点之间的对应拓展到数量与距离之间的对应②，但在本质上，这样的对应是形式上的。无论如何，这样的拓展也是极为重要的，因为度量是数学的本质。

在"统计与概率"学习领域，为了适应大数据时代的需要，增加了平均数和百分数分布式计算的要求，这与高中数学方差分布式计算的要求一脉相承，希望学生能够在这样的系列学习中，感悟利用多台计算机并行计算的必要性，理解瞬时计算的基本原理；增加了数据分类的要求，聚焦将给定数据分为两类这样的简单形式，感知如何制订判断分类方法好坏的准则，如何用数学的语言表达所制订的准则，理解现实生活中随机决策的基本特征。

---

① 参见本书问题 5 的讨论可以知道，这两个代数基本事实来源于欧几里得《几何原本》五个公理中的前三个公理。

② 参见本书问题 14 的讨论。

学生在经历用数学的语言表达现实世界的过程中,提升数据分析能力,形成初步的模型思想。

《义务教育数学课程标准(2022年版)》给"综合与实践"学习领域赋予了具体内容,这也是一个重大的变化,这个变化源于课程方案中关于跨学科主题学习的要求。这个部分的学习内容大体上可以分为两类,一类是主题式学习,基本形式是学习跨学科的内容,如小学数学把传统的"常见的量"的内容移到"综合与实践"学习领域;一类是项目式学习,基本形式是在解决实际问题的过程中完成项目式学习,这里所说的项目类似科学研究或工程实施,希望引导学生经历"制订具体目标、设计解决方案、提交验收报告"这样的规范性过程,有意识地培养学生的应用意识和创新意识。为此,本书在"话题篇"中讨论的许多问题,可以作为主题式学习,特别是项目式学习的素材,这些内容大多数是初中数学内容的历史回顾和现实意义的拓展,以及与相关内容有关的数学思想和数学文化。

与写给小学数学教师和高中数学教师的那两本书类似,本书回答了初中数学教学中最为本质的 30 个问题,以及作为知识拓展的 30 个话题。统观三本书的问题和话题,我也发现整体结构编排不尽合理,前后逻辑不尽顺畅,这是三本书跨度十余年分别撰写使然。或许,我还需要花费一些时间重新规划这三本书的内容,重新设计问题和话题,因此可能还要出版这套书的第二版。

我希望这本写给初中数学教师的书也能受到欢迎,对教师理解和实施《义务教育数学课程标准(2022年版)》有所帮助,也期待读者提出宝贵意见,作为未来第二版的修订参考。

史宁中

2025 年 1 月

目　录

问　题　篇

第一部分　数学的定义、命题与推理 …………………………… 3
- 问题 1　什么是数学的定义? ………………………………………… 4
- 问题 2　什么是数学的命题? ………………………………………… 11
- 问题 3　为什么基础教育阶段的数学不说公理而只说
  基本事实? …………………………………………………… 17
- 问题 4　什么是数学推理? …………………………………………… 22
- 问题 5　什么是代数推理? …………………………………………… 25

第二部分　数与代数 ……………………………………………… 32
- 问题 6　如何理解分数和小数的现实意义? ………………………… 33
- 问题 7　如何理解分数和小数的数学意义? ………………………… 39
- 问题 8　如何理解负数? ……………………………………………… 43
- 问题 9　如何理解初中数学中的有理数运算? ……………………… 46
- 问题 10　什么是代数式的表达与运算? …………………………… 48
- 问题 11　如何理解方程的内涵? …………………………………… 52
- 问题 12　为什么说韦达定理是代数学的发端? …………………… 57
- 问题 13　如何理解函数? …………………………………………… 59

第三部分　图形与几何 …………………………………………… 65
- 问题 14　为什么说数轴和绝对值是数形结合的发端? …………… 66
- 问题 15　如何理解反证法的推理逻辑? …………………………… 68
- 问题 16　如何理解几何作图的教育价值? ………………………… 71
- 问题 17　如何理解和表达图形的运动? …………………………… 73

问题 18　相似图形的本质是什么？ ………………………………… 76
问题 19　如何理解初中数学中的三角函数？ …………………… 79
问题 20　为什么只有五种正多面体？ …………………………… 82
问题 21　什么是空间与空间观念？ ……………………………… 85
问题 22　如何理解一笔画？ ……………………………………… 88

第四部分　统计与概率 ……………………………………………… 93

问题 23　如何理解随机事件和概率？ …………………………… 94
问题 24　统计学的思想方法是什么？ …………………………… 98
问题 25　如何理解样本和总体？ ………………………………… 100
问题 26　为什么要把百分数纳入统计的内容？ ………………… 103
问题 27　如何理解数据分组的原则？ …………………………… 105
问题 28　如何理解分布式算法？ ………………………………… 109
问题 29　如何理解数据的集中趋势？ …………………………… 113
问题 30　如何理解定性数据定量化？ …………………………… 118

话　题　篇

话题 1　数学定义的基本原则 …………………………………… 125
话题 2　数学命题判断的基本原则 ……………………………… 130
话题 3　三段论与数学证明 ……………………………………… 135
话题 4　基于公理体系和运算法则的四则运算 ………………… 143
话题 5　有理数与音乐的故事 …………………………………… 150
话题 6　算术基本定理与素数的分布 …………………………… 154
话题 7　杨辉三角与圆周率的有理数表达 ……………………… 159
话题 8　如何理解无理数 ………………………………………… 161
话题 9　实数与自然数的共性和差异 …………………………… 169
话题 10　复数与代数基本定理 …………………………………… 175
话题 11　时间的表达与数学模型 ………………………………… 181
话题 12　六十进制与中国古代纪日纪年 ………………………… 187
话题 13　勾股数与太阳的高度 …………………………………… 191

话题 14	中国称谓的由来 ……………………………	197
话题 15	地球球形的认知与经纬线 …………………	205
话题 16	平行线公理与三种类型的几何 ……………	210
话题 17	直角坐标系的提出 …………………………	217
话题 18	极坐标与球坐标 ……………………………	222
话题 19	欧几里得全等公理的局限性 ………………	226
话题 20	公理体系的合理性 …………………………	229
话题 21	距离和基于距离定义的几何体系 …………	235
话题 22	尺规作图的最大范围 ………………………	238
话题 23	数学表达：与时间无关的比例模型 ………	242
话题 24	数学表达：与时间有关的比例模型 ………	247
话题 25	数学表达：关于对称美的感觉 ……………	252
话题 26	海量数据、大维数据、大数据 ……………	258
话题 27	信息的数学度量 ……………………………	262
话题 28	随机指标的数学表达 ………………………	265
话题 29	数学的抽象结构与模式 ……………………	269
话题 30	数学模型是用数学的语言讲述现实世界的故事 ………	274

问题篇

第一部分　数学的定义、命题与推理

从小学数学到初中数学，最重要的变化就是开始建立数学概念并尝试进行数学推理，其中的数学概念是通过数学定义和数学命题表述的。

数学教育之所以能够培养人的逻辑思维能力，是因为数学推理是有逻辑的。数学推理的逻辑是如何体现的呢？什么样的推理才是有逻辑的推理呢？是通过推理结论是否正确进行判断，还是通过推理过程是否环环相扣、步步有据进行判断？对于数学教育，甚至对于逻辑学和认识论，都应当明确回答这些问题。我们将在本书第一部分回答这些问题。

推理是命题判断到命题判断的思维过程，数学推理是数学命题判断到数学命题判断的思维过程。因此，讨论数学推理还必须讨论数学命题。现行初中数学教材普遍认为，命题是一个判断语句，这是不准确的，命题其实是一个供判断的语句。这就意味着，数学命题可能正确也可能不正确，但是数学命题本身不承担判断的任务，判断是数学的任务，更准确地说，判断是数学活动参与者的任务，这里所说的参与者包括教育者和学习者，更包括数学命题的创造者。

为了能够进行数学命题判断，数学命题的表述必须清晰，数学命题中的所指项必须定义清楚，因此，数学推理还涉及数学定义。数学定义是对数学研究对象的表述，人们普遍以为，一个好的数学定义必须能够揭示数学研究对象的内涵，但事实并非如此。数学的研究是抽象的，数学的研究对象不可能是现实的存在，而只能是抽象的存在，因此，数学最基本的研究对象的表述只能是名义的，这是因为关于研究对象的任何具有物理属性的表述都会引发悖论。

欧几里得几何影响之大，以至于人们把几何证明等同于演绎推理，甚至等同于公理化推理。但是，现代数学的发展表明，公理并不是不证自明的真理，它只是一种假设。因此，课程标准用基本事实替代公理，强调的是逻辑推理而不是公理化推理。同时，课程标准增加了代数推理的内容，并给出了适用于代数推理的两个基本事实。这些也都是本书第一部分要讨论的内容。

那么，应当如何理解"数学定义""数学命题""数学推理"这三者之间的关系呢？我想，最合适的表述大概就是《墨经·小取》所说的"以名举实，以辞抒意，以说出故"。本书将在第一部分的最后一个段落给出解释。

问题  什么是数学的定义？

在形式逻辑的教科书中，对定义的描述大体是，定义是揭示研究对象内涵的逻辑方法①。这个描述似乎非常深刻，对定义的功能寄托了很大的期望。但是，数学定义的演变过程说明，这种深刻的要求对于数学最本源、最基本概念是不可行的。我们分析如下。

欧几里得《几何原本》是用揭示内涵的方法来定义数学概念的最早的实践者，这部著作是从点、线、面的定义开始的②：

点是没有部分的。
线只有长度而没有宽度。
面只有长度和宽度。

基于这样的定义以及规定的五个公理和五个公设，欧几里得用演绎推理的方法论证了一系列数学命题，特别是一系

---

① 参见：金岳霖. 形式逻辑［M］. 北京：人民出版社，2005：41-42. 也可参见：诸葛殷同，张家龙. 形式逻辑原理［M］. 北京：社会科学文献出版社，2007：41.
② 参见：欧几里得. 几何原本［M］. 兰纪正，朱恩宽，译. 南京：译林出版社，2014：1.

列几何命题。至少是从欧几里得开始,这种形式逻辑的论证方法成为数学研究的典范,引领了数学二千多年的发展。事实上,这样的论证方法也成为科学研究的典范,以至于科学家牛顿的伟大著作《自然哲学之数学原理》也模仿了欧几里得的写作风格。

可以看到,欧几里得的定义试图揭示几何学最基本概念的内涵,抽象地表达了人们对于基本图形的感觉。但是,这样的定义至少存在两种弊病。

<mark>第一种弊病是关于定义的内涵</mark>。欧几里得的定义令人费解,他所说的"没有部分"是什么呢?特别是,欧几里得论证的第一个命题是"对给定线段作等边三角形",在论证过程中,欧几里得不加任何解释就利用了"两条线相交必然交于一点"这样的结论。现在就引发了问题:两条线相交,怎么能交于"没有部分"的地方呢?如此仔细追究下去,貌似严谨的欧几里得几何就会漏洞百出,其原因就在于那些企图揭示内涵的定义。

<mark>第二种弊病是关于定义的外延</mark>。根据欧几里得的定义,我们能够举例说明什么是"点"吗?例如,感官告知我们"空气"是没有部分的,那么是否可以说"空气"是"点"呢?"颜色"也是没有部分的,那么"颜色"是不是点呢?显然,利用欧几里得的定义很难进行判断。

如果一个定义既解释不清内涵,又确定不了外延,那么这个定义还有什么意义呢?然而人们还是非常宽容的,不到万不得已不会轻易去改变,而是千方百计去解释。可是,万不得已的时刻还是到来了,并不是因为几何学,而是因为一种强大的数学工具——微积分的出现。虽然微积分很有"威力",数学家们却解释不清其中的道理,后来人们逐渐认识到,为了合理地解释数学体系,必须重新认识数学最基本的研究对象,必须把人们对"形"的几何直观与对"数"的符号表达有机地结合起来,因此需要有效地表达几何学最基本的研究对象。

几何公理体系需要不加定义的基本概念。射影几何学创始人、德国数学家帕施明确地意识到,在一个几何公理体系中,必须要有不加定义的基本概念,因为只有这样,才能使这些基本概念完全摆脱图形的直观和物理属性的约束。此外,帕施还意识到,在一个几何公理体系中,所给出的公理必须能够刻画那些不加定义概念的全部特征,以及这些概念之间的关系,在这个意义上,公理并不是过去人们所认为的不证自明的真理,而仅仅是人们用以构建不同几何体系的假设。他在1882年出版的《新几何讲义》中表达了自己的想法①:

> 如果几何学要成为一门真正演绎的科学,那么必不可少的是:做出推论的方式既要与几何概念的意义无关,又要与图形无关;需要考虑的全部东西只是命题和定义所断言的几何概念之间的联系。

数学家希尔伯特在1899年出版的著作《几何基础》实现了这样的想法,模仿欧几里得的《几何原本》,希尔伯特也把定义写在著作的开篇②:

> 设想有三组不同的对象:第一组的对象叫做点,用 A,B,C,…表示;第二组的对象叫做直线,用 a,b,c,…表示;第三组的对象叫做平面,用 α,β,γ,…表示。点也叫做直线几何的元素;点和直线叫做平面几何的元素;点、直线和平面叫做空间几何的元素或空间元素。

乍一看上面的定义,人们会以为希尔伯特是在开玩笑,因为这样的定义只是用符号表示了所要研究的对象而已,相当于什么也没说。事实也确实如此,希尔伯特所给出的定义是对欧几里得定义的终极否定:不仅没有揭示对象的内涵,甚至没有描述所要定义的对象是什么。但是,这样的理解是

---

① 参见:克莱因. 古今数学思想:第4册 [M]. 北京大学数学系数学史翻译组,译. 上海:上海科技出版社,1981:78.
② 参见:希尔伯特. 几何基础:第2版 [M]. 江泽涵,朱鼎勋,译. 北京:科学出版社,1995.

深刻的，正如他所论述的那样[1]：

> 欧几里得关于点、线、面的定义在数学上是不重要的，它们之所以成为讨论的中心，仅仅是因为公理述说了它们之间的关系。换句话说，无论把它们称为点、线、面，还是把它们称为桌子、椅子、啤酒瓶，最终推理得到的结论都是一样的。

如果定义只是一种形式化的符号表示，那么定义本身就不重要了，重要的是研究对象的性质及研究对象之间的关系。于是，在给出研究对象的符号表达的定义之后，《几何基础》提出了五组公理来确定研究对象的性质和研究对象之间的关系，诸如前面谈到的"两条直线相交必然交于一点"这样的问题也就迎刃而解了。有了公理体系作为保障，确实不需要那些"揭示研究对象内涵"的定义了，我们称这样的定义为名义定义。

名义定义。名义定义是指给某一类数学研究对象标明符号或指明称谓。例如，前面所说的希尔伯特对几何学基本研究对象的表述，就是标明符号；又如自然数的定义，汉语用"二"、英语用"two"称谓两个小方块的数量，但共同用符号"2"表示这个数量，就是指明称谓。事实上，只有这样的无任何物理属性的定义，才可能避免悖论的出现，凡是具体的述说必然会引发反例[2]。

下面，我们通过一些名义定义的实例，探讨名义定义的表达模式，分析其中的逻辑内涵[3]。例如，考虑下面两个名义定义：

---

[1] 参见：瑞德. 希尔伯特：数学界的亚历山大 [M]. 袁向东，李文林，译. 上海：上海科学技术出版社，2001：90.

[2] 比如集合定义，最初康托试图给出揭示内涵的集合定义，但引发了包括罗素理发师悖论在内的诸多悖论，于是现在人们普遍认同的 ZF 集合公理系统采用的集合定义也是标明符号的，参见：COHEN PAUL J, REUBEN HERSH. Non-Cantorian set theory [J]. Scientific American, 1967, 217: 104-116.

[3] 几乎所有形式逻辑的教科书中，都不讨论这种形式的定义，似乎这样的定义是不重要的。但是，对于数学的研究，特别是对于数学教育，却不能不重视这种形式的定义。

称这样的数量为3。

称这样的图形为线段。

第一个定义是对研究对象标明符号,第二个定义是对研究对象指明称谓,其中"这样的数量""这样的图形"是所要定义的东西,称为被定义项,"3""线段"是定义出来的东西,称为定义项。在这样的定义中,被定义项往往是具体的东西:"这样的数量"可以是三个小方块,也可以是三个小圆圈,是对数量的抽象;"这样的图形"可以是一条直线段,也可以是几条直线段,是对图形的抽象。这样的定义看似简单,但其逻辑内涵却很复杂。

如果用 x 表示被定义项,用 A 表示定义项,则可以把上面的定义表示为"$x \rightarrow A$"的形式。表达式中的符号 x 容易理解,它是一个或者几个具体的东西;但符号 A 需要这样理解:表面上看,A 是一个名词,蕴含的是一个东西,但实际上 A 却是一个集合或者一个类,表示的是一种数学共性。例如,在第一个定义中,A 表示所有数量是3的那些东西的数学共性;在第二个定义中,A 表示的是所有图形是线段的那些东西的数学共性。这样,表达式描述的是一个数学抽象过程:x 表示具体的对象,$\rightarrow$ 表示抽象的过程,A 表示抽象的结果。

有了这样的关于"点"的符号化定义,就可以用"点"的符号与表示"数"的符号对应。因为在数轴上,所说的点是该点到原点这个线段的长度,这就实现了线段长短与数量多少的对应,实现了几何与算术的结合(参见本书问题14的讨论)。在此,我想强调的是,人对于数量多少的感知和对距离远近的感知是本能,这两种本能是人对数学认知的出发点,因此,应当作为数学学习的起点[①];同时,这两种本能的数学特征是一致的,这就是传递性。如同本书问题4将要讨论的那样,传递性是推理逻辑的思维基础,这样,合理的思维基

[①] 参见:史宁中. 试论人的基于本能的认知[J]. 东北师范大学学报(哲学社会科学版),2020(5):1-8.

础也是源于人的数学认知的本能。

<u>实质定义</u>。实质定义是指用揭示内涵的方法对数学的研究对象赋予称谓。虽然数学的实质定义是数学教材普遍采用的定义方法，但必须注意的是，实质定义中话语的准确性往往依赖名义定义，特别是基本概念的实质定义。我们考虑下面两个实质定义：

偶数是能被 2 整除的自然数。
三角形是由三条线段端点首尾相接组成的平面图形。

在第一个定义中，首先要明晰"自然数"和"整除"这两个基本概念，其中自然数的概念源于名义定义；整除针对的是除法，除法是乘法的逆运算，乘法由加法的扩张得到，加法源于名义定义。因此，这两个基本概念都源于名义定义。在第二个定义中，需要明晰"线段"和"线段端点"这两个基本概念，如前所述，也都源于名义定义。

实质定义揭示的是"被定义项"的实质，这里所说的实质往往是性质。例如，偶数的性质是能被 2 整除；三角形的性质是三条线段端点首尾相接。如果"定义项"能够形成一个集合，那么"被定义项"恰好是这个集合的一个子集。例如，偶数是"自然数"这个集合的一个子集，三角形是"平面图形"这个集合的一个子集。如果用 P 表示性质，分别用 A 和 B 表示被定义项集合和定义项集合，那么实质定义是一个具有系词结构的陈述句，可以用符号表述为：

A 是 B 中具有性质 P 的子集 $\Leftrightarrow x \in A$，则 $x \in B$ 并且 $x \to P$ 成立。

借用生物学的分类系统[①]，种隶属于属，在上述陈述中，把被定义项、集合 A 作为种，把定义项、集合 B 作为属；集合 A 中的元素是集合 B 中的元素，并且具有性质 P，称这样的性质 P 为种差。如果集合 B 中存在不具有性质 P 的元素，这样的定义就确定了集合 B 中的一个真子集 A，可以赋予特殊

---

① 按照生物学的分类，主要级别依次为：界、门、纲、目、科、属、种。

的称谓。借助生物学的概念，人们称这样的具有隶属关系的定义为属加种差。

为了数学的严谨性，数学定义只有属加种差的限制还是不够的。例如，以往小学数学教材中关于方程的定义是这样的①：

称含有未知数的等式为方程。

在形式上，这是一个属加种差的定义，其中"方程"是种，"等式"是属，"含有未知数"是种差，符合属加种差定义的要求。可是，含有未知数的等式未必就是方程，如等式 $2x-x=x$ 是含有未知数的等式，但这样的等式表示的是符号运算而不是方程，因此，对数学定义只限制属加种差还不能满足数学严格性的要求。

可以看到，问题出在"种差"与"含有未知数"这个性质之间的关系，"含有未知数"这个性质所述说的"种差"不足以约束构成方程的等式。虽然关系式：$x \in A$，则 $x \in B$ 且 $x \to P$ 成立，但相反的关系式：$x \in B$ 且 $x \to P$，则 $x \in A$ 不成立。这样，具有系词结构的陈述句要成为数学的实质定义，那么被定义项的表达与定义项的内涵表述必须是充分必要的。这也就是要求两个关系式同时成立：

$$x \in A \quad \Rightarrow \quad x \in B, \ x \to P$$
$$x \in B, \ x \to P \quad \Rightarrow \quad x \in A$$

通常把第一个关系称为充分条件，第二个关系称为必要条件，两个关系合在一起称为充分必要条件。对于数学实质定义，被定义项的称谓与定义项的内涵表述必须充分必要，或者更确切地说，被定义项确定的集合与定义项确定的集合必须等价。

下面，我们从数学角度再次分析方程的定义，问题的关键在于如何理解等式。等式是含有等号的式子，一般来说，

---

① 《义务教育数学课程标准（2022年版）》已经把方程的内容移到初中阶段，对方程的定义也有了改变。

等号具有两种功能:第一种功能是表示数值或抽象符号的传递关系,如本书问题4中叙述的那样;第二种功能是表示等号两边的数量相等。显然,方程利用的是等号的第二个功能,讲述的是两个故事,这两个故事中的某一个节点数量相等。因此,要构建方程的实质定义,除未知数这个要素外,还要突出等号的第二个功能,可以采用下述两种方法之一:解释清楚什么是等式,说明等式是表达等量关系的式子;或者直接给出表述等量关系定义:

含有未知数的表示等量关系的等式为方程。

可以看到,这样具有充分必要条件的方程定义,不仅体现了数学的严谨性,而且有利于学生理解和把握方程的本质。需要再次强调的是,数学实质定义是以数学名义定义为基础的,正因为数学定义经历了由名义到实质的过渡,才使得数学定义在表述上清晰准确,在逻辑上无懈可击,为数学的严谨性奠定了坚实的基础。

什么是数学的命题?

如果说数学的研究对象是通过数学定义表述的,那么数学的研究结果就是通过数学命题表述的。我们先讨论一般形式的命题,然后专门讨论数学命题。

就语言表达形式而言,与实质定义一样,大多数命题也是一个陈述语句,但是,命题的功能与定义的功能有着本质的区别,命题不是为了给一个事物命名,而是为了描述已经命名了的事物的性质、关系或规律,这样,命题就具有特殊的逻辑结构,这样的逻辑结构体现在特殊的语言结构上。并不是所有的陈述语句都能成为命题,正如亚里士多德所说的那样①:

---

① 参见:苗力田. 亚里士多德全集:第一卷[M]. 北京:中国人民大学出版社,1990:52.

并非任何句子都是命题，只有那些自身或者是真实的或者是虚假的句子才是命题。真实或者虚假并不为任何句子所有，例如祈祷就是既无真实也无虚假的句子。

但是，我国几乎所有形式逻辑的教科书，都过分强调命题与判断的关联，关于命题的论述都隐含着"命题就是判断"的指向①。这样的认识深刻地影响了我国的数学教育，例如，我国现行初中数学教材普遍认为：判断某一件事情的句子称为命题。这是不确切的。

命题只是一个陈述句，述说的事情可能是正确的，也可能是错误的。正如奥地利籍英国哲学家维特根斯坦从形而上的角度所表述的那样②："命题的意义是事态而不是事实，这样才能保证命题为真或者为假，才能保证错误命题的意义。"这样，命题就为人们提供了判断③：通过经验的事实进行实证判断，或者通过逻辑的方法进行分析判断。人们通常称前一种判断为综合的，称后一种判断为分析的。

于是，我们可以认为：命题是一个可供判断正确或错误的陈述句。为了更好地理解数学命题，我们还必须强调数学命题与通常所说命题的不同之处。

数学命题必须提供判断，与语境无关。数学命题述说的是数学研究对象的事情，数学命题必须能从数学角度判断其述说的事情是正确的或者是错误的，也就是说，数学命题必须提供数学判断的可能。例如，下面关于三角形的陈述句：

这个三角形是白的。

这就不能从数学的角度进行判断，因此，这个陈述句可以是

---

① 参见：华东师范大学哲学系逻辑性研究室. 形式逻辑 [M]. 4版. 上海：华东师范大学出版社，2009：52. 中国形式逻辑界之所以形成这样的认识，很可能是受金岳霖的影响，金岳霖的著作《形式逻辑》没有给出命题的概念，直接用"判断"替代"命题判断"，把推理定义为：推理就是根据一个或一些判断得出另一个判断的思维过程. 参见：金岳霖. 形式逻辑 [M]. 北京：人民出版社，2005：138.

② 参见：维特根斯坦. 逻辑哲学论 [M]. 贺绍甲，译. 北京：商务印书馆，1996：32.

③ 参见：艾耶尔. 语言、真理与逻辑 [M]. 尹大贻，译. 上海：上海译文出版社，2006：2.

一个命题，但不能成为数学命题。

事实上，所有谓词是形容词的陈述句都不能成为数学命题，这是因为数学的研究对象是通过抽象得到的，抽象的核心就是舍去与研究对象关联的事物的物理属性，而形容词恰恰是对事物物理属性的描述，是对那些已经舍去了的东西的描述。王力甚至认为①，在所有含"是"的语句中，只有当谓词是名词时才能作为系词，这样的语句才能构成系词结构。虽然王力的认识有些极端，但这样的认识对于数学命题的界定却是合适的。

这样，我们可以认为，数学命题与命题表达的语境无关。现代哲学有一个流派，非常重视语义学、重视话语的语境对事物的表达以及对思想者思维的影响②。但是，正如我们多次强调的那样，数学的研究对象是高度抽象的，并不是真实的存在，这就意味着，数学命题的意义与判断者所处的时间、地点、环境无关，甚至与他们的心境无关。也只有这样，才能保证数学的结论具有一般性，才能保证数学的结论具有某种类似真理的属性。

数学命题只能提供判断，与推理无关。如前所述，许多数学教科书认为"数学命题是判断真伪的陈述句"是不正确的。虽然数学命题陈述句必须提供判断，但数学命题本身却不承担判断真伪的任务，判断一个数学命题正确与否是数学推理的任务。比如，对于数学命题而言，陈述句"三角形内角和是 180°"与"三角形内角和是 120°"都提供了数学判断的可能性。事实上，只有站在欧几里得几何的立场，才可以判断：第一个命题是正确的，为真；第二个命题是错误的，为伪。但是，如果站在罗巴切夫斯基几何的立场，在适当的假设下可以判断：第一个命题是错误的，为伪；第二个命题是正确的，为真。有兴趣的读者可以参考本书话题 16

---

① 王力认为，陈述句"这个三角形是白的"中的"是"不是系词，因为"白的"不是名词，这个陈述句也不能成为系词结构，参见：王力. 汉语史稿 [M]. 北京：中华书局，2004：402.

② 参见：艾耶尔. 二十世纪哲学 [M]. 李步楼，俞宣孟，苑利均，等译. 上海：上海译文出版社，2015：第 5 章和第 9 章.

的讨论。

数学命题的两种形式。一般来说，就命题表述的内容而言，数学的命题只有两种表达形式：一种是性质命题，一种是关系命题。

数学的性质命题。数学性质命题述说数学研究对象所具有的性质，通常是由系词"是"或者"不是"构成的陈述句。前者是肯定形式，称为正命题；后者是否定形式，称为否命题。比如：

实数是可以比较大小的。
这个三角形不是直角三角形。

第一个是正命题，述说了"实数"具有的性质；第二个是否命题，述说了"这个三角形"不具有的性质。每一个性质命题都被系词"是"或者"不是"划分为两个部分，前半部分为所指项，述说的是数学研究对象；后半部分为命题项，述说的是研究对象所具有的性质。与汉语语法结构对应，所指项相当于系词结构中的主词，命题项相当于系词结构中的谓词。

为了数学判断的可能性，数学性质命题中的所指项必须定义明确：要么用名义定义的形式，以公理体系作为定义的支撑；要么用实质定义的形式，以充分必要条件作为定义的支撑。例如，如果把上面的第一个命题表述为：

数是可以比较大小的。

那么，我们将无法对这个命题进行数学判断。因为在判断之前，需要明晰这里所说的"数"的概念，如是否包含复数、四元数等。

为此，我们规定：如果用 A 表示数学性质命题中的所指项，那么 A 必须能够表示成为一个集合或者一个元素，例如，第一个性质命题中的 A 表示"实数"的集合，第二个性质命题中的 A 表示"这个三角形"的元素。如果用 P 表示命题项所述说的性质，用符号"→"表示系词"是"，用符号"~"

表示系词"不是",那么上述两个性质命题语言结构可以用符号表达为:

正命题:$a \in A$,$a \to P$;即 A 中的元素具有性质 P;

否命题:$a \in A$,$a \sim P$;即 A 中的元素不具有性质 P。

与所指项不同,命题项性质 P 的述说可以相对模糊,甚至很难用一个确切的集合表示满足性质 P 的所有元素。比如,命题项"可以比较大小"这个述说就相当模糊,即便如此,这个命题本身是可以进行数学判断的,因为只需要知道命题中"所指项"与"命题项"之间的关系。但有一类性质命题是特殊的,这就是主谓对称的性质命题。

主谓对称的性质命题。性质命题中,所指项包含的元素和命题项包含的元素均能表示为集合,并且这两个集合等价,这个性质命题就是主谓对称的。比如,把勾股定理写成具有系词结构的性质命题:

直角三角形是一条边长的平方等于其他两条边长平方之和的三角形。

这个性质命题就是主谓对称的。

如果用 A 表示所有的"直角三角形"所组成的集合,用 P 表示性质"一个边长的平方等于其他两条边长平方之和的三角形",用 B 表示满足性质 P 的所有元素组成的集合,那么,可以用符号表达上述性质命题的主谓对称的关系:

$a \in A \to a \in B$;$a \in B \to a \in A$。

这就意味着,两个集合之间存在等价关系:$A \equiv B$。

因此,主谓对称的性质命题等价于:性质命题的"所指项"与"命题项"之间充分必要。我们曾经说过,满足充分必要条件的陈述句可以构成实质定义,因此也可以如下定义直角三角形:

称一条边长的平方等于其他两条边长平方之和的三角形

为直角三角形。

虽然这样的定义在逻辑上没有问题，但人们还是习惯用最直接的语言表述数学定义，比如，称有一个角是直角的三角形为直角三角形。

主谓不对称的性质命题。是指命题的"所指项"与"命题项"充分但不必要，即研究对象定义的内涵与命题性质的内容不等价，更具体地说：研究对象具有命题中所述说的性质，但具有性质的那些东西并不只限于研究对象。比如，分析下面的性质命题：

加法是满足交换律的运算。

其中"加法"是研究对象 A，"交换律"是命题性质 P。虽然加法运算满足交换律，但满足交换律的运算并不限于加法，比如还有乘法。

我们曾经讨论过"称含有未知数的等式"作为方程的定义是不合适的，因为这样的陈述句不是充分必要的，但是，可以把这个陈述句写成主谓不对称的性质命题"方程是含有未知数的等式"，这个命题无疑是正确的。

由此可见，如果不是为了数学的定义，只是作为数学的命题，就不需要认真探讨陈述句中的命题项所述说的确切含义。

数学的关系命题。数学的关系命题陈述研究对象之间的关系，比如，希尔伯特在用符号表达了研究对象之后，就以公理的形式表述了研究对象之间的关系：

对于两点 A 和 B，恒有一直线 a，它同 A 和 B 这两点的每一点相关联。

对于两点 A 和 B，至多有一直线 a，它同 A 和 B 这两点的每一点相关联。

通常把上述两个公理归结为一个基本事实：两点确定一条直线。这两个公理都表述了点与直线这两个研究对象之间的关系，因此都是关系命题。

一般情况下，关系命题可以写成"如果……那么……"的形式，称"如果"引导的话语是命题的"条件"，"那么"引导的话语是命题的"结论"。因为引导的话语通常是性质命题，所以关系命题通常由两个性质命题组成。比如，可以把上面希尔伯特所构建的基本事实改写成标准的关系命题：

如果存在两个不同的点 A 和 B，那么存在且唯一存在一条直线 a 同 A 和 B 这两点关联。

所有的数学定理都需要条件，因此关系命题适用于数学定理的表达，但必须注意到：关系命题是数学结论的表达而不是数学结论的论证，所以关系命题只是数学推理过程中的一个判断对象。这就意味着，数学推理过程的载体至少需要三个性质命题。本书问题 4 将要讨论简单推理，这三个性质命题依次称为：条件命题、论证命题、结论命题。

问题 3　为什么基础教育阶段的数学不说公理而只说基本事实？

对于基础教育阶段的数学教师，特别是对于中学数学教师，这是一个很难回答但又必须回答的问题。下面我们认真地分析一下这个问题。

<u>基本事实是数学证明的依据</u>。比如，小学数学中"三角形两边之和大于第三边"这个命题，教师在教学活动中通过各种操作说明这个命题是正确的，但是，所有的说明都是个案的，不能成为证明。这个命题的证明需要依据"两点间直线段最短"这个基本事实，就是说，两点间可以有各种各样的连线，其中最短的那条连线是直线段。因此，所谓的证明，就是论证所要证明的那个命题是这个基本事实的特例，比如可以这样论证：设这个三角形的三个端点分别为 A、B、C，

那么两边之和 $AB+BC$ 是连接 A 和 B 两点的一条折线，是两点间各种连线中的一种，根据基本事实，折线一定大于直线段 AB，因此命题是正确的。

在传统的中学数学教材中，称现在所说的某些基本事实为公理。如果基于此就认为，过去教材的几何证明是基于公理体系的，而现在称为基本事实便是忽视了基于公理体系的教学，那么这种观点是不确切的。

公理体系的演变。我们所说的公理体系是从欧几里得几何开始的，但是为了追求公理体系的相容性和完备性，现代数学的公理体系发生了很大的变化。欧几里得几何主要是指《几何原本》这部著作，其希腊文书名是希腊文"定理"这个词的复数形式，是"诸定理"的意思；其拉丁文译本为 Elementa，现代西方沿用拉丁文译名，英文翻译为 Elements，是"原理"的意思；中文译名为《几何原本》，中文"几何"这个数学名词也由此产生。

人们对欧几里得的生平所知甚少，现在普遍认为：欧几里得大约生于公元前 325 年，死于公元前 265 年。欧几里得早年在雅典学习，后受托勒密一世的邀请来到亚历山大图书馆。因为欧几里得研究活跃期比亚里士多德大约晚 50 年，因此，他的思想应当受到了亚里士多德学说的影响。

欧几里得几何的显著特征表现在几何定义、公理公设、定理证明三个方面。关于几何学研究对象的定义，我们在问题 1 中已经进行了详细的分析，说明对于几何学最基本的研究对象，欧几里得的基于内涵的定义是不可用的，后来希尔伯特使用了名义定义，用符号表示研究对象。

欧几里得重要的工作是给出了公理公设，开创了公理体系的先河，这对数学乃至整个科学的贡献，怎么评价都不过分。欧几里得给出了五个公理和五个公设。

五个公理是[①]：

1. 等于同量的量彼此相等。

---

① 参见：欧几里得. 几何原本［M］. 兰纪正，朱恩宽，译. 南京：译林出版社，2014：2-3.

2. 等量加等量，其和相等。
3. 等量减等量，其差相等。
4. 彼此能重合的物体是全等的。
5. 整体大于部分。

可以看到，这五个公理是超出数学的，符合人们生活的经验和思维的常理，在本书话题 1 中，我们还将看到，这样的表述也符合亚里士多德对公理的要求。同时，这五个公理的表述简洁高雅，充分展现了数学的美。

五个公设是：

1. 由任意一点到任意一点可以作直线。
2. 一条有限直线可以继续延长。
3. 以任意点为心及任意的距离可以画圆。
4. 凡直角都相等。
5. 同平面内一条直线和另外两条直线相交，若在某一侧的两个内角的和小于两个直角，则这两条直线经无限延长后在这一侧相交。

这五个公设都是关于图形的假设，也符合亚里士多德对公设的要求，即公设比公理更侧重学科。前三个公设是关于作图的假设，最终成为后世数学家确认"尺规作图"的依据，一直影响到今天的初中数学教学。第四个公设是必要的，假设所有的直角相等，也就确定了线段垂直的一致性。

第五个公设的叙述繁杂，可以体会到欧几里得在表述时的犹豫不决。到 16 世纪，人们开始思考替代表述模糊的平行线公设，英国地质学家、数学家普莱费尔给出了最经典的平行线公理，影响至今：

过已知直线外一点，存在且仅存在一条直线与已知直线平行。

后来数学家发现，不改变欧几里得几何的其他公理和公设，只改变第五公设，构建的几何学也是合理的，也有明确的现实背景，这就是后来人们认定的①：存在无数条平行线的罗巴切夫斯基几何和不存在平行线的黎曼几何。

人们开始意识到，公理并不是过去人们所以为的那些不证自明的真理，而仅仅是人们用以构建不同几何体系的假设。在本书问题1中提到的数学家帕施所说，在一个几何公理体系中，所给出的公理必须能够刻画那些不加定义概念的全部特征，以及这些概念之间的关系，这才有希尔伯特重新构建几何公理体系的著作《几何基础》。因此，对于现代数学的研究，包括现代数学教育，凭借几个公理就认为建立了公理体系是不符合实际的。

事实上，对于基础教育阶段的数学，很难确定哪些命题可以作为公理，哪些命题不可以作为公理，比如"两点间直线段最短"这个命题②，于是《义务教育数学课程标准（2022年版）》把这个命题作为一个基本事实；同样，也把平行线公理作为一个基本事实；进一步，为了减少证明的难度，把传统的平行线判定定理"两条直线被第三条直线所截，如果同位角相等，那么这两条直线平行"也作为一个基本事实。可以看到，这样的变化符合数学公理体系的演变。

欧几里得公理体系中的两个问题。我们讨论了欧几里得的具有物理属性的定义，以及第五公设所引发的问题，下面分析欧几里得公理本身存在的两个问题，以及人们后来是如何弥补的，希望读者在这样的过程中再次体会：为什么不能凭借几个公理就认为建立了公理体系。

第一个问题是关于全等。公理第4条使用"重合"这样的意义不明确的术语述说图形的全等，后来希尔伯特在他所创建的几何公理体系中，用一组五个公理述说了图形全等所需要假设，并为这组公理起名为合同公理，《义务教育数学课

---

① 更详细的讨论参见本书话题16。

② 这个性质在欧几里得几何体系中似乎是显然的，但要证明这个结论却非常困难。在希尔伯特讨论的23个问题中，第4个问题就是：证明两点间直线距离最短。1973年，苏联数学家波格列洛夫称在距离对称的条件下他解决了这个问题。

程标准（2022 年版）》把希尔伯特几何体系中合同公理的第五个公理，即"边角边"作为基本事实①。

第二个问题是关于部分和整体。公理第 5 条说"整体大于部分"，这个结论在有限多的情况是正确的。比如，小学生都知道，五个苹果比四个苹果多，因此 5>4；并且知道，如果两个盘子中糖块能够一一对应，那么这两个盘子中糖块的个数一样多。这样的说法在基础教育阶段的数学中不会引起歧义，但是对于无限多的情况这个命题就不成立了。就是说，一个集合中元素的个数不一定就大于这个集合的真子集中元素的个数，这是因为，集合中的元素可以与真子集中的元素一一对应。如下所示，正整数可以与正偶数一一对应：

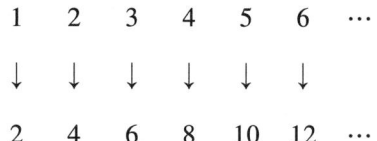

这样，如果我们认定"一一对应等价于一样多"，那么整体大于部分这个命题就不成立了，更不可以作为公理。事实上，如本书话题 8 所说，德国数学家康托尔就是用这样的思想定义了无穷：如果一个集合的元素与它的一个子集的元素一一对应，那么称这个集合元素的个数为无穷。

上面的论述充分说明，公理体系中的那些公理，在本质上是假设，如果承认这样的假设，就可以通过数学的推理得到相应的结论，构建一个知识体系。比如，基于三种不同的平行线假设，可以分别得到欧几里得几何、罗巴切夫斯基几何和黎曼几何。

---

① 更详细的讨论参见本书话题 19。

 什么是数学推理?

我们知道,《义务教育数学课程标准(2011年版)》确立了若干核心词,后来这些核心词拓展为数学核心素养。在述说"推理能力"这个核心词时,我曾经想使用"逻辑推理"这个词来统领演绎、归纳和类比等推理形式,但我的一位学生认为这样的统领是不可以的,因为当时的数学教育界普遍认为,逻辑推理就是演绎推理,而把归纳、类比等称为合情推理。于是,为了不引起歧义,我就放弃了使用"逻辑推理"表述的想法。这也促使我思考什么样的推理是有逻辑的推理。

人们普遍认为,数学推理是有逻辑的,通过数学教育能够培养人的逻辑推理能力。但是,我们遇到了一个非常尴尬的局面:几乎所有的著作都没有明确定义,什么样的推理是有逻辑的,更没有明确说明为什么数学推理是有逻辑的。或许,在回答这些问题之前还需要建立一个基本原则,用以判断推理的逻辑性。比如,推理的逻辑性是通过推理结论的对错判断推理的逻辑性,还是通过推理过程是否步步有据进行判断?现在,我们尝试系统回答这些问题。

在本书问题 1 和问题 2 中,我们确认,数学的研究对象是通过定义表述的,数学的研究结果是通过命题表述的。那么,数学的推理就是从数学命题判断到数学命题判断的思维过程,数学推理的功能就是得到或者验证数学命题。于是,《普通高中数学课程标准(2017 年版)》把逻辑推理表述为:从一些事实和命题出发,依据规则推出其他命题的思维过程[①]。这里所说的推出,包括得到,也包括验证。这样,解决问题的关键就转化为如何定义逻辑推理所依据的规则。

<u>直观判断与分析</u>。我们先通过一些例子,直观判断什么

[①] 更为详细的讨论参见:史宁中. 数学基本思想 18 讲 [M]. 北京:北京师范大学出版社,2016:第二部分.

样的推理是有逻辑的；然后分析推理过程的思维特征，给出逻辑推理的定义，或者给出逻辑推理的规则；最后用数学符号表明规则，感悟如何用数学的语言进行表达。我们先考虑下面的推理：

有逻辑的推理。实数可以比较大小。3 和 5 是实数，所以 3 和 5 可以比较大小。

无逻辑的推理。实数可以比较大小。大小是一种关系，所以实数是一种关系。

这两个推理过程都是一环扣一环，并且步步有据，但通过直观判断可以认为：第一个推理的结论是正确的，推理过程是有逻辑的；第二个推理的结论是不正确的，推理过程是没有逻辑的。这就说明，通过推理过程环环相扣、步步有据来判断推理过程的逻辑性是不可以的。那么，是否可以通过结果的正确与否判断推理的逻辑性呢？我们再分析下面的推理：

有逻辑的推理。$4=2+2$，$6=3+3$，$8=3+5$。4、6、8 是偶数，2、3、5 是素数，所以偶数可以表示为两个素数之和。

无逻辑的推理。$4=2+2$，$6=3+3$，$8=3+5$。4、6、8 是偶数，2、3、5 是素数，所以偶数可以表示为两个素数之差。

第一个推理述说了得到哥德巴赫猜想的思维过程，虽然至今人们还无法断定猜想的结论是否正确，但是凭借直观，总感觉这个推理过程是有逻辑的。第二个推理不仅结论错误，推理过程似乎也是没有逻辑的。因此，仅凭借结果的对错来判断推理过程的逻辑性是不可以的。那么，应当如何判断推理的逻辑性呢？为此，我们需要认真分析上述思维过程的特征。

<u>逻辑推理的定义</u>。我们在问题 2 中说明，关系命题都是由两个性质命题组成的，适用于数学定理的表达，因此，关系命题是数学推理过程中的一个判断对象。这就意味着，数学推理过程的载体至少需要三个性质命题，我们称其载体是三个性质命题的推理为简单推理，并依次称三个命题为条件

命题、论证命题、结论命题。显然，只要论证清楚简单推理的逻辑性，就可以把这样的推理过程的逻辑性拓展到一般情况。可以看到，上面的举例都是简单推理，我们分析推理过程的思维特征，总结逻辑推理的思维共性。有逻辑的推理有两个明显特征。

第一个特征是整体性。论证对象或者论证对象的替代物始终出现在三个命题中，比如在第一个例子中，实数是论证对象，3和5是实数的替代物；在第三个例子中，4、6、8是论证对象，偶数是4、6、8的替代物。而无逻辑的推理，三个命题就不一定具有整体性，比如在第二个例子中，条件命题的论证对象是实数，论证命题的论证对象却变成了大小。

第二个特征是一致性。结论命题述说的性质与条件命题述说的性质要保持一致，比如在第一个例子中，两个命题述说的都是"可以比较大小"这个性质；在第三个例子中，两个命题述说的都是"表示为两个素数之和"这个性质。而无逻辑推理，结论命题述说的性质与条件命题述说的性质就不一定是一致的，比如在第四个例子中，条件命题述说的性质是"两个素数之和"，而结论命题述说的性质却是"两个素数之差"。

这样，如果把所说的"整体性"和"一致性"这两个推理过程中的特征统称为"传递性"，那么我们可以给出下面的定义：

一个简单推理是有逻辑的，当且仅当这个推理具有传递性。

具有性质传递性的逻辑推理。如果用 A 和 B 表示集合，用 P 表示性质，用 Q 表示形式，那么，无论是演绎还是归纳或类比，性质都具有传递性，可以用数学符号表示。

演绎推理：$A \to P$，如果 $x \in A$，那么 $x \to P$。

归纳推理，归纳：$x \to P$，如果 $x \in A$，那么 $A \to P$。

类比：$A \to P$，如果 $A \to Q$ 且 $B \to Q$，那么 $B \to P$。

这些都是关于性质的推理，称上面两种形式的推理为：具有性质传递性的逻辑推理。可以看到，演绎推理是从大范围满足到论证小范围满足，因此论证的结果必然成立。之所以把归纳与和类比都视为归纳推理，是因为这两类论证都是从特殊结论出发，推断适用于更一般的情况，论证的结果都是或然成立的。

传统初中数学的演绎推理主要表现在几何证明上，以至于人们产生了很大误解：把逻辑推理等同于几何证明，认为只有通过几何证明才能培养逻辑推理能力。为了改变这样的情况，《义务教育数学课程标准（2022年版）》进行了两个方面的调整，一方面是在小学数学增加了说理，包括几何的说理，比如，基于"两点间直线段最短"这个基本事实说明"三角形两边之和大于第三边"的道理；另一方面是在义务教育数学内容中增加了代数推理的内容。

 什么是代数推理？

代数推理是数学推理的一个重要方面，是现代数学的主要论证形式。但是我国传统的中小学数学教育过多地强调了几何推理，对代数推理没有给予充分的重视。在《义务教育数学课程标准（2011年版）》发布后，曾有一位初中数学教研员问我，数学是不是只有几何证明，没有代数证明。我当时意识到，我国传统的数学教育忽视了一件重要的事情，就是没有关于代数推理的述说，甚至没有提出关于代数推理的基本事实。

于是《普通高中数学课程标准（2017年版）》增加了代数推理的内容，提出"通过几何建立直观、通过代数予以表达"的现代数学的论证思路。《义务教育数学课程标准（2022年版）》更是从根基上强调代数推理，增加了两个适用于义务教育阶段代数推理的基本事实：一个基本事实与关系传递性有关，一个基本事实与运算传递有关。如问题4中所说，逻辑推理规则的核心是推理过程具有传递性，因此，这两个基本事实述说的是逻辑推理的基础。

具有关系传递性的逻辑推理。令 A 是一个集合，a、b 和 c 是集合中的元素。在给定的集合 A 上定义"关系"和"运算"，把关于关系传递性和运算传递性的基本事实分别表述为：

关系传递性。令 $\approx$ 是定义在集合 A 上的一个二元关系，称这个关系对于集合 A 具有传递性，如果 $a \approx b$，$b \approx c$，则 $a \approx c$。

运算传递性。令 $\oplus$ 是定义在集合 A 上的一个运算，称这个运算对于集合 A 具有传递性，如果 $a \approx b$，则 $a \oplus c \approx b \oplus c$。

容易验证，相等关系、不等关系、隶属关系都是定义在实数集合上的二元关系，这样的关系对于集合都具有关系传递性；如果注意到乘除运算中的正负符号，那么相等关系、不等关系对于四则运算都具有传递性，对于极限运算也具有传递性。这就说明，通常的数学运算属于逻辑推理的范畴；并且，因为在推理过程中，运算对象的集合始终保持不变，所以通过数学运算得到的结论必然正确，这是一类特殊的演绎推理。我们称这种形式的推理为具有关系传递性的逻辑推理。

这样，结合问题4中的论述，数学只包含两种类型的逻辑推理，一种是具有性质传递性的逻辑推理，一种是具有关系传递性的逻辑推理。在《义务教育数学课程标准（2022年版）》中，把上述两个具有传递性的逻辑推理表述为两个基本事实：把"关系传递"称为"等量的等量相等"，把"运算传递"称为"等式的基本性质"。

事实上，表达上述两种关系传递性的思想古已有之。比如，欧几里得五个公理中的第一个公理述说"等量的等量相等"，这就是基于等号的关系传递性；第二个公理述说"等量加等量和相等"，第三个公理述说"等量减等量差相等"，这就是基于加法和减法的运算传递性。

下面，我们针对小学数学和初中数学"数与代数"内容，分别讨论两种类型的逻辑推理，即讨论义务教育阶段数学教育的代数推理。

小学数学的代数说理。再次说明，小学数学强调的是数学说理而不是数学推理。《义务教育数学课程标准（2022年版）》把小学阶段"数与代数"领域传统的六个主题归结为"数与运算""数量关系"两个主题，一方面强调了抽象结构，另一方面突出了代数说理。下面，我们通过两个例子，分别针对概念的教学和方法的教学，说明在小学数学中如何突出代数推理。

概念的教学：商不变的道理。在小学数学中，"商不变"的概念对小数除法运算至关重要，既是教学的重点，也是教学的难点。过去的教学，一般先通过整数除法举例说明商不变这个原理是正确的，然后就不加任何说明地把这个原理用于小数除法。但是，任何个案的举例都不能成为一般结论，因此，迁移运算对象的可行性是需要论证的。事实上，就数学本质而言，除法运算是乘法运算的逆运算，任何关于除法运算的性质都需要通过乘法运算予以论证。因此，《义务教育数学课程标准（2022年版）》希望小学数学教师能够理解商不变的说理，并且如下所述，可以把这样的内容作为代数说理的典范实施于小学数学教学，甚至在现阶段也可以实施于初中数学代数推理教学。

提出问题：说明商不变的道理。

数学表达：$a, b, c \in \mathbf{R}, b \neq 0 \rightarrow a/b = (a \times c)/(b \times c)$。

数学说理：利用演绎推理的推理规则。

条件命题（$A \rightarrow P$）

等式传递：$a = b, b = c \rightarrow a = c$；

乘法传递：$a = c \times b \rightarrow a \times 10 = c \times b \times 10$。

论证命题（$x \in A$）

设 a 除以 b 的商为 d，即 $a/b = d$。

因为除法是乘法逆运算，$a/b=d \to a=d \times b$；

根据乘法运算的传递性，$a \times c = d \times b \times c \to (a \times c)/(b \times c) = d$；

根据等量的关系传递性，$a/b=(a \times c)/(b \times c)$；

结论命题（$x \to P$）

根据演绎推理的推理规则，得到的结论正确。

这是小数数学代数说理的一个范例。可以看到，这个说理过程充分展现了演绎推理的推理规则。下面我们把说理的要点归纳一下。

首先，用数学的语言表达所要验证的问题，这一步通常是被忽略的，但又是极为重要的，未来代数推理的教学，需要强调用数学的语言表达要研究的或要验证的问题；其次，找到合适的论证基础，论证基础可以是基本事实，也可以是已经验证了的数学命题；然后，论证所要验证的问题是论证基础的特例，也就是说，论证命题满足论证基础的条件；最后，验证结论是否回答了所要验证的问题，整体反思论证过程是否遵循了演绎推理的推理规则。

可以看到，论证过程充分表述了商不变原理的合理性，就可以理直气壮地用这个原理解释小数除法运算的算法，甚至可以用于分数约分和通分合理性的述说。

方法的教学：多位数乘法的算法。过去我一直以为，对于小学数学教学，学生得到代数结论的思维方法也主要是归纳的方法，于是《义务教育数学课程标准（2022年版）》提出通过归纳得到算法的要求。但后来我发现，对于小学生而言，类比的方法比归纳的方法更容易接受，也更容易掌握，可能是因为"照葫芦画瓢"更适合小学生的特点。新版小学数学教材普遍增加了让学生自己得到"三位数乘以两位数"算法的要求，下面我们分析在教学过程如何使用类比的方法。

提出问题：得到"三位数乘以两位数"的算法。

数学表达：得到 $123 \times 12 = 123 \times 2 + 123 \times 10$ 的算式。

数学说理：利用类比的方法得到计算方法。用 A 表示"两位数乘以两位数"的集合，用 B 表示"三位数乘以两位数"的集合，用 P 表示乘法运算规则，用 Q 表示乘法运算形式。

前提命题（$A \to P$）

"两位数乘以两位数"的算法运用了分配律，即
$$23 \times 12 = 23 \times (2+10) = 23 \times 2 + 23 \times 10 = 46 + 230 = 276$$

论证命题（$A \to Q$ 且 $B \to Q$）

"三位数乘以两位数"与"两位数乘以两位数"形式类似。

结论命题（$B \to P$）

"三位数乘以两位数"也可以使用分配律，即
$$123 \times 12 = 123 \times (2+10) = 123 \times 2 + 123 \times 10 = 246 + 1\ 230 = 1\ 476$$

可以看到，为了让学生能够模仿得出"三位数乘以两位数"的算法，必须让学生掌握"两位数乘以两位数"的算理，知道如何通过算理得到算法。也就是说，需要改变传统小学数学只教竖式不教横式的现象，因为横式表述的是算理，竖式表述的是算法。从横式运算的过程可以看到，计算的本质是使用了分配律，因此，教师可以尝试在这样的教学过程中，引导学生感知运算的基本流程：算律决定算理，算理决定算法。

除了概念教学和方法教学之外，教师还可以用逻辑推理的方法，述说中国传统文化中的一些故事的道理，这可以视为生活中的推理，这样的推理更侧重于代数说理。比如，《义务教育数学课程标准（2022年版）》给出的"曹冲称象的故事""圆周率的故事""土圭之法的故事""度量衡的故事"等例子。

初中数学的代数推理。对于初中数学，《义务教育数学课程标准（2022年版）》从数学说理提升到数学推理，因此也从代数说理提升到代数推理，并且给出了若干例子，比如"例66 代数推理""例67 一元二次方程的根与系数的关系""例77 感悟证明的必要"等。下面以"例66 代数推理"为例，讨论如何进行教学设计，说明让初中学生通过模仿感知演绎推理的证明模式。

提出问题：解释三位数能被 3 整除的条件。

预备路径：先讲述两位数能被 3 整除的故事。

数学问题：设 ab 是一个两位数，如果 $a+b$ 可以被 3 整除，那么这个数可以被 3 整除。

论证思路：利用类比的方法得到证明模式。用 A 表示"两位数能被 3 整除"的集合，用 B 表示"三位数能被 3 整除"的集合，用 P 表示证明模式，用 Q 表示数的基于计数单位的表示形式。

条件命题（$A \to P$）
$$ab = a \times 10 + b = a \times 9 + (a+b)$$

因为 9 能够被 3 整除，如果 $a+b$ 可以被 3 整除，这个数就可以被 3 整除。

论证命题（$A \to Q$ 且 $B \to Q$）
$$abc = a \times 100 + b \times 10 + c = a \times 99 + b \times 9 + (a+b+c)$$

结论命题（$B \to P$）

因为 9 和 99 能够被 3 整除。如果 $a+b+c$ 可以被 3 整除，这个数就可以被 3 整除。

通过上面的论证过程可以知道，对于初步接触数学证明的初中学生，可以通过模仿学习如何得到数学的结论，也可以通过模仿学习如何进行数学证明。这样学生就经历了代数推理的全过程，通过归纳推理（包括归纳、类比）得到代数结论，通过演绎推理验证代数结论。学生经历这样的过程可以感悟到，代数推理比几何推理更贴近日常生活的推理。有兴趣的读者，可以进一步归纳总结上面的论证过程，并通过自己的教学实践进行调整，最终形成培养学生数学思维的教学方法。

<u>第一部分小结</u>。第一部分，我们通过五个问题论述了什么是定义、什么是命题、什么是基本事实、什么是推理、什么是代数推理。那么，应当如何理解这些概念功能并把握这些概念之间的关系呢？我想用《墨经·小取》中的一段言简意赅、寓意深刻的论述作为概述，这就是：以名举实，以辞抒意，以说出故。我们用现代语言表述为[1]：

---

[1] 参见：胡适. 先秦名学史 [M]. 合肥：安徽教育出版社，1999：118-120.

通过定义（名）明确所讨论问题的对象（实），通过命题（辞）表述所讨论问题的实质（意），通过论证（说）得到所讨论问题的理由（故）。

这样就述说了研究问题的基本路径[①]：研究对象的命名通过举例说明，研究问题的意义通过命题陈述，获得结论的理由通过论证阐明。

正如我们在问题 1 中所讨论的那样，人对于数量多少的感知和对距离远近的感知是本能，这两种本能是人对数学认知的出发点；这两种本能的数学特征是一致的，这就是传递性，也就是说，数量多少和距离远近都具有传递性，这也就是人的逻辑推理的思维基础，体现于人的本能。

人的本能蕴含在人的基因、大脑和神经系统，是地球生物几十亿年进化的结晶；虽然对于现今的每一个人，本能是先验的，但表观遗传学的研究成果告诫我们，不经过后天适时的、恰当的经验刺激，本能将不会得到充分的表达，这就是数学教育以及整个教育需要研究的问题。人之所以会进化出这样的本能，其原因正如恩格斯在《自然辩证法》中所说的那样[②]：

我们的主观的思维和客观的世界服从于同样的规律，因而两者在自己的结果中不能相互矛盾，而必须彼此一致，这个事实绝对地统治着我们的整个理论思维。它是我们的理论思维的不自觉的和无条件的前提。

自然界事物的发生是具有先后关系的，这就是思维传递性的模板。我们生活在地球上，我们是"这个"世界的产物，因此，正确的思维就是指那些能够合同于"这个"世界的思维，能够合同于"这个"世界已经存在的规律的思维。或者反过来说，自然界只能依照自然界的规律进行自然选择，这就是英国生物学家达尔文所创立的进化论的真谛。

[①] 这是一种完全是为了知而知的论述，在中国古代的典籍中是非常难得的。
[②] 参见：马克思恩格斯全集：第二十卷[M]. 中共中央马克思恩格斯列宁斯大林著作编译局，译. 北京：人民出版社，1971：610.

第二部分　数与代数

小学数学是数学学习的发端，因此，学生基本概念的形成必须基于现实背景，运算法则的认知必须基于实际意义。但是，数学的概念不是关于具体问题的述说，数学的方法也不是针对个别案例的解决，数学是具有一般性的，因此，基本概念的理解最终要脱离现实背景，运算法则的掌握最终也要脱离实际意义。在本质上，这个脱离是从初中数学开始的，这就意味着，真正意义的数学概念的定义、运算法则的确立是从初中数学开始的。"数与代数"的内容需要体现出四个方面的变化。

关于数的认识，初中数学将要学习数域的扩充，感悟数域扩充的缘由和意义。主要包括两个方面的扩充，一是在有理数的基础上增加无理数，二是在非负数的基础上增加负数。为了更好地理解无理数，需要更深刻地理解有理数，因此这一部分的开始，更加深入地讨论了分数、小数的现实意义和数学意义，感悟用小数形式表达有理数的数学本质，进而拓展到无理数的表达。对于负数的学习，将通过现实背景中的表达功能，感知负数与正数的对应：数量相等，意义相反。

关于数的运算，与数学自身的逻辑发展有所不同，初中数学不是通过除法把数域由整数扩张到有理数，而是通过学习负数把非负有理数扩张到一般形式的有理数，因此，有理数四则运算的学习应当强调的是：加减正数与负数的区别，以及乘除运算中出现正负号带来的变化。

初中代数的学习，起始于代数式意义的理解和代数式运算的掌握，随后是包括方程在内的代数式相等关系的理解，还包括不等式在内的代数式不等关系的理解，知道一元二次方程根与系数的关系，实现算术的认知到代数的认知。更重要的是，初中代数的学习将经历从常量到变量、从常量关系到变量关系的过程，理解函数的意义，知道函数关系的表达。

与初中代数的学习相对应，学生的思维将经历从理性具体到理性一般的过程①，相应的数学核心素养将实现从抽象意识到抽象观念的转变②；运算能力将经历从具体数的运算到一般符号运算的提升，更好地理解运算律的重要性；同时，在运用代数方法解决现实问题的过程中，逐步形成模型思想，形成和发展应用意识和创新意识。

如何理解分数和小数的现实意义？

一般来说，就数的性质而言，大体上可以分为两类：一类表示数量和顺序，称为数的现实意义；另一类表示关系和运算，称为数的数学意义。所有的数都源于自然数，自然数是对数量的抽象，因此，数量是形成数的现实意义的基础；自然数的大小关系是对数量多少关系的抽象，因此，数量的多少是形成数的数学意义的基础。下面我们讨论分数和小数的现实意义。

<u>更精细的表达形式</u>。对于数量，人们创造了两种比自然数更精细的表达形式，一种是分数，一种是小数。可能是因为小数的表现形式更接近自然数，数学教育界，包括教材编写者普遍认为，小数比分数更接近自然数，于是现行小学数

---

① 小学数学抽象经历了从感性具体到感性一般，再从感性一般到理性具体的思维过程。
② 在《义务教育数学课程标准（2022年版）》中，尝试用"意识""观念""能力"等词语表述数学核心素养的层次，对应数学教师耳熟能详的表述数学知识层次的"了解""理解""掌握"等词语。意识是指基于经验的感悟，观念是指基于概念的理解，能力是指基于实践的掌握。

学教材的编写，都是先安排小数的内容、后安排分数的内容①。但是，在所有的古老民族中，数的发展几乎都是先产生自然数和分数，后产生小数，这或许可以说明，分数比小数更接近自然数。我们来分析这个问题，从而更好地理解分数和小数的现实意义。

所谓更精细的表达形式，在本质上，是指那些小于单位 1 的数量的表达形式，因为通过平移的方法，可以把小于 1 的数量表达拓展到大于 1 的两个自然数之间的表达。

<u>分数的现实意义</u>。对于一个单位，最自然的精细划分就是把单位分成若干相等的份数，对其中几份的表达就是分数，这就是我们通常所说的真分数。在这样的表达中，重要的是分成多少份，其中的 1 份就是分数的单位，可以表示为 $\frac{1}{n}$ 的形式，其中 n 是份数。

最初，人们希望用分数单位表达所有的分数，古埃及称这样的表达为单分数表达②，也就是把分数写成若干个分数单位和的形式，比如，把 $\frac{7}{29}$ 写成

$$\frac{7}{29} = \frac{1}{5} + \frac{1}{29} + \frac{1}{145}$$

的形式。在古印度的著作《法规》中，甚至用分数单位的形式表达无理数③：

$$\sqrt{2} = 1 + \frac{1}{3} + \frac{1}{3\times 4} - \frac{1}{3\times 4\times 34}$$

这个数相当于小数表示的 1.414215686⋯。

在我国古代，最初的分数也是以分数单位的形式出现，

---

① 从历史角度来看，我国小学数学教材中关于分数与小数的编写顺序经历了多次变化。参见：徐思迪，史宁中. 我国小学数学教材分数和小数内容编写比较研究及对未来教材编写的启示［J］. 课程·教材·教法，2023，43（2）：104-115.

② 单分数是指分子是 1 的分数，即分数单位，只有 2/3 例外。

③ 参见：梁宗巨. 世界数学通史：上册［M］. 沈阳：辽宁教育出版社，2001：584.

比如《左传》记载①："先王之制，大都不过参国之一，中五之一，小九之一。"即都城大小的规定，王城方九里，大都为王城三分之一，中都为五分之一，小都为九分之一。

分数的表达也适用于角度的度量，古希腊学者托勒密用 60 进制表示圆周内的角，但对于整数部分并不适用②，因此 60 进制是对单位 1 的更精细划分。后来，人们又把这样的表达方法拓展到用圆周表示时间，比如，钟表上通常有分针和时针，这两个针同时运动但速度不同。钟表上通常有 60 个刻度，每 5 个刻度标有数字，从 1 到 12 表示 12 个小时；分针走 1 个刻度表示时间过了 1 分钟，分针圆周运动一周，即走 60 个刻度，时针走 1 个数字间隔，说明 60 分钟等于 1 个小时。更精细的还有秒表，表达了 60 秒等于 1 分钟。

与用分数表达角度有关，中国古代还用分数表示阳历回归年的天数。在古汉语中，"岁"与"年"的含义不同，岁是指某一节气到下一个周期的同一节气的时间间隔，比如从夏至到下一个夏至这段时间，是阳历的一年；年是指正月初一到下一个正月初一这段时间，是阴历的一年。大概是因为木星的运行轨迹与黄道比较接近，中国古代偏重研究木星的运行轨迹③，称木星为岁星。《淮南子·天文训》用很大篇幅讨论岁星的运转周期，得到的结论是："日行十二度之一，岁行三十度十六分度之七，十二岁而周。"这就是说，土星一日运行周天的 1/12，一年运行周天的 30° 又 7/16。可以根据这个述说计算阳历一年的周期，假设一年有 a 日，可以得到算式：$a/12 = 30+7/16 = (30×16+7)/16$，计算得到

$$a = 12×487/16 = 3×487/4 = 1\ 461/4$$

所以一岁为 365 日又 1/4，即 365.25 日。在那个时代，这个

---

① 参见：十三经注疏整理委员会. 十三经注疏：春秋左传正义 [M]. 北京：北京大学出版社，2000：60.
② 参见：梁宗巨. 世界数学通史：上册 [M]. 沈阳：辽宁教育出版社，2001：437.
③ 古埃及偏重研究天狼星，参见：史宁中. 数学基本思想 18 讲 [M]. 北京：北京师范大学出版社，2016：224.

结论相当精确，对指导农业生产是至关重要的。后来，郭守敬 1281 年制定《授时历》，规定阳历一年为 365.242 5 日①，这与 1582 年制定的罗马格里历法相比，内容一样，但要早 300 年。

需要注意的是，在上面的表达中，分数是没有后缀单位的，或者说，分数是一个无量纲的数，比如对木星轨迹的表达，不是说十二分之一度，而是说十二分度之一。统观国内外现行小学数学教材，除了日本强调分数的计量单位表达（如 1/4 千克）以外，其他国家均不强调②。

小数的现实意义。虽然小数的出现要比分数晚很长时间，但人们在应用过程中逐渐发现，小数比分数更适用于表达小于单位 1 的数量，主要有两方面的原因，一是小数的数位与整数的数位一致，都是十进制，因此小数是一类特殊的分数，即分母为 10 的分数，是把单位 1 平均分为十份；二是小数可以不断地形成新的单位 1，因此可以无限制地分割下去。

如果需要对精细分割形成的新数位逐一命名，那么理论上需要建立很多称谓，比如中国古代就是这样，这样的小数不是现代意义的小数。

由于现实应用的需要，与负数的产生一样，小数形式的表达最早也出现在中国，是以命名数位的形式出现的。大约公元 3 世纪，《九章算术》③ 命名了小于个位的十进制小数数位，比如，在"方田"章有对 75 平方寸的开平方的计算：

七十五寸，开方除之，下至秒、忽，又一退法，求其微

---

① 参见：宋濂. 元史 [M]. 北京：中华书局，1976：3851.
② 参见：赵莉，王春英，史宁中. 分数概念表述和分数除法运算的比较研究及其对教学的启示 [J]. 数学教育学报，2021（3）：47.
③ 《九章算术》是中国最重要的数学著作之一，最晚成书于东汉早期，作者不详。这本书以 246 个实际问题为背景，内容涉及方程组、分数四则运算、负数加减运算、面积体积计算等。刘徽（魏晋）、李淳风（唐）等人的校注使得这部书得以完整，北宋刊刻为教科书（1084 年），或许是世界最早的印刷本数学书。

数、微数无名,知以为分子,以十为分母,约作五分忽之二,故得股八寸六分六厘二秒五忽五分忽之二。

意思是说,把七十五(平方)寸表示为(平方)忽,然后开方,有余数称为微数,把微数表示成以十为分母的分数,可以得到开方后的微数为五分忽之二,这样,最后开方的结果为八寸六分六厘二秒五忽五分忽之二。那个时代规定的从寸开始的小数单位依次为:寸、分、厘、毫、秒、忽①。因为上面开方的表达中没有毫,所以在寸的下面应当有五个单位,各自平方后应当有十个单位,也就是说,在 75 的后面应当有 10 个零,上述运算结果是

$$\sqrt{750\,000\,000\,000} = 866\,025\frac{2}{5}$$

其中微数是 4/10 = 2/5。可以看到,对于分数的表达,这里也不是说"五分之二忽",而是说"五分忽之二",表示的是:把单位"忽"分为五份中的两份。

比《九章算术》成书稍晚的《孙子算经》②,对长度单位表达得更加明确,但是,长度单位起始于忽而不是尺或丈,其表述为:

度之所起,起于忽。欲知其忽,蚕吐丝为忽。十忽为一丝,十丝为一毫,十毫为一厘,十厘为一分,十分为一寸,十寸为一尺,十尺为一丈,十丈为一引,五十引为一端,四十尺为一匹,六尺为一步,二百四十步为一亩,三百步为一里。

可以看到,如果以忽为基础单位,那么《孙子算经》的表达已经失去了小数的现实意义。我们在前面说过,小数的现实意义是对单位 1 的精细划分,而在上面的表述中,已经"起于忽"也就是以忽作为单位 1 了,这样,小数的表达已

---

① 参见:李迪. 十进小数发展简史 [J]. 数学通报,1964 (10):47-49.
② 《孙子算经》大约成书在四五世纪,作者生平和编写年不详。传本的《孙子算经》共三卷。卷下第 31 题为后世"鸡兔同笼"问题,卷下第 26 题被秦九韶推广为"物不知数"问题,西方数学史称其为"中国剩余定理"。

经不存在了。事实上，在那个年代，上面所说的"丈"应当对应整数数位的"个"，即对应单位1，因为《隋书》卷十六《志》第十一《律历》记载，祖冲之得到圆周率的结果是：

以圆径一亿为一丈，圆周盈数三丈一尺四寸一分五厘九毫二秒七忽，朒数三丈一尺四寸一分五厘九毫二秒六忽，正数在盈朒二限之间。密率，圆径一百一十三，圆周三百五十五。约率，圆径七，周二十二……所著之书，名为《缀术》，学官莫能究其深奥，是故废而不理。

这就是说，如果圆的直径为1，那么圆周在朒数3.141 592 6和盈数3.141 592 7之间，因此这里说的丈对应的就是单位1。祖冲之使用小数单位与《九章算术》是一致的，这样的单位表达延续至今。如此推断，《孙子算经》中的"秅"应当对应"厘"，"丝"应当对应"秒"。由此可见，与分数的表达完全不同，小数最初的表达非常强调量纲。

后来，我国历法中也开始出现无名小数计数方法的表达，即不标明计数单位称谓的表达，比如在明《大统历》中有"一十四日七六五二九六五"的表达，即"14.765 296 5日"，这样的表达可以认为是现代小数表达的雏形。事实上，小数脱离计数单位称谓的表达形式林林总总，延续了很长时间，直到1585年，荷兰数学家斯蒂文的那部只有36页的著作《论十进》出版，才建立了现代意义的十进制数系[①]，形成了现在的小数表达形式。

统筹整数和小数的十进制表达，如果用10的次方作为基底，就可以得到实数用基底线性组合表达的一般形式，比如：
$1\ 234.567 = 1\times 10^3 + 2\times 10^2 + 3\times 10^1 + 4\times 10^0 + 5\times 10^{-1} + 6\times 10^{-2} + 7\times 10^{-3}$
其中，用10的若干次方表达的基底是十进制的显著标志，也就是通常所说的数位，包括整数的，也包括小数的；1、2、3等为线性组合的系数，表示有多少个数位。

---

① 参见：梁宗巨，王青建，孙宏安. 世界数学通史：下册 [M]. 沈阳：辽宁教育出版社，2001：446.

只要变换基底,上述表达形式就可以拓展到 n 维线性空间、无穷维线性空间,甚至可以拓展到包括希尔伯特空间在内的泛函空间。

问题 7　如何理解分数和小数的数学意义?

分数和小数的数学意义体现在自然数关系的表达和自然数运算的结果,其中,分数的所有意义都与单位 1 有关,问题 6 讨论了分数的现实意义是对单位 1 的更精细划分,而分数的数学意义则述说了量之间的比例关系。这里所说的量,既包括数量也包括长度,数量必须基于同样的计数单位 1 表达,长度也必须基于同样的单位 1 度量,后者就是通常所说的可公度,即只有两个可公度的长度才能写成分数的形式。通过量之间的比例关系,就可以用分数表示两个自然数相除,不仅可以表示运算的形式,而且可以表示运算后的商。

<u>用分数表达数量关系</u>。古希腊毕达哥拉斯学派非常崇拜自然数,认为可以用自然数表达宇宙的和谐,确信现实世界中事物的所有关系都能用自然数予以表达。后来,毕达哥拉斯发现音乐的和谐取决于弦长之间的比例关系,于是更加坚信"万物皆数"。

在中国古代,也有类似的确定音阶的方法,称为"三分损益法",又称为"五度相生律",记载在《管子》中①,比毕达哥拉斯还要早一些。三分损益包括"三分损一"和"三分益一",三分损一是将固定长度 a 进行 3 等分然后减去 1 份,得到 a 的 2/3;三分益一是将 a 进行 3 等分然后增添 1 份,得到 a 的 4/3。这样,得到长度比例为 2∶3∶4,可以得

---

① 相传作者是管夷吾(约前 723—前 645),又名敬仲,字仲,安徽颍上人,春秋时期齐国著名政治家,曾任齐国相国。

到和谐的声音；两种方法交替并连续运用，各音律得以辗转相生。古代中国通常使用五声音阶，分别命名为宫、商、角、徵、羽，相当于现在音阶的 1、2、3、5、6，这样的方法也称为五度相生律。

事实上，更为合理的音阶划分需要包含一些半音，现代音乐使用最为广泛的是十二平均律，就是把 do 音频率与高音 do 频率之间以等比级数的形式分为十二个音阶。在公元 1600 年左右，明朱元璋的九世孙朱载堉对十二平均律进行了精确计算，记录在他的著作《乐律全书》和《律吕精义》之中。朱载堉得到的公比为

$$1.059\ 463\ 094\ 359\ 295\ 264\ 561\ 825$$

这是 $\sqrt[12]{2}$ 的精确到小数点后 24 位的近似值。能够进行如此精确的计算，得益于朱载堉创造的用横跨 81 档的特大算盘进行开平方的计算方法（参见话题 5）。在现代音乐中，十二平均律广泛应用于键盘乐器的制作，特别是钢琴的制作。德国作曲家巴赫于 1722 年出版的《谐和音律曲集》是第一本专门讲述十二平均律键盘乐器的著作。

用分数表示长度的比。欧几里得把线段长度的比作为《几何原本》重要内容，特别关注线段的可共度性。这是因为在那个时代，人们对代数学的研究远不如对几何学研究的深入，所以当解释无理数遇到困难后就求助于几何学（详细讨论参见话题 8）。欧几里得《几何原本》第五卷的开篇给出了 18 个关于量之间关系的定义，其中前两个定义是[①]：

1. 当一个较小量能尽一个较大量时，称较小量为较大量的部分。

2. 当一个较大量能被较小量尽时，称较大量为较小量的倍量。

我想，这两个定义可以启发义务教育阶段的数学教学，

[①] 参见：欧几里得. 几何原本 [M]. 兰纪正，朱恩宽，译. 南京：译林出版社，2014：112.

现行小学数学教材把"倍"的内容安排在除法那里学习，是不合理的，因为人们通常理解的"倍"是乘法，比如成语"加倍努力"这样的表达。基于欧几里得的表述，可以考虑把"倍"与"几分之几"对应表述如下：

两个数相乘，如果乘数是一个无量纲的数，那么称积与被乘数满足倍数关系。习惯上，如果乘数大于1，那么称积是被乘数的多少倍；如果乘数是一个真分数，那么称积是被乘数的几分之几。

虽然在上面的定义中，欧几里得说的是"量"，但从后面的内容看，这里所说的"量"指的是线段长度。希尔伯特在《几何基础》中进行了一些线段性质的证明之后，提出线段量的比较即"线段长短的比较"，并且专门在这些字下面标记了加重符号。因此，我们可以用分数表述长度的比。

<u>用分数表示自然数的除法</u>。分数除了可以表示自然数的比，还可以表示自然数的除法，既可以表示除法的运算，也可以表示除法的商。这样的表示最早见于《九章算术》："实如法而一。不满法者，以法命之。"其中，"实"是指被除数，"法"是指除数。这句话的意思是，用实除以法，除不尽则表示成分数。李约瑟对这段话理解得非常清楚，他明确地说①："在《九章算术》中，分子和分母在运算前称作'子'和'母'，而此后则称作'实'和'法'。"李约瑟特别欣赏"分子""分母"的称谓，他在这段话的注释中说："选择用'儿子'表示分子和用'母亲'表示分母是很有启发意义的。它表明古人所想到的是真分数，即下面的数字要更大。"但是，如果追究真正的数学意义，或许应当把李约瑟的这段话反过来理解：分数可以表示运算的过程，是用"实"除以"法"；分数还可以表示除不尽时的运算结果，是为"母"分之"子"。

无论如何，对于小学数学，"除法可以表示成分数形式"

---

① 参见：李约瑟. 中国科学技术史：第三卷[M]. 梅容照，等译. 北京：科学出版社，2018：73.

这个结论最好能进行适当说理，说理过程仍然需要利用"除法是乘法的逆运算"这个基本准则，以及问题 5 所述说的"等量的等量相等"和"等式的基本性质"这两个基本事实，比如下面的具体计算：

$$4 \div 3 = a \Leftrightarrow 4 = 3 \times a$$
$$\Leftrightarrow 4 \times 1/3 = 3 \times a \times 1/3 = a$$
$$\Leftrightarrow 4 \times 1/3 = a$$
$$\Leftrightarrow 4/3 = a$$
$$\Leftrightarrow 4 \div 3 = 4/3$$

第一个恒等表示除法是乘法的逆运算，第二个恒等是根据"等式的基本性质"，最后一个恒等是根据"等量的等量相等"。上述恒等变换表明，除法可以写成分数的形式。

用小数表达有理数。如上所述，在形式上小学数学充分讨论了分数，在本质上小学数学充分讨论了有理数，即表达了自然数之间的比例关系。为了把数域从自然数扩充到实数，初中数学的一个重要内容就是认识和理解用小数表达的有理数。

为什么必须用小数表达有理数呢？主要是因为，现代数学所说的实数是十进制的数，如问题 6 最后部分所讨论的那样。这样，小数是十进制的数，是实数；分数不是十进制的数，不是实数。本书的问题 18 将会讨论角度也不是实数，因为角度是 60 进制的。

小学数学是用分数表达有理数，因此初中数学需要论证，用小数表达有理数等价于用分数表达的有理数，这里所说的小数是指有限小数或无限循环小数。比如，分数可以写成

$$7/9 = 0.777\cdots$$
$$76/99 = 0.767\ 676\cdots$$
$$764/999 = 0.764\ 764\ 764\cdots$$

的形式。这里所说的等价，是指这样的表达是充分必要的，也就是说，还需要论证有限小数和无限循环小数都能写成分

数的形式，这样的论证需要用到极限运算①。

基于上述结论可以得到推论：不能写成分数形式的小数等价于无限不循环小数。这样，用小数划分有理数和无理数也是泾渭分明，也可以作为实数的定义。但无论如何，这样的定义只是形式上的，因为有两个重要的问题没有解决，一是关于实数的运算，二是关于实数的连续，我们将在话题9进一步讨论实数的问题。

 如何理解负数？

对于负数的认识，传统的数学教学是通过减法运算得到负数，或者借助0定义相反数。这样产生负数无可非议，但这样产生的负数仅仅是一种符号表达而已，并没表述人们创造负数的初心。一个不争的事实是，负数的产生也是对日常生活中数量的抽象。现有资料表明，公元3世纪以前，我国汉代数学著作《九章算术》最早提出负数，给出了负数的加减运算方法。后来大约在公元7世纪，印度给出了负数的乘除运算方法②。

<u>现实意义的负数</u>。下面，我们对《九章算术》第八章"方程"篇的第八题进行分析，讨论我国古代的先哲为什么要引进负数的概念。第八题是这样表述的③：

今有卖牛二、羊五，以买十三豕，有余钱一千。卖牛三、豕三，以买九羊，钱适足。卖羊六、豕八，以买五牛，钱不足六百。问牛、羊、豕价各几何？

答曰：牛价一千二百，羊价五百，豕价三百。

---

① 参见：史宁中. 数学基本思想18讲 [M]. 北京：北京师范大学出版社，2016：50-51.
② 大约在公元628年，印度数学家婆罗摩笈多（598—660）在《婆罗门历算书》中给出了负数的乘除运算。
③ 参见：赵爽，刘徽. 周髀算经：九章算术 [M]. 上海：上海古籍出版社，1990：76.

术曰：如方程。置牛二、羊五正，豕一十三负，余钱数正；次置牛三正，羊九负，豕三正；次置牛五负，羊六正，豕八正，不足钱负。以正负术入之。

上面的"术曰"是讨论解题的方法，提到解决这个问题需要列方程，其中"置""次置""次置"说明需要列一个三元一次方程组；在关于"负"的论述中可以看到，如果"卖"得到的钱为"正"，那么"买"付出的钱就为"负"；如果"余钱"为正，那么"不足钱"就为"负"。通过正负数的加减运算可以求得方程组的解。

定义相反数。虽然负数的出现是对具有现实背景的数量的抽象，但为了概念的一般性，与其他数一样，最终要脱离现实背景，得到形式化的数学表达。基于算术公理体系定义的负整数，是通过相反数的形式定义的：

对于 $a \in \mathbf{N}$ 且不为 0，如果 $a+b=0$，则称 b 为 a 的相反数。

通常用 $-a$ 表示 a 的相反数，并且称 a 为正整数，$-a$ 为负整数[①]，人们也称 a 和 $-a$ 互为相反数。从上面的定义可以看到，0 对加法运算是很重要的，类似 1 对乘法运算的重要性，这是因为有了 0 就可以通过加法产生负数，有了 1 就可以通过乘法得到倒数，所以 0 和 1 是数域得以扩充的基础。在高等数学中，基于集合与集合上定义的运算形成群，分别称 0 和 1 为加法群的零元和乘法群的单位元，是产生逆元的基础。因此，如果通过运算实现数的扩充，那么通过相反数使自然数域扩充到整数域，通过倒数使整数域扩充到有理数域。

事实上，1889 年意大利数学家皮亚诺出版著作《用一种新方法陈述的算术原理》，用德国数学家戴德金提出的后继数的概念构建了算术公理体系，定义了自然数。皮亚诺定义的自然数原本是从 1 开始的，但后来发现这样的定义产生不了 0

[①] 传统初中数学教材常通过数轴解释负数，但一定要注意到，只能用这种方法直观描述负数，而不能用这种方法定义负数，因为无法精确度量距离，详细讨论参见本书问题 14。

和相反数，于是改为从 0 开始。

强调计算方法的数学发展。通过上面的讨论可以看到，我国汉代就已经在日常生活和生产实践中使用了负整数，并且与自然数的产生方法一样，负整数也是用对应的方法确立的，与对应正整数之间的关系是：数量相等，意义相反。比如，如果盈余 5 元为正，则亏损 5 元为负；如果向西 8 米为正，则向东 8 米为负。因此，人们在整数的前面加上"+"号或"-"号，是为了表示这个整数的属性。这样的数学发展对数学教育的启示是，现代数学教材中许多看似合理的述说，只是为了实现数学逻辑的自洽，反而会失去数学概念最初的意义。必须特别说明的是，基于思辨的西方数学一直很难接受负数，甚至到了 17 世纪笛卡儿时代依然如此。在 1637 年出版的《几何》这本影响深远的著作中，笛卡儿把方程的正根称为真根，把方程的负根称为假根，之所以称为假根，是因为方程存在比 0 所表示的"无"更小的根是不可思议的[1]。

无论如何，负数的发明和负数运算的确立对数学的发展意义重大，这样意义重大的事情之所以发生在古代中国和古印度，而不是产生在重视逻辑推理的古希腊，与古代中国和古印度这两个国度对数学的理解有密切关系。古代中国称数学为"算经"或者"算术"，意思是关于计算的技术；古印度称数学为 ganata，意思是关于计算的学问。因此，无论是在古代中国还是在古印度，重视的是数学的计算方法，而不是数学的推理逻辑，在这两个国度都形成了乘法计算口诀，影响至今。直到今日，基础教育阶段的数学教育，这两个国度的数学计算能力依然具有很强的优势。

但是，也应该看到，这样的数学发展缺少必要的数学抽象，难以形成系统理论，因此不利于广泛传播，也不利于深入研究。本书将在问题 11 中再次深入讨论这个问题。

---

[1] 参见：笛卡儿. 笛卡儿几何 [M]. 袁向东，译. 北京：北京大学出版社，2008：50-57.

问题 9  如何理解初中数学中的有理数运算？

问题 8 提到，初中数学数域的扩充与通常的基于运算的数域扩充有所不同。通常的基于运算的数域扩充，是在自然数域上定义加法，通过相反数由自然数域扩充到整数域，再通过倒数由整数域扩充到有理数域；而初中数学数域的扩充，是在小学数学学习了非负有理数的基础上，先通过负数的认识扩充到包括负数在内的一般有理数，然后通过无理数的认识扩充到实数。因此，依照这样的数域扩充过程，初中数学有理数运算教学的重点，应当是加强有负数参与的四则运算。

我们已经确立了负数与对应正数的关系：数量相等，意义相反。这样，如果定义"正数大于负数"，那么对于正数，数量越多数值越大；对于负数，数量越多数值越小①。这样理解数特别是数的大小，就形成了初中数学有理数加减运算的直观基础，形成了有理数运算的基本性质。众所周知，《义务教育数学课程标准（2022 年版）》开始强调代数证明，按照课程标准要求，下面我们来证明有理数运算的基本性质。

<u>运算性质的代数证明</u>。在有理数运算的直观基础上，可以得到有理数四则运算的性质，人们习惯用生活语言把这些性质表述为：

加上一个正数比原来的数大；减去一个正数比原来的数小。

加上一个数等于减去这个数的相反数；减去一个数等于加上这个数的相反数。

乘除一个正数不改变正负符号；乘除一个负数改变正负号。

---

① 参见本书问题 14 讨论的相关内容，人们用绝对值表示数量的多少。

现在我们尝试给出这些性质的证明，这样的证明就是代数证明，这样的证明形式是我国传统基础教育阶段的数学教育所没有出现过的，因此应当成为未来初中数学教育内容的重点。由于代数证明的需要，《义务教育数学课程标准（2022年版）》增加了两个基于代数表述的基本事实，如问题 5 所述，这两个基本事实源于欧几里得《几何原本》五个公理中的前三个公理，如果把等号拓展为不等号，那么可以更一般地表述这两个基本事实：

关系传递性：$a \geq b$，$b \geq c \rightarrow a \geq c$

等式的性质：$a \geq b \rightarrow a \pm c \geq b \pm c$

这两个基本事实可以作为基础教育阶段代数证明的出发点。

对于一线初中数学教师来说，可以把有理数四则运算性质的证明作为代数证明的起点。首先，要习惯用数学符号表达所要讨论的问题，即用数学的语言表达日常生活语言的表述。

比如，用数学符号表达"加一个正数比原来的数大"这个命题。如果用 a 表示原来的数，用 b 表示加上的正数，用数学符号表达这个命题就是：$a+b>a$。可以看到，用数学符号表达命题后，命题的证明就呼之欲出了。因为根据等式的性质和加法交换律，可以得到：

$$b>0 \rightarrow b+a>0+a$$
$$\longleftrightarrow a+b>a$$

这就是所要证明的。

对"减去一个数等于加上这个数的相反数"这个命题的证明，需要利用相反数的和为 0 这个定义，可以把证明过程表述如下：

$$a-b = a-b+0 = a-b+[b+(-b)]$$
$$= a-b+b+(-b) = a+(-b)$$

这样，对于有理数加减法的教学，可以先引导学生经历有理数运算的直观判断和代数证明，再进行归纳总结。在这个过程中，引导学生建立数学的直观而不是单纯地接受数学运算训练，理解数学的本质而不是单纯地记忆数学的法则。我想，这就是基于"四基""四能"教学的根本，也是基于"数学核心素养"教学的根本。

有理数的四则运算还涉及有负数参与的乘除法。事实上，只需要把握相反数，就可以清晰表述负数参与乘除运算之后积或商的变化：在乘除运算中，如果其中一个因子用相反数替代，那么得到的积或商也会相应地变为相应的相反数。

问题 10　什么是代数式的表达与运算？

代数式的运算是数的运算的抽象，因此教学的起点应当把数的运算拓展到字母的运算。字母运算的教学应当强调两个方面的内容：一方面应当让学生知道，字母可以像数一样进行运算；另一方面应当让学生理解，通过字母运算得到的结论具有一般性。对于后者，学生通过小学数学的学习已有一定的感官认知，比如，用字母表达的加法交换律，或者用字母表达的长方形面积公式。对于前者，小学数学几乎没有涉及，因此这样的教学是从初中数学开始的。下面，我们讨论"字母可以像数一样进行运算"所涉及的若干内容。

<u>字母表达的一般与特指</u>。在小学阶段，学生已经学习了如何用字母表达数量关系，到了初中阶段，学生应进一步知道，字母的表达涉及一般的和特指的两种情况。比如，用 a 表示小明的岁数，用 b 表示小明爸爸的岁数。如果小明爸爸比小明大 30 岁，那么二者之间的关系就可以表示为 $a+30=b$，这是一般性的表达，可以看到，仅凭这些信息还无法知道小明的具体岁数；如果还知道其他信息，比如，小明爸爸今年

的岁数正好是小明岁数的 3 倍，就可以表示为 $3a=b$，这样的表示不是一般的，因此可以称为特指，这里的特指是说今年。

事实上，所有方程的建立都是利用字母表达的一般关系和特指关系，比如，把小明爸爸今年岁数的特指带入一般性表达，可以建立方程：$a+30=3a$，解得 $a=15$，于是可以知道小明今年 15 岁。不仅如此，我们还可以建立二元一次方程，得到

$$\begin{cases} a+30=b \\ 3a=b \end{cases}$$

的形式，可以得到 $a=15$，特指小明今年的岁数。初中代数的教学应当引导学生理解用字母表达的数量关系，感悟数量关系是构建方程的基础，也是未来学习函数的基础。

通过上面的讨论还可以知道，在代数式的运算中，只有相同的字母才能进行同类项合并，这是因为相同字母所表示的意义相同。

<u>代数式的三岐性定理</u>。数的运算不仅可以拓展到代数式的运算，数的大小关系也可以拓展到代数式的大小关系，这就是三岐性定理。三岐性定理是建立方程和不等式的基础，比如，对于上面提到的两个代数式 $a+30$ 和 $3a$，存在三种关系：

$$a+30<3a, \quad a+30=3a, \quad a+30>3a$$

并且在确定的时刻，当且仅当其中一种关系成立。可以看到，第一、三种关系就是通常所说的不等式，第二种关系就是通常所说的方程。

在上面的式子中，如果字母 a 仍然表示小明的岁数，那么通过提供的信息可以知道，上面第二个式子即方程表示的是小明今年的岁数，解得 $a=15$；第一个不等式表示的是小明今年以前的岁数，解得 $a<15$；第三个等式表示的是小明今年以后的岁数，解得 $a>15$。可以看到，等式、不等式的解与代数式所表述的小明的岁数是一致的，这就是用数学的语言表述现实世界的故事。

用代数式表示计算规律。我们知道，可以用字母的运算一般性地表达运算律和公式，如前面提到的加法交换律和长方形面积公式。作为这一功能的拓展，还可以利用代数式表达运算规律。虽然在日常的数学教学中，主要是验证代数式表达的正确性，是演绎推理的方法，但更重要的是引导学生尝试自己得到代数式的表达形式，这是通过归纳或类比的方法得到的。下面我们来分析两个例子，前者简单一些，后者复杂一些。

平方差公式。如果从结果出发容易得到平方差公式，只需要计算
$$(a-b)(a+b) = a^2+ab-ab-b^2 = a^2-b^2$$
就可以得到平方差等于两个一次项乘积的公式。

但是，如果事先不知道结论，得到公式就不那么简单了。在许多情况下，代数公式是通过归纳的方法得到的，比如得到平方差公式的方法如下：先假定 $b=1$，依次变化 a，得到

$$a=2, \quad a^2-1=4-1=3$$
$$a=3, \quad a^2-1=9-1=8$$
$$a=4, \quad a^2-1=16-1=15$$
$$a=5, \quad a^2-1=25-1=24$$
$$a=6, \quad a^2-1=36-1=35$$

这时，可能就会看出规律，$35=5\times7$，$24=4\times6$，$15=3\times5$，$8=2\times4$，$3=1\times3$，于是可以猜想
$$a^2-1=(a-1)(a+1)$$
然后通过演绎推理验证这个结果，如果正确，再用 b 替代 1，可以得到更为一般的结论。

前 n 项和公式。关于自然数前 n 项和的公式有许多美好的传说，西方主要说的是高斯的故事，我国主要说的是华罗庚的故事，无论是什么故事，都是通过计算技巧得到公式。

我曾经设想，如果已经知道自然数前 n 项和公式，是不

是可以用归纳的方法进一步得到：自然数平方的前 n 项和公式、自然数立方的前 n 项和公式，于是进行尝试，很快就得到了结果。现在把计算过程记录如下，供初中数学教师在教学中参考。用 $A(n)$，$B(n)$，$C(n)$ 分别表示自然数、自然数平方、自然数立方这三类前 n 项和公式，然后依次进行数字计算，计算结果如下：

n	1	2	3	4	5	6
$A(n)$	1	3	6	10	15	21
$B(n)$	1	5	14	30	55	91
$C(n)$	1	9	36	100	225	441

通过计算结果容易看到，对于每一个 n，$C(n)$ 恰好为 $A(n)$ 的平方，于是可以推断

$$C(n) = [A(n)]^2 = \frac{n^2(n-1)^2}{4}$$

这个表达式也说明了 $C(n)$ 与 $A(n)$ 之间成比例关系，比值为 $A(n)$。受比例关系的启发，于是可以通过类比猜想，$B(n)$ 与 $A(n)$ 之间也存在比例关系，尝试依次计算比值：

n	1	2	3	4	5	6
$B(n)/A(n)$	1	5/3	7/3	9/3	11/3	13/3

根据这个结果可以猜想，$B(n)$ 与 $A(n)$ 的比值为 $(2n+1)/3$，于是可以得到

$$B(n) = \frac{n(n+1)(2n+1)}{6}$$

虽然这样的表达式还只是猜想，但提供了论证的方向，因为是依次计算得到的结果，所以适于用数学归纳法进行验证。通过上面的过程可以看到，如果要引导学生尝试用归纳或类比的方法得到数学结论，计算的过程最好是循序渐进的，这样学生更容易发现规律。

问题 11  如何理解方程的内涵？

问题 10 谈到，代数式与数一样也具有三岐性，方程表述的是两个代数式之间的等量关系，不等式表述的是两个代数式之间的不等量关系。因为构建方程的基础是等量关系，所以构建方程至少需要两个由代数式表达的量。也就是我们通常所说的，列方程需要讲两个故事。

一般来说，两个量可以表达一般的数量关系，但在列方程时往往还需要表达特指关系。比如，小明的爸爸比小明大 30 岁的问题，可以得到一般的数量关系 $a+30=b$，但要求得小明某一年的岁数，还需要特指：如果小明爸爸今年 42 岁，那么小明今年 12 岁；或者反过来，如果小明今年 12 岁，那么小明爸爸今年 42 岁。这就是数量关系与方程之间的关系，是一般与特指之间的关系。借助代数式表达等量关系是列方程的过程；通过代数式运算得到结果是解方程的过程。

<u>建立一般形式的方程</u>。有兴趣的读者，可以尝试把上面的研究路径拓展到行程问题或鸡兔同笼问题等。下面我们研究方程最为一般的形式：所有的量都用字母表达。我们分析鸡兔同笼的模式，有兴趣的读者可以采用类似方法，把研究的问题拓展到其他模式。我们来思考这样的问题：

有 a 条腿的物品 A 和 b 条腿的物品 B 共 N 个，如果这些物品有 M 条腿，问 A 和 B 各有多少个？

不失一般性，我们可以假设 $a-b>0$，即物品 A 的腿数多于物品 B 的腿数。因为在问题中，腿的个数 a 和 b 是可以变化的，于是人们称这样的数为待定系数或未知参数。这样，我们就一般性地思考了问题，只要确定了其中的参数，就可以得到一个具体问题。

显然，对于现实问题，参数的设定几乎都是有所约束的，约束是由问题的背景决定的。对于上述鸡兔同笼问题，我们必须注意到：未知参数必须是正整数，并且问题的解，即物

品 A 和物品 B 的个数也必须为正整数。人们通常称参数的约束为边界条件。对于初中数学教师来说,能够把一个具体问题最终抽象为用符号表达的一类问题是有意义的,我们称抽象后的一类问题为模式。只有经历这样的抽象,才能真正把握一类问题的本质,才可能在教学活动中举一反三。虽然问题是一般性的,但解决问题的思路是一致的,这便是模式称谓的由来(更详细的讨论参见话题 29)。

设物体 A 有 x 个,那么物体 B 有 $N-x$ 个。根据题意可以得到一个方程:

$$ax+b(N-x)=M$$

其中只有一个未知数,并且未知数的次数为 1,为一元一次方程。还可以设两个未知参数:物体 A 有 x 个,物体 B 有 y 个,这样可以得到一个二元一次方程组:

$$\begin{cases} x+y=N \\ ax+by=M \end{cases}$$

对于这样的问题,可以通过四则运算求解,也可以通过一元一次方程或二元一次方程组求解,在求解的过程中可以知道,解二元一次方程组要化为解一元一次方程,解一元一次方程要化为四则运算,人们通常称这种还原求解的方法为化归。化归是一种基本的数学方法,可以把未知状况转化为已知状况,因此,在数学教学中,教师要引导学生理解并掌握化归的方法化,这也就是为什么数学教学必须逐步进阶进行的缘由。

可以看到,列方程可以减少思维的过程,使得问题变得更加简单,但与此同时,解方程又会使计算更加烦琐,因此,便利之事二者不可得兼。

<u>适用于四则运算的问题</u>。虽然列方程能比较简单地解决四则运算的问题,但有一类问题更适合用四则运算的方法解决,比如下面的问题:

甲、乙两辆汽车分别由 A、B 两地同时相对开出,在离 A 地 40 千米处相遇,然后继续行走分别到达 B、A 两地后返回,

在离 B 地 30 千米处相遇。问 A、B 两地相距多少千米？

通过列方程解决这个问题，可以利用两辆汽车所用时间相等，或各自速度始终保持不变这样的等量关系。设两地之间距离为 a，设甲、乙两车的速度分别为 v_1 和 v_2，那么根据时间相等，由两次相遇分别得到两个关系式：

$$\frac{40}{v_1} = \frac{a-40}{v_2}, \quad \frac{a-40+30}{v_1} = \frac{40+a-30}{v_2}$$

计算得到速度比的两个等式，分别为

$$\frac{v_2}{v_1} = \frac{a-40}{40}, \quad \frac{v_2}{v_1} = \frac{a+10}{a-10}$$

这样，利用速度比的等量关系，可以得到

$$\frac{a-40}{40} = \frac{a+10}{a-10}$$

这是一个一元二次方程，通过化简计算可以得到 $a = 90$（千米）。

如果用四则运算的方法解这个问题，则会简单许多，但需要一定的逻辑推理。通过对问题分析可以知道，甲、乙两辆汽车一共行驶了 3 次 A 与 B 之间的距离 a。一方面，因为速度始终保持不变，可以等价理解为甲、乙两辆汽车在离 A 地 40 千米相遇重复发生了 3 次，所以甲每一次都行驶 40 千米，一共行驶了 3 个 40 千米；另一方面，对于 A 与 B 之间距离 a，甲行驶了 $a+30$（千米），因此有

$$40 \times 3 = a + 30$$

或者直接计算

$$a = 40 \times 3 - 30$$

得到 $a = 90$（千米），这样计算比列方程更加简洁。

中国古代的方程。下面我们分析《九章算术》中的一个关于方程的例子，希望说明两个问题：一是中国古代数学很早就已经发展到相当高的水平；二是数学抽象以及相应的符号表达对数学发展具有极其重要的作用。

汉代刘徽注释《九章算术》，专门设置了"方程"篇，是

在大约公元 263 年,比韦达的工作早一千多年。其中"勾股"章的第 11 题为:

今有户高多于广六尺八寸,两隅相去适一丈。问户高、广各几何?

答曰:广二尺八寸;高九尺六寸。

术曰:令一丈自乘为实,半相多,令自乘,倍之,减实,半其余。以开方除之,所得,减相多之半,即户广。加相多之半,即户高。

如果用现在的语言,所说的问题是:有一个门高比宽多 6.8(尺),对角线长 10(尺),问高和宽各是多少?答案是:宽 2.8(尺),高 9.6(尺)。

可是,上文中的"术曰"就比较费解了,我们尝试用现代数学语言表述"术曰"的内容:如果用 x 和 y 分别表示宽和高,即"术曰"所说的"户广"和"户高";用 a 表示对角线长;用 b 表示高与宽之差,即"术曰"所说的"相多",那么"户广"和"户高"分别为

$$x=\sqrt{\left[a^2-2\left(\frac{b}{2}\right)^2\right]\div 2}-\frac{b}{2}, \quad y=\sqrt{\left[a^2-2\left(\frac{b}{2}\right)^2\right]\div 2}+\frac{b}{2}$$

把这两个式子进行适当整理,可以得到

$$x=\sqrt{\left(\frac{b}{2}\right)^2+\frac{a^2-b^2}{2}}-\frac{b}{2}, \quad y=\sqrt{\left(\frac{b}{2}\right)^2+\frac{a^2-b^2}{2}}+\frac{b}{2}$$

把 $a=10$ 和 $b=6.8$ 代入上面的两个式子,确实可以得到 $x=2.8$ 和 $y=9.6$。

在上面的两个式子中,我们可以看到韦达求根公式的影子,可是《九章算术》并没有说明"术曰"所说的计算方法的道理。我们可以推测,大概是从二元方程组

$$\begin{cases} y-x=b \\ x^2+y^2=a^2 \end{cases}$$

出发,或者直接把 $y=x+b$ 代入勾股定理的公式,得到一元二次方程:

$$x^2+bx=\frac{a^2-b^2}{2}$$

再用配方的方法得到

$$\left(x+\frac{b}{2}\right)^2=\frac{a^2-b^2}{2}+\left(\frac{b}{2}\right)^2$$

这样就可以得到"户广"和"户高"的计算式,"术曰"中所说的是前一个计算式。

我们可以看到,《九章算术》对一元二次方程的求解方法已有完整论述,比欧洲数学家韦达的相关研究成果早一千多年。但是,我们也应当看到,因为没有抽象出合适的符号表达,就无法得到解方程的一般方法,这使得个人的研究成果很难成为人们的共识,也很难进行具有学习功能的数学传播和接续研究。

如同本书问题 8 所说的那样,数学抽象的缺乏是阻碍中国古代数学发展的一个重要原因,这样的缺憾几乎一直影响到 20 世纪末的中国数学教育。也正因为如此,在《义务教育数学课程标准(2011 年版)》的课程目标中,把传统"双基"拓展为"四基",就是说,在传统的基础知识和基本技能的基础上,强调了数学的基本思想和基本活动经验。就具体的能力而言,是在传统的"计算能力""推理能力""空间想象能力"这三大能力的基础上,加上了"数学抽象""数学建模"这样的数学素养。秉承这样的教育理念,《普通高中数学课程标准(2017 年版)》《义务教育数学课程标准(2022 年版)》进一步通过课程目标,把"四基"拓展为"三会":会用数学的眼光观察现实世界、会用数学的思维思考现实世界、会用数学的语言表达现实世界。使得数学的课程目标不仅具有数学的特征,还具有数学教育的特征;不仅具有数学能力的特质,还具有数学思维品质的特质。正是这样更加全面的特征和特质,才能体现出数学教育的真谛。

 问题 **12** 为什么说韦达定理是代数学的发端？

古希腊学者丢番图在他的著作《算术》中已经使用字母表示未知数①，但并没有使用字母进行一般性的抽象运算，因此也没有得到一般性的结论。

第一个有意识使用字母进行抽象表达，并进行抽象运算的是法国数学家韦达。在韦达之前，人们只解决带有数字系数的方程，方程等号的两边都是具体的量，包括用字母表示的未知数的量②。比如，对于一元二次方程的研究，通常把方程写成

$$3x^2+2x=1 \quad 或 \quad 2x^2+5=3x$$

的形式，并且认为这样的两个方程是不一样的，虽然他们知道，这两个方程的求解方法是类似的。这与我们在问题 11 中强调方程要讲两个故事是一致的，这样的表达是本质的，也是直观的。

韦达重要的贡献是用字母表示方程中的系数，于是方程中所有的量都实现了字母表达。这样方程就脱离了现实故事的背景，韦达把一元二次方程统一写成

$$ax^2+bx+c=0$$

的形式，其中 x 仍然表示未知的量，a、b、c 表示方程的系数，可以是任何数。这样的表达使得方程与求函数的零解一致，方程可以作为函数的特例表示成

$$f(x)=ax^2+bx+c, \quad f(x)=0$$

的形式。但对于刚刚接触方程的初中学生来说，最好能意识到，这样的表达只是形式上的，而不是方程本身。方程依然是讲述现实世界中的两个故事，对于任何一个现实问题，人们都很难用函数零解的形式建立方程，这样的表达只适用于

---

① 参见：克莱因. 古今数学思想：第 1 册 [M]. 张理京，张锦炎，译. 上海：上海科学技术出版社，1979：212.

② 参见：克莱因. 数学：确定性的丧失 [M]. 李宏魁，译. 长沙：湖南科学技术出版社，1997：119.

对方程性质的研究。

<u>方程的根与系数的关系</u>。如果用字母表达了方程的系数，那么通过计算得到的方程的根也具有一般性，韦达给出了一般的求根公式，比如，二元一次方程的两个根可以用字母表示：

$$x_1 = \frac{-b-\sqrt{b^2-4ac}}{2a}, \quad x_2 = \frac{-b+\sqrt{b^2-4ac}}{2a}$$

于是，无论是什么样的数字系数，只要代入上面的公式就可以得到方程的两个根，非常简洁便利。这就再一次说明，从具体的数字表达上升到一般的符号表达，得到的结论具有一般性，进而数学的应用具有广泛性，这就是数学抽象的功能。

不仅如此，从具体的数字表达上升到一般的符号表达，还使得方程性质的研究成为可能，比如，通过根的表达式容易得到两个结论：

$$x_1 + x_2 = -\frac{b}{a}, \quad x_1 \cdot x_2 = \frac{c}{a}$$

这说明方程的系数与根是一一对应的：可以通过方程的系数得到方程的根；反之，还可以通过方程的根推算方程的系数。为了纪念韦达的贡献，人们把根与系数关系的公式称为韦达定理，这是初中数学的重要内容。

基于上面的工作，韦达在 1591 年出版的著作《分析艺术引论》中区分了算术与代数：算术以及数字系数的方程是与数打交道，是关于数字的计算[1]；代数是作用于事物的类别或形式上的方法，是关于类型的计算。韦达开创了现代数学的一个重要分支——代数学[2]。最初，韦达用拉丁文的辅

---

[1] 小学数学教材介绍的方程都是数字系数的，仍然停留在算术层次。

[2] 在我国，代数一词始于清代数学家李善兰（1811—1882，原名李心兰）与英国人伟烈亚力（1815—1887）合作翻译的著作《代数积拾级》，译自英国数学家摩根（1806—1871）的著作《代数学》（Elements of algebra），其中英语中代数 algebra 一词直接源于中世纪拉丁文 algebra，而拉丁文又译自阿拉伯文 al-jebr，见诸阿拉伯数学家花拉子米（约 783—850）关于代数学的著作，这个词的阿拉伯文原意是：破碎部分的重组。这些内容可以参见 1933 年版的《牛津英语大辞典》第一卷第 217 页。

音字母表示已知量,用元音字母表示未知量。后来,解析几何的创始人法国哲学家、数学家笛卡儿完成了代数符号的改进工作,用拉丁字母的前几个字母 a、b、c 表示已知量,后几个字母 x、y、z 表示未知量,这种表示方法沿用至今。

<u>韦达定理的拓展</u>。考虑韦达定理更一般形式,比如,考虑一元三次方程,可以写成

$$a_0x^3+a_1x^2+a_2x+a_3=0$$

的形式。设方程有 3 个根,分别为 x_1, x_2, x_3,那么可以得到关系式:

$$a_0x^3+a_1x^2+a_2x+a_3=a_0(x-x_1)(x-x_2)(x-x_3)$$

因为两个方程相等的充分必要条件是这两个方程的对应系数相等,把上式右边展开,就可以得到更为一般形式的韦达定理:

$$x_1+x_2+x_3=-\frac{a_1}{a_0},\quad x_1x_2+x_1x_3+x_2x_3=\frac{a_2}{a_0},\quad x_1x_2x_3=-\frac{a_3}{a_0}$$

有兴趣的读者可以尝试把上面的表达形式拓展到更为一般的一元 n 次方程的情况,可以得到拓展的韦达定理。可以看到,在所有的表达式中,交换方程两个根 x_p 与 x_q 的位置,方程组保持不变。根据这样的性质,19 世纪初,法国数学家伽罗华和挪威数学家阿贝尔研究了方程求根公式存在的充分必要条件,并相继提出了群的概念。后来,人们称这样变换下标的群为置换群。

如何理解函数?

函数是数学最重要的概念之一,这个概念从初中数学开始一直延伸到高中、大学。随着学段升高,函数的定义越来越抽象,但函数定义的本质没有发生变化,这个本质就是两

个变量之间的关系：一个量发生变化，另一个量也随之发生变化。

函数概念是如此重要，以至于整个微积分的运算对象就是函数。如果说人类对数学的创作，第一个重要贡献是发明了十进制所表达的数和数的运算，那么第二个重要贡献就是发明了微积分。正如恩格斯在《自然辩证法》中所谈到的那样①：

在一切理论进步中，同 17 世纪下半叶发明的微积分比较起来，未必再有别的东西会被看作人类精神如此崇高的胜利。如果说在什么地方可以出现人类精神的纯粹的和唯一的业绩，那就正是在这里。

这是因为，微积分的出现使得数学的研究发生了根本变化：从常量走向变量，从静止走向动态，从平直走向弯曲，这些变化都是源于微积分用极限的方法研究函数。1673 年，德国哲学家、数学家莱布尼兹创造了函数 function 一词，用来表示曲线上变动点的纵坐标②，用点的切线，即函数增量比的极限刻画曲线的变化状态。经过十余年的研究，莱布尼兹于 1684 年在《教师学报》上发表了关于微积分的第一篇论文，这也是第一篇公开发表的系统阐述微积分的论文③。

函数的变量定义。随着微积分研究的深入，数学家逐渐认识到，要把微积分的理论基础研究清楚，就必须建立一个相对成体系的学科，并称这个学科为数学分析，可见那个时代的数学家对这个新学科的重视。1748 年，瑞士数学家欧拉

---

① 参见：马克思恩格斯选集：第四卷 [M]. 北京：人民出版社，1995：365.
② 中文函数这个词出自李善兰和伟烈亚力合作翻译的著作《代数积拾级》，表达的数学意义是：凡此变量中函彼变数者，则此为彼之函数。除了代数和函数这两个数学名词之外，在翻译过程中还创造了许多普遍被接受的数学名词，如微分、积分、级数、指数、多项式、抛物线、双曲线、渐近线、切线、法线等。
③ 牛顿对于发表自己的研究成果非常谨慎，他去世后留下大约五千页的未发表手稿，经过后人近三百年的整理，剑桥大学出版社从 1967 年起分八卷陆续出版，其中第一卷有一篇（第 400—448 页）牛顿写于 1666 年的关于"流数"的论文手稿。

在著作《无穷小分析引论》中明确指出:"数学分析是关于函数的科学",并且使用符号 $f(x)$ 表示函数,这样的表述方法延续至今。1755 年,欧拉在著作《微分学》中给出了函数的定义:

如果某变量,以如下的方式依赖于另一些变量,即当后面这些变量变化时,前者也随之变化,则称前面的变量是后面变量的函数。

相比莱布尼茨最初的定义,欧拉的定义发生了本质变化。莱布尼茨的定义借助了几何图形,欧拉则摆脱了几何背景,刻画了函数本质,这就是两个变量之间的变化关系。因此,人们称欧拉的定义为函数的变量说。那么,什么是变量呢?柯西在 1821 年的著作《分析教程》中这样定义:"这样的量称为变量,它必须依次取许多互不相同的数值。"可以看到,在那个时代数学家的头脑中,变量的取值依然是跳跃的、不连续的,这样的认识是基于数学直观的。同样,人们对于极限的认识也是从数列的极限开始的,也是基于跳跃的、不连续的数学直观。

函数的对应定义。利用变量定义函数,依然有函数表达式的影子,虽然表达式既可以是基于几何也可以是基于代数的,但无论如何,这样的定义还依赖现实背景和实际意义,这样的定义还没有展示函数概念的一般性,就像 1848 年左右英国数学家斯托克斯所说的那样:"确实,我认为至关重要的是对函数的认识应当撇开一切代数表达式。"基于这样的思想,1851 年,黎曼给出了函数新的定义:

假定 z 是一个变量,它可以逐次取所有可能的实数值。如果对它的每一个值都有未知量 w 的唯一的一个值与之对应,则 w 称为 z 的函数。

这样,黎曼采用实数值与实数值对应的方法定义了函数,其中"对应"是数学上不加任何定义的基本术语,因此是表达数学最基本概念的原始词汇,比如,康托利用这个的术语定义了无穷及无穷大小的度量（参见话题8）。从字面上理解，使用"对应"这个词刻画函数，就意味着只关注结果而不关注过程，这样就使得函数的表述摆脱了代数表达式的束缚。

法国布尔巴基学派给出了函数概念更为一般的表述。布尔巴基学派最初是由一些法国的年轻数学家组成的数学学派，包括后来成为著名数学家的韦伊、嘉当等人，特别需要指出的是，嘉当是当代华人最著名数学家陈省身的老师。布尔巴基学派的宗旨是在集合论的基础上，用形式化的方法重新构建数学最基本的概念和法则。1939年，布尔巴基学派给出的函数定义为①：

设 E 和 F 是两个集合，它们可以不同，也可以相同。E 中的一个变元 x 和 F 中的变元 y 之间的一个关系称为一个函数关系，如果对于每一个 $x \in E$，都存在唯一的 $y \in F$，它满足与 x 给定的关系。称这样的运算为函数。它以上述方式将与 x 有给定关系的元素 $y \in F$ 与每一个元素 $x \in E$ 相联系。称 y 是函数在元素 x 处的值，函数值由给定的关系所确定。两个等价的函数关系确定同一个函数。

人们通常称这样的定义为函数的关系说。这样，函数的定义就完成了形式化的符号表达，人们不仅找不到当年牛顿和莱布尼茨构建的函数的影子，甚至也找不到变量之间的变化关系及实数之间的对应关系。虽然为了数学的严谨性，需要对函数的定义进行深层次的抽象，但也应当注意到深层次的抽象给数学教学带来的挑战。对于函数的教学，一方面要让学生认识到抽象定义与变量变化的关联，另一方面要让学生理解抽象定义的必要性，在这样的过程中，引导学生感知数学抽象的层次性。

基础教育阶段函数的定义。在我国基础教育阶段的数学教学中，函数的定义大体分为两个层次：一个是初中数学的

---

① 参见：DIETER RUTHING. 函数概念的一些定义［J］. 袁向东, 译. 数学译林, 1986 (3): 263.

基于变量的定义，另一个是高中数学的基于对应的定义。但是，无论是初中数学还是高中数学，教材中的定义都存在一定的瑕疵，我们来分析这个问题。

现行初中数学教材中函数的定义大体采用欧拉的变量说，又受到黎曼定义的影响，表述如下：

在一个变化过程中有两个变量 x 和 y，如果对 x 的每一个值，y 都有唯一的值与它对应，那么就说 y 是 x 的函数，称 x 为自变量。

这样的定义至少会以引发两个问题，这两个问题都不利于函数教学的实施。

第一个问题是，这样的定义舍弃了欧拉定义强调的两个量相依的变化关系，进而舍弃了相应的数学直觉，不利于第一次接触变量的初中学生对变量的理解和对函数的认知。教材之所以作这样修订，据说是为了避免常值函数的出现，怕初中学生理解不了因变量 y 取常值也是一种变化。我认为这样会因小失大，是不必要的，事实上，只需要在教学过程中通过函数图像说明函数值取常值是一类特殊的变量。

第二个问题是，这样的定义忽略了黎曼定义中强调的自变量取实数值的要求，进而忽略对函数本质的理解。事实上，初中阶段的三角函数在本质上并不是函数，这是因为初中数学中角的度量不是实数[①]，无法进行 $\sin 30°+30°$ 的计算，也无法解释表达式 $\sin x+x$ 的意义。

我认为，初中数学教师大概了解一下高中数学的函数定义也是有必要的，有益于初中数学教学，这是更一般意义上的教学整体设计[②]。高中函数的定义采用黎曼的对应说，又多少受到布尔巴基学派关系说的影响，虽然各个版本教材中的定义不尽相同，但大体可以表述如下：

令 A 和 B 是两个非空实数集合。如果存在一个从 A 到 B

[①] 角度的实数定义是通过弧度制实现的，这是高中数学的重要内容。
[②] 在"教学建议"中强调"整体设计，分步实施"。

的对应关系 f，使得对 A 中的任意元素 x，B 中都有唯一元素 y 与之对应，则称 f 是 A 上的函数，记为 $y=f(x)$。并且称 x 为自变量，y 为因变量，集合 A 为函数的定义域，集合 B 为函数的值域。

可以设想，高中数学的函数教学首先应当说明高中函数定义与初中函数定义的共性与差异，通过对共性与差异的分析揭示函数定义的数学本质[①]，但非常遗憾的是，无论是高中的数学教材还是高中的数学教学，都没有进行这样的说明。

高中和初中的函数定义，都是用"对应"来表述的，都强调对应值是唯一确定的，这是函数的本质特征；但有所不同的是，初中是说两个变量取值之间的对应，高中是说两个集合元素之间的对应，并且特别强调必须是实数的集合。这样，高中的函数定义就强调了自变量的取值必须是实数，因此，为了使三角函数符合函数的定义，就必须学习弧度制，这是为了用长度定义作为三角函数自变量的角度，然后通过长度与实数对应。

可以看到，高中的函数定义更为抽象，因此结论更为一般，体现了抽象的层次性。初中的函数定义表述的是变量之间的关系，具有表达式的影子，比如，学生可能认为

$$f(x) = \sin^2 x + \cos^2 x \text{ 和 } g(x) = 1$$

表达的是两个不同的函数。但是，根据高中的函数定义，定义域和对应关系一样的函数是等价的，于是如布尔巴基学派所说，两个等价的函数关系确定同一个函数，因此上述两个函数确定的是同一个函数，尽管表达式不同。通过差异分析，可以更深层次地把握函数的本质，一是定义域，二是对应关系。

[①] 还可以在这样的过程中述说函数定义的变化过程，引导学生感悟函数概念的重要性，理解函数概念的本质。

第三部分　图形与几何

虽然小学数学有图形与几何的内容，但重点是几何直观的感悟和空间观念的建立，这些都依赖于对空间图形的抽象。可以说，空间图形抽象的本质，就是舍去三维空间物体的物理属性保留物体的形状，然后把这样的形状通过线条表达于二维平面；相应的思维过程，就是把人的关于距离远近感知的本能转换为对物体大小的认知。毋庸置疑，这样的感悟能力的最佳培养时机是在小学，因为基于本能的感悟是在朦胧中形成和发展起来的。

几何概念的确立和几何命题的表述都是从初中数学开始的，是借助对抽象了的平面图形的感知完成的。因此，初中几何教学的首要任务是把学生对图形的感知提升到对概念的认知，如同本书第一部分所说的那样，几何学最基本概念的定义必须是名义的，为了帮助学生在学习的过程中建立几何直观和空间观念，几何基本事实的确立就变得非常重要。这就意味着，对于初中几何教学，几何基本事实的确立不仅是证明的需要，也是帮助学生建立几何直觉的需要。

虽然近些年，义务教育阶段的数学教育开始强调代数推理，但至少在现阶段，传统意义的几何推理仍然是培养学生逻辑推理能力的重要内容。近代数学公理体系相当严谨、表述相当庞杂，初中阶段的数学教育不可能通过几个公理的述说就建立起基于公理体系的论证，因此把论证的前提称为基本事实还是比较恰当的。初中几何证明的教学必须要让学生感悟演绎推理的基本规则，即所要证明的问题是一般情况下的特例，使学生在这样的过程中感悟和理解传递性的原则，感悟和理解论证过程的逻辑性。在思考的过程中学会思考，这就是基于"四基"的，或者说是基于数学核心素养的教学。

同样的道理，几何作图的教学要引导学生思考为什么能想到这样作图，进一步培养学生的几何直观和空间想象力。

初中几何教学的一个重要内容就是数形结合，表现在两个层次：一是通过数轴和绝对值的表述，把小学阶段"点与数的对应"拓展到初中阶段"距离与数量的对应"，这是数形结合的发端；二是通过笛卡儿直角坐标系表述函数的图像，表达形式从"直线上表达一个量的数轴"拓展到"平面上表达两个量关系的直角坐标系"。这两个层次的数形结合，就形成了"通过几何建立直观，通过代数予以表达"的数学研究的基本路径，这样的基本路径一直拓展到高中、大学，甚至拓展到现代数学的研究。

问题 14　为什么说数轴和绝对值是数形结合的发端？

至少对于数学教育而言，数形结合始于初中数学，是通过数轴和绝对值表述的。但是，仔细阅读现行初中数学教材可以发现，这些内容的表述不尽合理，有些不能自圆其说，更没有揭示数形结合的本质。

现行初中数学教材在定义有理数和数轴之后，通过举例直观表述有理数可以与数轴上的点对应，甚至有的教材还特别说明像 $\sqrt{2}$ 和 π 这样的无理数也可以与数轴上的点对应。在此基础上，教材给出了相反数的定义，说明相反数到原点的距离相等，把这样的现象拓展为绝对值的定义：

在数轴上，表示一个数的点到原点的距离称为这个数的绝对值。

显然，根据这样的定义，必须把绝对值理解为距离，而距离是通过线段的长度定义的。这样，在给出了绝对值线段长度的定义之后，才开始表述绝对值的真实含义：非负数的绝对值是它本身，负数的绝对值是它的相反数。最后，借助绝对值的概念表述有理数的四则运算法则。

这样，关于绝对值概念的表述就出现了矛盾：非负数的绝对值到底是线段的长度，还是它本身所表达的数量的多少呢？因为在本质上，如同本书问题 8 所表述的那样，无论是正数还是负数都是对数量的抽象，相反数是指数量相等，意义相反。绝对值表达的是两个相反数相等的数量，因此才会有"相反数的绝对值相等"这样的结论，事实上，这也是数学家定义绝对值的初衷。

在一般情况下，复数是无法比较大小的，于是德国数学家魏尔斯特拉斯于 1841 年发明了绝对值这个符号①，用以表示复数的大小：复数的实部与虚部平方和的开方。因此，对于实数，绝对值就是这个数的平方的开方，这就是说，非负数的绝对值是它本身，负数的绝对值是它的相反数。即实数 a 的绝对值可以表示为

$$|a| = \begin{cases} a, & a \geq 0 \\ -a, & a < 0 \end{cases}$$

由此可见，最初定义的绝对值与数轴无关，可以称为绝对值的代数表示。

本书话题 10 中提到，1905 年，德国数学家甘斯用绝对值表示一般向量的长度，如果把这样的表示用于数轴，那么对于数轴上任意两个点 a 和 b，这两点构成的线段长度可以表示为

$$|a-b| = \begin{cases} a-b, & a-b \geq 0 \\ b-a, & a-b < 0 \end{cases}$$

这恰好是数轴上的线段长度，可以称为绝对值的几何解释。

可以看到，绝对值的代数表示与几何解释在形式上是一致的，体现了数量与长度的一致性，这就构成了数形结合的理论基础，事实上，也构成了数形结合的直观基础。德国数学家戴德金在建立实数理论、定义实数连续性时就借助了这

---

① CAJORIF. A history of mathematical notations [M]. New York: Dover Publications, 1993: 123-124, 133. 国内著作参见：徐品方，张红. 数学符号史 [M]. 北京：科学出版社，2006: 269.

样的形式和直观，提出了一个基本原则，现在人们称这个基本原则为戴德金连续性公理①：

苟直线上之点，裂为前后两段，前段各点均在后段各点之左，如是则必有一点，且仅有一点使此两段之分裂得以产生。

这就是说，数轴上的点是连续的，基本特征是：任意一个点都可以把数轴上的点划分为两类，一类点在另一类点的左边，这样的划分能并且只能产生一个点。类比数轴上的点，戴德金认为实数的连续性也具有这样的特征：任何一个实数都对应一个划分，可以把实数分为两类，一类中的实数小于另一类中的实数，这样的划分能并且只能产生一个实数。借助连续性公理，戴德金最终定义了具有连续性的实数，使得极限的严谨定义与表达成为可能。

综上所述，初中数学教材的内容最好既包括绝对值的代数表示，也包括几何解释，在教学过程中引导学生理解，正是因为这两种表示形式上的一致性，可以从有理数与数轴上点的对应（小学数学的内容）升华到数量与距离的对应（初中数学的内容），帮助学生在感悟数学抽象的前提下，建立数形结合的直观，让学生知道可以通过几何建立数学直观、通过代数进行数学论证。

问题 15 如何理解反证法的推理逻辑？

反证法属于演绎推理，是现代数学中不可或缺的证明方法。虽然用反证法证明的问题大多数都是代数问题，但《义

---

① 参见：DEDEKIND R. Theory of numbers [M]. Chicago: The open court publishing company, 1901: 5. 其中译本参见：DEDEKIND R. 实数探原 [M]. 朱言均, 译注. 长沙: 商务印书馆, 1940. 后来，这个基本原则被称为戴德金连续性公理，参见：科士青. 几何学基础 [M]. 苏步青, 译. 北京: 高等教育出版社, 1958: 第 2 章第 5 节.

务教育数学课程标准（2022年版）》最初提及反证法是要证明平行线性质定理（见例74，感悟反证法），因此我们在"图形与几何"部分讨论反证法。

据说，反证法是欧几里得创造的。无论如何，下面两个著名的反证法证明都是欧几里得给出的，第一个是证明素数有无穷多个，第二个是证明$\sqrt{2}$是无理数，分别表述如下。

命题一　素数有无限多个①。

证明：假设命题不成立，那么存在最大的素数p。

用$p!$表示所有小于等于p的素数的乘积，那么，自然数$p!+1$除以任何素数都将余1，所以它是一个素数。但$p!+1$大于p，与假设矛盾。

假设不成立。因此，假设的否命题"不存在最大素数"，即"素数有无限多个"成立。

命题二　$\sqrt{2}$是无理数②。

证明：假设命题不成立，那么$\sqrt{2}$不是无理数。

$\sqrt{2}$是有理数。根据有理数定义，$\sqrt{2}$能够表示为两个整数的比，比如$\sqrt{2}=a/b$，其中a和b为整数，为不失一般性，假定a和b没有公因数。

可以得到$a^2=2b^2$，于是a^2为偶数。因为只有偶数的平方才能为偶数，所以a为偶数。

因为a和b没有公因数，所以b为奇数。

因为a为偶数，可设$a=2c$。因为$a^2=4c^2$，可以得到$4c^2=2b^2$或者$2c^2=b^2$。所以b^2为偶数。

同样的道理，b为偶数。

但b不可能同时又是奇数又是偶数，所以假设不成立，假设的否命题"$\sqrt{2}$是无理数"成立。

---

① 原文为：预先给定任意多个素数，则有比它们更多的素数。参见：欧几里得. 几何原本[M]. 兰纪正，朱恩宽，译. 南京：译林出版社，2014：279.

② 这个结论是毕达哥拉斯学派发现的，参见：克莱因. 数学：确定性的丧失[M]. 李宏魁，译. 长沙：湖南科学技术出版社，1997：100.

下面，我们分析反证法的证明思路，进而论证证明方法的逻辑性。如果论证了反证法证明方法本身的逻辑性，就说明反证法是一类特殊的演绎推理，可以作为数学证明的方法。可以看到，上面的证明过程在形式上是一致的，如果舍去具体的内容，则可以把论证形式表述为①：

1. 为证明命题 P，提出归谬假设：命题 P 不成立（假设素数是有限多个；假设 $\sqrt{2}$ 是有理数）；

2. 通过论证引发矛盾（得到所有素数乘积加 1 这样的更大的素数；得到又是奇数又是偶数的数）；

3. 根据矛盾律，归谬假设不成立。

4. 根据排中律，原命题 P 成立。

话题 9 将讨论康托如何用反证法证明实数的个数多于自然数的个数，德裔美国数学家柯朗认为②："几乎所有的用反证法证明的问题都可以构造出正面的证明，但是康托的反证法的证明却是一个例外。"虽然柯朗强调的是康托反证法的重要性，但柯朗的"可以构造正面证明"的论断是有道理的，比如，对于上面两个反证法的证明，可以构造正面的直接证明，分析如下。

命题一　素数有无限多个。

证明：用 S 表示任意一个由不同素数所组成的有限集合。令 N 表示 S 中所有素数乘积加 1，即

$$N = 1 + \prod P_t \quad (P_t \in S)$$

其中，$\prod$ 表示乘积。因为 N 不能被 S 中的任何一个素数整除，那么可能有两种情况：N 为素数，但不在集合 S 中；N 为合数，但被集合 S 以外的素数整除。无论哪种情况，集合 S 中的素数都得到了扩充。这样，任意一个由素数组成的有限集合都可以扩充为更大的素数集合。因此，素数有无限多个。

---

① 表述中涉及的矛盾律和排中律详在本书话题 2 中的讨论。
② 参见：柯朗，罗宾. 什么是数学：对思想和方法的基本研究 [M]. 左平，张饴慈，译. 3 版. 上海：复旦大学出版社，2012：101.

命题二 $\sqrt{2}$ 是无理数。

证明：因为不存在使得 $a^2 = 2b^2$ 成立的非 0 自然数 a 和 b，所以 $\sqrt{2}$ 是无理数。

虽然我们从正面直接证明了上述两个命题，但从中仍然可以体会到，反证法的论证更加有力，特别是对于命题二的证明，其中"不存在使得 $a^2 = 2b^2$ 成立的非 0 自然数 a 和 b"这个命题还必须作为一个引理给出证明，否则证明并不完整。在大多数情况下，正面直接证明的构造相当繁杂，因此反证法在数学证明中被频繁使用。

 如何理解几何作图的教育价值？

数学教育所说的几何作图是指尺规作图，如本书问题 3 所说的那样，尺规作图的规定源于欧几里得几何五条公设的前三条公设，即

1. 由任意一点到任意一点可以作直线。
2. 一条有限直线可以继续延长。
3. 以任意点为心及任意的距离可以画圆。

前两条是说，可以用无刻度的"尺"画直线，最后一条是说，可以用"规"画圆。中国古代也有"没有规矩，不成方圆"的说法，其中所说的"规"是一样的，所说的"矩"比"尺"更一般，是一个可以画直角的曲尺，因此不仅可以画直线也可以画直角。

虽然尺规作图是初中数学的传统内容，但《义务教育数学课程标准（2022 年版）》把其中两个内容下放到小学数学，这就是：例 26，用直尺和圆规作等长线段；例 29，通过作图认识三角形周长。与此同时，对初中数学的尺规作图提出了更高的要求，这就是："能想象出通过尺规作图的操作所

形成的图形，理解尺规作图的基本原理和方法，发展空间观念和空间想象力。"这就是意味着，尺规作图不再是技能的学习，而要通过尺规作图理解几何原理，培养想象能力。

可以认为14岁以前的教育是早期教育，就思维能力的培养而言，早期教育主要应当培养抽象能力和想象能力[①]。我们在本书第二部分讨论了抽象能力，那么什么是想象能力，如何培养想象能力呢？关于这个问题，马克思有着精辟的论述[②]：

最蹩脚的建筑师从一开始就比最灵巧的蜜蜂高明的地方，是他在用蜂蜡建筑蜂房以前，已经在自己的头脑中把它建成了。劳动过程结束时得到的结果，在这个过程开始时就已经在劳动者的表象中存在着，即已经观念地存在着。

这就意味着，想象是指在劳动开始就已经在头脑中形成了劳动以后的结果；想象能力是指操作前就能够预想操作后得到的结果的能力；能够根据预想，设计操作流程，指导操作过程的能力；通过操作后的实际结果，反思预想设计和操作流程合理性的能力。而课程标准希望的就是，通过尺规作图培养这样的想象能力，比如下面的例子。

作角平分线的思维路径和操作流程。通过"作一个给定角的平分线"的教学，分析尺规作图的思维路径和操作流程。传统教学的基本流程是：教师首先告诉学生如何操作；然后引导学生按部就班作图；最后告诉学生用全等三角形证明作图得到的结果是正确的。

为了实现课程标准所要求的教学目标，需要改变传统教学的流程。要培养学生的想象能力，首先在作图前就要引导学生想象作图后的情境；然后鼓励学生设计作图步骤并实际操作，验证自己的想象；最后启发学生利用全等三角形证明作图的正确性。

[①] 参见：史宁中. 试论教育的本源 [J]. 教育研究，2009（8）：17.
[②] 参见：马克思恩格斯全集：第四十二卷 [M]. 中共中央马克思恩格斯列宁斯大林著作编译局，译. 北京：人民出版社，2016：168.

为了实现上述流程，教师必须把握作角平分线的数学本质。这就需要启发学生理解：角平分线是把角的大小平均分为两部分的那条线；角的大小是由角所对应的单位圆的弧长或弦长决定的①；角平分线是这个角的顶点与对应弦长中点的连线；这样作角平分线的方法等价于作弦长垂直平分线的方法。基于这样的思路，学生要先学习作线段垂直平分线，再学习作角平分线。

上面的教学设计，就是课程标准所要求的"能想象出通过尺规作图的操作所形成的图形"的教学理念和实践流程。

通过尺规作图想象基本事实。回顾课程标准中关于"几何直观"的内涵："几何直观主要是指运用图表描述和分析问题的意识与习惯"，及其功能"几何直观有助于把握问题的本质，明晰思维的路径"。因此，可以通过尺规作图启发学生想象、猜想数学的结论。比如，得到并表述两个三角形全等所需要的基本条件。

这样，为了引导学生经历猜想、表达数学结论的过程，可以把课程标准要求"能用尺规作图：已知三边、两边及其夹角、两角及其夹边作三角形"的内容，安排在"三角形全等"内容的一开始，通过"作一个三角形全等于已知三角形"的尺规作图的教学，引导学生自主探索作图最少需要什么条件，感悟三角形全等基本事实的合理性，理解什么是基本事实。

 如何理解和表达图形的运动？

这里所说的图形运动主要是指平移、旋转和轴对称。事实上，这些内容贯穿整个数学教育，从小学数学开始，历经

---

① 在本质上，是因为如果一个角确定了，那么对以这个角的顶点为圆心的圆，无论这个圆大小如何，这个角所对应的弧长与半径的比是一个常数。参见：史宁中. 数形结合与数学模型：高中数学教学中的核心问题［M］. 北京：高等教育出版社，2018：17.

初中、高中，直到大学线性空间的正交变换。各个学段的教学重点有所不同，大体上是逐渐抽象概念、揭示本质。比如《义务教育数学课程标准（2022年版）》在小学阶段要求：能借助方格子认识图形平移、旋转和轴对称，能欣赏生活中的相关图案，感受数学美，形成空间观念；在初中阶段要求：能够理解这些运动以及与这些运动有关的概念，能够探索与运动有关图形的性质，能够进行相关图案的设计；《普通高中数学课程标准（2017年版）》选修 A 类课程进一步要求：了解平面变换的含义，理解平面的等距变换，特别是三种基本变换：直线反射、平移、旋转，了解空间变换的含义，理解空间的等距变换，特别是三种基本变换：平面反射、平移、旋转。容易看到，教学的主线是存在的，即三种图形运动的形式和运动的不变量。

首先，应当让学生感知，运动是需要参照物的，如果没有参照物则无法感知运动。比如，坐在平稳飞行的飞机上拉上了遮光板，往往感觉不到飞机的运动；坐在静止的一列火车上，看到对面的另一列火车启动，往往以为自己乘坐的火车在动，直到对面的火车开走，看到站台边的建筑，才发现自己乘坐的火车并没有动。因此图形运动的教学，要让学生知道平移、旋转和轴对称三种运动的参照物是什么，特别是，知道数学所说的图形运动是如何借助参照物进行表达的。

其次，应当让学生感知，运动中不变量的重要性，因为几何不变量往往揭示了物理运动或几何变换的本质①。如高中数学课标所表述的那样，这三种变化是最基本的等距变化，或者更通俗地说，通过平移、旋转和轴对称这三种图形运动，图形中任意两点间的距离保持不变。这也就意味着，这三种图形运动等价于图形的全等。

最后，根据课程标准的要求，小学阶段应当让学生感悟

---

① 可以用几何学的语言表达力学规律，因此，力学的本质往往与几何不变量是一致的，比如，假设光速绝对、时间绝对的牛顿力学与伽利略不变量，假设光速相对、时间相对的爱因斯坦力学与洛伦兹不变量。

这三种运动的基本性质，初中阶段应当让学生尝试用数学的语言表达这三种运动的形式特征。我们依次分析如下。

<mark>平移运动</mark>。图形平移的参照物是一条射线，初中数学可以定义为："平移运动后，图形上每一个点沿射线方向移动相同距离。"如果以射线的始点 O 为原点，以射线方向为横坐标正方向建立平面直角坐标系。用 α 表示图形运动后点移动的距离，在图形上任取两个点，用向量表示为 $\boldsymbol{x}$ 和 $\boldsymbol{y}$，经过平移运动后对应的点分别为 $\boldsymbol{a}$ 和 $\boldsymbol{b}$，那么运动前后坐标有如下关系：

$$a_1 = x_1 + \alpha, \quad a_2 = x_2$$
$$b_1 = y_1 + \alpha, \quad b_2 = y_2$$

可以得到 $\boldsymbol{a} - \boldsymbol{b} = \boldsymbol{x} - \boldsymbol{y}$，因此平移运动不改变两点间的距离。

<mark>旋转变换</mark>。图形旋转的参照物是一条射线，初中数学可以定义为："旋转运动后，物体上的每一点到射线原点的距离不变、相对射线方向旋转相同的角度。"与平移运动一样设立平面直角坐标系，仍然用向量 $\boldsymbol{x}$、$\boldsymbol{y}$ 和 $\boldsymbol{a}$、$\boldsymbol{b}$ 分别表示运动前后的点。用 ρ_x 和 ρ_y 分别表示向量 $\boldsymbol{x}$ 和 $\boldsymbol{y}$ 的长度，用 θ_x 和 θ_y 分别表示向量 $\boldsymbol{x}$ 和 $\boldsymbol{y}$ 与参照物射线的夹角；用 φ 表示运动以后旋转相同的角度。可以用极坐标表示运动前和运动后的点：

$x_1 = \rho_x \cos\theta_x, \ x_2 = \rho_x \sin\theta_x; \quad a_1 = \rho_x \cos(\theta_x + \varphi), \ a_2 = \rho_x \sin(\theta_x + \varphi)$

$y_1 = \rho_y \cos\theta_y, \ y_2 = \rho_y \sin\theta_y; \quad b_1 = \rho_y \cos(\theta_y + \varphi), \ b_2 = \rho_y \sin(\theta_y + \varphi)$

根据三角函数公式：

$$\cos(\theta + \varphi) = \cos\theta\cos\varphi - \sin\theta\sin\varphi$$
$$\sin(\theta + \varphi) = \sin\theta\cos\varphi + \cos\theta\sin\varphi$$

可以得到：

$$(a_1 - b_1)^2 + (a_2 - b_2)^2 = (x_1 - y_1)^2 + (x_2 - y_2)^2$$

因此旋转变换保持两点间距离不变[1]。

<mark>轴对称运动</mark>。图形轴对称的参照物是一条直线，初中数学可以定义为："轴对称运动后，图形翻转到直线的另一侧，

---

[1] 参见：史宁中. 数形结合与数学模型：高中数学教学中的核心问题 [M]. 北京：高等教育出版社，2018：70-74.

运动后对应点到直线的距离保持不变。"因为图形翻转需要借助三维空间，所以上面的定义只是一种形象的描述，而更重要的是数学表达。

与平移运动一样设立平面直角坐标系，仍然用向量 x、y 和 a、b 表示运动前后的点，那么运动前后点坐标之间的关系为

$$a_1 = x_1, \quad a_2 = -x_2$$
$$b_1 = y_1, \quad b_2 = -y_2$$

因为

$$a_1 - b_1 = x_1 - y_1$$
$$a_2 - b_2 = -(x_2 - y_2)$$

可以得到

$$(a_1-b_1)^2 + (a_2-b_2)^2 = (x_1-y_1)^2 + (x_2-y_2)^2$$

所以轴对称运动保持两点间距离不变。

高中数学的选修课程将通过矩阵表述上面的图形运动过程，大学数学称这样的运动形式为线性变换，称上述三种形式的变换分别为平移变换、旋转变换和反射变换，并且证明这三种变换都属于正交变换，形式上对应矩阵的行列式为1，实质上保证两点间距离不变，物理上是对刚体运动的刻画。这三种形式的变换以及这三种变换的复合变换刻画了欧几里得几何的运动形式，也刻画了牛顿力学的运动形式。

 相似图形的本质是什么？

如果把图形全等看作图形相似的特例，就应当先理解图形相似的本质。人们通常把两个形状一样但不一定相等的东西称为相似，基于这样的常识，初中数学所说的相似是指成比例的平面图形，特别针对多边形，可以抽象出"对应角相等、对应边成比例的两个多边形相似"的定义。这样，两

个多边形全等就是相似比为 1 的相似，因此全等是相似的特例。

关于相似多边形，初中数学的教学难点是两个三角形的相似，之所以成为教学难点，是因为两个三角形相似只需要三个角相等这个条件，而不需要对应边成比例这个条件。因为这个命题比多边形相似的定义所需要的条件少，所以这个命题的正确性是需要证明的，人们称这个命题为三角形相似的判定定理。这个判定定理的证明需要基本事实，《义务教育数学课程标准（2011 年版）》和《义务教育数学课程标准（2022 年版）》选定的基本事实都是：两条直线被一组平行线所截，所形成的对应线段成比例。人们也称这个基本事实为平行线切割定理。既然称其为定理，也就是说，这个基本事实是可以证明的，比如，可以通过计算面积的方法证明。但这个证明对于初中生来说有一定难度，因此课程标准把这个定理作为基本事实。

一个更为直观的基本事实。事实上，还可以建立更为直观的基本事实，这个基本事实对于相似形更具有一般性，这就是：

对于任何给定比例，相似多边形存在。

可以看到，这个基本事实与欧几里得几何最初给出的公理非常类似，因此可以称这个基本事实为相似多边形存在公理。如图 18-1 所示，基于这个基本事实，很容易证明三角形相似判定定理。

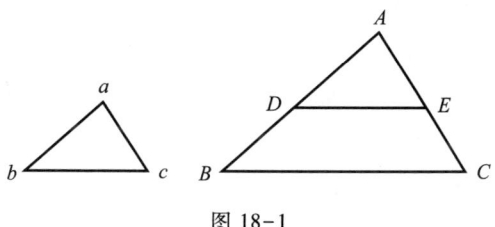

图 18-1

现在述说证明过程。设角度对应相等的两个三角形分别为 $\triangle abc$ 和 $\triangle ABC$。如图 18-1 所示，在 $\triangle ABC$ 中以 A 为端点

在 AB 上截 $AD=ab$，作与 $\triangle ABC$ 相似三角形 $\triangle ADE$，根据多边形相似存在公理，这样的作图是可以的。因为 $\angle a=\angle A$，$\angle b=\angle B=\angle ADE$，所以 $\triangle abc$ 与 $\triangle ADE$ 全等，有 $ac=AE$，$bc=DE$，即 $\triangle abc$ 与 $\triangle ABC$ 的对应边成比例，因此判定这两个三角形相似。

通过上面的证明过程可以知道，判定两个三角形相似之所以可以只考虑角相等而不用考虑边成比例，是因为"角边角"这个三角形全等的判别定理只涉及一条边。或者说，如果两个三角形相似，其对应边就自然成比例。进一步，如果证明了三角形相似的条件，那么反过来再证明平行线切割定理就比较简单了。

可以看到，上面的证明路径简洁明快，但需要较为深刻的逻辑推理。在修订《义务教育数学课程标准（2011 年版）》时，我曾经希望把上述存在公理作为基本事实，但修订组的部分成员反对这样的做法，认为其中的逻辑论证，特别是关于存在性的论证方法不适合中国学生，于是我就放弃了这个想法，把平行线切割定理作为基本事实。

存在性的重要性。确实如此，中国传统思维以及中国传统数学重视构造性论证，几乎没有关于存在性的论证，但无论如何，存在性的思维对于数学研究和哲学研究都是重要的。比如现在小学数学教学，对于三角形内角和等于 180°这个命题，有一个非常流行的解释方法：

从矩形出发，矩形是由四个直角组成的，因此矩形内角和为 360°；连接矩形的对角得到两个相等的直角三角形，因此直角三角形的内角和为 180°；因为任何一个三角形都可以化为两个直角三角形，去掉中间的平角 180°，得到三角形的内角和为 180°。

这个论证方法似乎非常有逻辑、合情合理，但人们忽略了论证的前提，这个前提就是存在性的基本事实，就是矩形的存在性。如果没有存在性的基本事实，那就需要论证四个角都是直角的四边形存在，当具体论证这个命题时就会发现，这比论证三角形内角和为180°还要困难。

因此，对于中小学数学教育，完全忽视存在性假设的基本事实是有缺陷的，这会失去逻辑论证的起点。现在，我把这些内容写在这里，希望初中数学教师在教学活动中参考，尝试设计有效的、基于存在性的教学方法。如果在教师的引导下，学生能够理解，并且很好地接受基于存在性的论证思路，可以为中国基础教育阶段数学教育的创新性发展提供有益的经验。

 如何理解初中数学中的三角函数？

我们在问题13曾经论证，在本质上，初中数学中的三角函数不是函数，这是因为，初中数学角的表达即三角函数自变量的取值不是10进制的实数，而是60进制的角度。因此，在表达上，不符合高中函数定义"实数到实数对应"的要求；在使用上，无法进行形如 $\sin x + x$ 的计算。

表达直角三角形的边角关系。初中数学学习三角函数不是为了研究函数，而是为了表达直角三角形的边角关系。如果说勾股定理是表达直角三角形三个边关系的重要工具，那么三角函数就是表达直角三角形边角关系的重要工具。

初中三角函数的教学可以引发学生思考这样的问题：在直角三角形中，最重要的表达边角关系的三角函数是什么？我想，对于高中数学或者大学数学，重要的三角函数是余弦函数，这个重要性是基于数学意义的，因为余弦函数蕴含了三角函数的算律①；对于初中数学，重要的三角函数是正切函数，其重要性是基于现实的。

正切函数表述的事实是：无论直角三角形相差多大，如

---

① 参见：史宁中. 数形结合与数学模型：高中数学教学中的核心问题［M］. 北京：高等教育出版社，2018：179-182.

果有一个锐角相等,那么这些三角形对应直角边长度的比相等,也就是说,这个常数就是所说的正切值。如图19-1,如果两个直角三角形的一个锐角相等,把对应直角边分别表示为 a、b 和 A、B,则可以得到 $b/a = B/A$。如果用 β 表示这个锐角,那么就可以把正切函数表示为

$$\tan\beta = \frac{b}{a} = \frac{B}{A}$$

的形式。这就是在直角三角形中,一个锐角与两个直角边之间的关系。

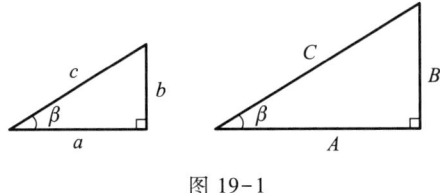

图 19-1

令人不可思议的是,在距今三千多年以前,甚至更早,古巴比伦和中国古代就发现了这样的关系,并且借助这样的关系解决实际问题。其佐证就是:古巴比伦利用这样的关系计算了正切表,中国古代利用这样的关系测量了太阳的高度(参见话题13)。

<u>古巴比伦制作了正切表</u>。初中数学利用正切关系计算不可直接测量物体的高度。比如,如果图19-1中 B 的高度不可直接测量,那么测量了 a、b 和 A 就可以计算出 B 的高度。或者更一般地,如果事先分别对于不同的角度 β 计算对应的正切值,那么只需要测量 A 就可以计算 B 的值。人们称记载正切值的数表为正切表。考古发现,在公元前1600年以前的古巴比伦人就已经造出正切表[①],究其原因,大概与古巴比伦的城市建设有关。

奔流不息的底格里斯河和幼发拉底河发源于现今的土耳其,流入波斯湾,这两条河流浇灌出了美索不达米亚平原,养育了两河流域文明。公元前19世纪,这片土地上曾经建立

---

① 参见:梁宗巨. 世界数学通史:上册[M]. 沈阳:辽宁教育出版社,2001:203-207.

了一个强盛的巴比伦王国，首都建设在巴比伦城，人们称那时的文明为古巴比伦。两河流域文明延绵 3 000 多年，是世界古代文明的重要组成部分，古巴比伦是两河流域文明最重要的阶段，但不是全部。关于巴比伦城，希罗多德在《历史》这部书中是这样描述的：

> 这座城市位于一个大平原之上，形状是正方的，每一面有 120 斯塔迪昂长，因此它的周围一共就是 480 斯塔迪昂了。这座城市的幅员有这般大，而它的气派也是我们所知道的任何城市难以相比的。

文中提到的长度单位一个斯塔迪昂大约为 180 米，如果希罗多德的记载是可靠的，那么古巴比伦城一面的长度大约为 21.6 千米，这座城市的占地面积大约为 466.6 平方千米，确实是相当大的城市。当时的人们在巴比伦城建了许多高大的建筑，包括列为世界七大奇迹之一的空中花园[①]。但是，希罗多德的许多记载是不可靠的，不像司马迁的《史记》那样经得起推敲。

两河流域的人们在泥版上刻写楔形文字得以保存，在已经发现的几十万块泥版中，大约有 300 块与数学有关，包括一些数表，如乘法表、倒数表、平方表、立方表，以及前面提到的正切表。特别是，其中有一块被称为"普林顿 322"的泥板，记录了 15 组勾股数（参见话题 13）。

可以看到，在日常生活和生产实践中，古埃及、古巴比伦和中国都创造出了实用且丰富多彩的经验几何学，但都没有对这些知识进行归纳与抽象，没有总结出几何学的一般概念、原理和方法。对经验几何学进行高度抽象，并建立几何学公理体系的，是追究本原、思维严谨的古希腊人。

---

① 七大奇迹指的是公元前 3 世纪左右，在地中海东部沿岸地区七座宏伟的建筑和雕塑：埃及胡夫金字塔、巴比伦空中花园、阿尔忒弥斯神庙、奥林匹亚宙斯神像、摩索拉斯陵墓、罗德岛太阳神巨像和亚历山大灯塔。希罗多德在《历史》一书中，描写了巴比伦的城市规划、古埃及的金字塔，为七大奇迹最早的文字记载。但人们至今也没有发现空中花园的遗迹。

问题 20 为什么只有五种正多面体？

对于初中数学的学习，"为什么只有五种正多面体"这个话题是很有趣的，涉及的数学本质很深刻，因此，可以作为数学探究的题目，也可以作为综合与实践项目式学习的课题。

"空间存在五种正多面体"的结论是毕达哥拉斯学派发现并证明的，是毕达哥拉斯学派对几何学做出的重要贡献。这五种正多面体是：正四面体、正六面体、正八面体、正十二面体和正二十面体。如图20-1所示。不言而喻，即便是在今天，能够归纳总结出空间正多面体的种类也是相当困难的[1]，这需要非常丰富的空间想象力。事实上，类似的分类问题至今依然是数学研究的重要内容。

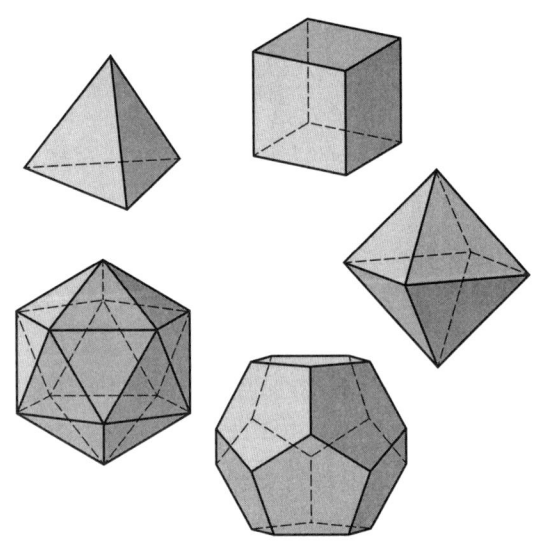

图 20-1　五种正多面体

毕达哥拉斯学派为了验证结论，建立了一个从大前提出发的论证方法，开创了演绎推理的先河，成为欧几里得几何

---

[1]　本节所说的多面体都是凸多面体，即基于多面体任何一个面作平面，这个多面体必然在平面的一侧；或者说，在多面体内任意取两点，两点的连线必然在多面体内。

的范例。这里所说的大前提，是一个表达多面体点、棱、面个数之间关系的公式。据说笛卡儿 1640 年已经注意到这个结果，欧拉在 1752 年将其清晰阐述并赋予应用，被人们称为欧拉公式。如果用 V 表示多面体顶点的个数，E 表示棱的个数，F 表示面的个数，则可以把欧拉公式表示为 $V-E+F=2$ 的形式，$V-E+F$ 是一个几何不变量。

或许，毕达哥拉斯学派是通过对若干多面体的具体计算归纳得到这个公式，没有史料表明毕达哥拉斯学派曾经论证过这个结论的正确性。下面，我们先讨论如何利用欧拉公式论证只存在五种正多面体，再讨论欧拉公式的证明。

只有五种正多面体。正多面体是指每个面都是相同的正多边形，假设每个面都是正 n 边形，交于每个顶点的棱的个数都相同，假设每个顶点有 m 个棱。尝试用面的个数计算棱的个数，因为每条棱属于两个面，可得

$$nF = 2E$$

再用顶点的个数计算棱的个数，因为每条棱有两个顶点，可得

$$mV = 2E$$

把这些结果代入欧拉式，可得

$$\frac{2E}{n} + \frac{2E}{m} - E = 2$$

整理以后可得

$$\frac{1}{n} + \frac{1}{m} = \frac{1}{2} + \frac{1}{E}$$

因为每个面的多边形至少有三个边，$n \geq 3$；每个顶点处至少有三个棱相交，$m \geq 3$。又因为 E 必须是正整数，由上式知道，n 和 m 不能同时大于 3，否则上式的左边不会大于 1/2。这样就只有下面的两种情况：

当 $n=3$ 时，$m=3, 4, 5$，$E=6, 12, 30$，分别对应正四面体、正八面体、正二十面体。

当 $m=3$ 时，$n=3, 4, 5$，$E=6, 12, 30$，分别对应正四面体、正六面体、正十二面体。

这样就得到了毕达哥拉斯学派的结论。

欧拉公式的证明。用 $L(G)=2$ 表示欧拉公式，则称 $L(G)$ 为欧拉示性数，是凸多面体的不变量。下面我们直观论证这个结果的正确性。

把一个多面体去掉底平面，可以想象一个多面体形状的孔明灯①，棱是支撑骨架，底面敞开，其他的面粘上橡皮薄膜。由于底面是敞开的，这个孔明灯实际上只有 $F-1$ 个面。把这个孔明灯向敞开的底面压缩，骨架保持不变，每个面可以膨胀或收缩，直到把孔明灯的其他几个面平铺到一个平面上。这样操作的结果，孔明灯的顶点、棱和面的个数都没有改变，最终形成一个网络。用 H 表示这个平面网络，因为只是缺少一个面，所以证明欧拉公式 $L(G)=2$ 等价于证明 $L(H)=1$。

接下来的论证需要借助简单网络。称一个由三个顶点和三个棱组成的网络为简单网络，可以想象，一个简单网络就是一个三角形，由三个顶点、三个棱和一个面组成。可以把多面体压缩的平面网络与简单网络之间的关系表述如下：

任何一个多面体压缩的平面网络，都可以由简单网络生成，生成过程中欧拉示性数不变。

这个关系之所以成立，是因为如果在简单网络的一个棱上再粘上一个简单网络，并共用一个棱，就增加了一个顶点、两个棱和一个面，欧拉示性数没有变。进一步，把这个共用的棱去掉，得到一个四边形，这样的操作去掉一个棱和一个面，欧拉示性数也没有改变。同样的方法，在四边形的四条棱上各粘一个简单网络，欧拉示性数仍然没有变化。如此重复，可以生成各种形式的平面网络，欧拉示性数 $L(H)=1$ 始终没有变。因为恢复多面体只需要加上一个面，这就证明了欧拉公式。

古希腊学者经历了百年以上的几何学研究，甚至还开展了学院式规范的几何学教学活动。比如，大约公元前385

---

① 孔明灯类似一个封了顶的灯笼，里面固定一个蜡烛，点燃蜡烛后可以上升。传说三国时代的诸葛亮为了指挥战斗发明了这种灯，后来人们称之为孔明灯。孔明灯应当是现代热气球的前身。

年，由柏拉图在雅典城创建的著名的柏拉图学院除讲授天文学、音乐等课程之外，还讲授包括算术和几何的数学内容。这个学院直至公元 529 年被查士丁尼大帝封闭，延续了将近千年。学院创建初期就培养了伟大的学者亚里士多德。这些都为欧几里得写出《几何原本》提供了深厚的学科基础和社会基础。

 什么是空间与空间观念？

空间是几何学最基本概念，课程标准在"图形与几何"部分对第一学段就提出要求"能辨认简单的立体图形和平面图形"。这里所说的立体图形和平面图形都是空间的具体内容，前者说的是三维空间，后者说的是二维空间。这样从小学开始，空间这个概念就伴随着数学的学习，直到初中、高中、大学。那么，到底什么是空间呢？

<u>如何认识空间</u>。空间与时间是人类认识、理解和表达现实世界最重要的概念，也是最难解释清楚的概念。中国古代用宇宙这个词表述空间和时间，宇是说空间，宙是说时间①。当今时代，人们用定量的方法给出了时间和空间的定义：1967 年第 13 届国际计量大会定义了时间单位 s（秒），1983 年第 17 届国际计量大会借助秒重新定义了距离单位 m（米），分别为：

秒是铯 -133 原子基态的两个超精细能级之间跃迁所对应的辐射的 9 192 631 770 个周期的持续时间。

米是光在真空中（1/299 792 458）s 时间间隔内所经路径的长度。

---

① 《吕氏春秋·慎大览·下贤》中有："精充天地而不竭，神覆宇宙而无望。"东汉高诱注说："四方上下曰宇，以屋喻天地也，往古来今曰宙，言其神而包覆之，无望无界畔也。"

这样，空间的本质就是距离，是量化定义的。因为几何学是关于空间形式的科学，所以几何学的本质就是距离，如法国数学家庞加莱所说①：

如果对距离、方向、直线的直觉，简言之，对空间的这种直觉不存在，那么我们关于它所具有的信念从何而来？如果这只是一种幻觉，那么这种幻觉为什么如此牢固？考察这些问题是有必要的。我们说过，不存在关于大小的直觉，我们只能达到数量和我们的测量工具的关系。因此，如果没有测量空间的工具，我们便不能构造空间。

庞加莱的论述是很有道理的，如果没有测量空间的工具，便不能构造空间，而确定测量工具的关键是确定距离。我们在问题1中讨论过，人对数量多少的感知和对距离远近的感知是本能，因此，人对空间的感知源于对距离远近感知的本能，基于这样的本能，人能够判断线段的长短、面积的大小和体积的大小，形成对空间的直观。

如果上面的分析是正确的，那么，空间的本质在于维数，维数是人们表达线、面、体这些几何学最基本概念的基础，如亚里士多德在《论天》中所说②：

连续乃是可以分成部分的东西能够永远再分，物体就是在一切方面都可分的东西。大小如在一个方面可分就是线，在两个方面可分乃为面，在三个方面可分则是体。除了这些之外，再无其他大小，因为三维就是全部，三个方面就是一切方面。

这样，通常所说的"线"对应1维空间，"面"对应2维空间，"体"对应3维空间，如果进一步补充，在任何方向都不可分就是点，"点"对应0维空间。这样我们就建立了描述空间的最基本概念。

空间观念与相应的教学设计。空间观念的核心是空间想

---

① 参见：彭加勒（庞加莱）.科学与方法［M］.李醒民，译.北京：商务印书馆，2006：74.
② 参见：苗力田.亚里士多德全集：第二卷［M］.北京：中国人民大学出版社，1991：265.

象力，包括对空间静止物的想象，也包括对空间运动物的想象。静止物是指能够认识、想象并描述空间物体的形状，能够用数学的语言表达物体之间的位置关系；运动物是指能够认识、想象并描述空间物体的简单运动，能够用数学的语言表达运动的规律以及运动过程中的不变量。

在现实世界，我们看见的物体都是 3 维的，所谓 0 维的点、1 维的线、2 维的面都是基于 3 维物体的形状抽象出来的东西，并不是真正的存在。这就像数字一样，现实世界并不存在数字 2，存在的只是与数字 2 对应的那些具体的 2 匹马、2 粒米等。因此，对于基础教育阶段的数学教育，所谓图形的抽象，就是利用线条把 3 维物体的形状表达在 2 维平面上，既包括 0 维的点，也包括 1 维的直线，还包括需要借助想象力表达的 2 维平面和 3 维空间。也就是，利用适当的语言或者恰当的符号，表达那些对空间物体的形状抽象了的东西，就像我们在问题 1 中讨论过的那样。遵循这样的理解，《义务教育数学课程标准（2022 年版）》设计的"图形与几何"部分的教学路径如下。

小学数学：第一学段，通过分类认识立体物体的形状；第二学段，借助长方体得到点、线、面等图形的抽象；第三学段，借助线段、面积、体积等几何度量，进一步认识空间和平面的图形。引导学生直观感悟空间和那些以空间为载体抽象并表达的图形，形成空间观念和几何直观。

初中数学：在小学直观认识的基础上，建立几何图形的概念，研究几何图形的性质，理解并初步掌握几何证明，即演绎证明的形式；通过平移、旋转和轴对称等图形的运动，初步感悟几何变换的规则和几何不变量的重要性，发展空间观念和几何直观。

数学语言的表达。对于空间的认识，正如我们在问题 14 所讨论的那样，初中数学借助数轴和直角坐标系，量化表达点、线、面等空间的基本概念，反过来，又通过图像直观表达函数的变化规律，这样就构建了几何与代数之间的桥梁，形成了数形结合的基础。量化表达的核心是空间的维数，比如表达一个"点"的"数"的多少取决于这个点所在空间的维数。比如，1维空间的"点"用1个数表达，2维空间的"点"用2个数组成的数对表达，如此类推。

在问题20中，我们强调了几何变换与几何不变量的重要性，特别说明，刚体变换适用于欧几里得几何，这种变换保持两点间的距离不变，所以也保持角度、面积这些特性不变，进而可以建立全等的概念。由此可见，刚体变换是限制最为严格的一类几何变换。而限制最为宽松的一类几何变换是拓扑变换。拓扑变换下的不变量是空间维数，允许"把直线变为曲线""把三角形变为椭圆""把金字塔变为圆球"，因此，可以完全忽略物体的形状。如果说最一般就是最本质，那么这也从另一个角度说明，维数是空间最为核心的要素，就像我们在前面分析的那样。

 如何理解一笔画？

上一个问题谈到，限制最为宽松的一类几何变换是拓扑变换，我们先来简单回顾拓扑学的起源。拓扑学起源于一个类似游戏的问题，称为哥尼斯堡七桥问题。

<u>哥尼斯堡七桥问题</u>。普莱格尔河流经东普鲁士的哥尼斯堡，也就是现在隶属于俄罗斯的加里宁格勒。18世纪，人们修建了七座桥把河的两岸与河中的两个岛连接起来，如图22-1中（a）所示。当地居民经常在这里散步，后来他们提出这样的问题：是否能在一次散步中不重复地走遍这七座桥，他们始终得不到答案。当时正在圣彼得堡的欧拉知道了这个问题便尝试去解决。

首先，欧拉把问题抽象成四个点和七条线所构成的图形，如图22-1中（b）所示。于是，问题就可以等价为：是否能够一笔把这个图形画出来？后来人们称这样的问题为一笔画问题。

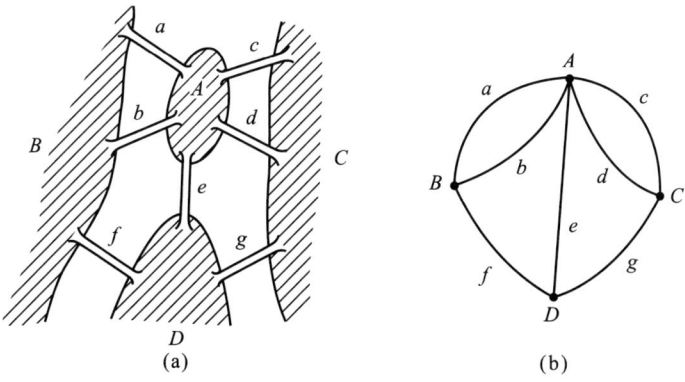

图 22-1 哥尼斯堡七桥问题

可以看到,欧拉所展示的图形抽象非常重要,这样的抽象可以明确数学问题,启迪研究思路,这也就是我们所说的"几何直观"的核心要素。抽象的过程表明,问题中的河流、桥、岛、河岸等都不是本质的,本质的要素只有点和线及其关系。借助欧拉的抽象可以这样分析问题:如果从某一点出发不重复走遍每一个点,那么中途经过的点一定有进有出,应当有偶数条线与其相连;如果终点与始点重合,那么这个点也应当有偶数条线与其相连。但从 22-1(b)图可以看到,每个点都是奇数条线与其相连,因此欧拉断定,无论是否要求最终回到始点,都不可能在一次散步中不重复地走遍这七座桥。这样,欧拉就解决了哥尼斯堡七桥问题。

1736 年,欧拉于发表了这个结果,文章的题目是《哥尼斯堡的七座桥》。他在文章的开头说出了研究这类问题的重要性,即研究这类问题的几何学实质[①]:

> 讨论长短大小的几何学分支一直被人们热心地研究着,但是还有一个至今几乎完全没有探索过的分支,这就是莱布尼茨最先提出的位置几何学(geometria situs)。这个几何学分支讨论只与位置有关的关系,研究位置的性质;它不去考虑长短大小,也不涉及量的计算。但是至今尚未有令人满意的定义来刻画这门位置几何学的问题与方法。

---

① 参见:姜伯驹. 一笔画和邮递路线问题[M]. 北京:科学出版社,2002;附录二.

高斯也认为研究这类问题很有意义，他的学生、哥廷根大学物理教授李斯廷在 1848 年出版的著作《拓扑学的初步研究》中讨论了这类问题。李斯廷之所以使用"拓扑学"而没有使用"位置几何学"这个术语，是因为当时已经有人把射影几何学称为位置几何学，比如，1847 年德国数学家施陶特出版的《位置几何学》，希望用摆脱代数和度量的、全新的方法来建立射影几何学[①]。

"拓扑学"一词的原意也是关于位置的学问，"拓扑"一词在现代英文中为 topology，来自李斯廷创造的德文 topologic，这个词是由希腊语 τοπος（位置、形势）和 λογος（学问）组合而成的。因此，这个词体现了这门几何分支学科所要研究的问题。

可以看到，在这样的研究中，平面上的线是直线还是曲线并不重要，比如 22-1（b）图是由一些点和线组成的，拓扑学称这样的图为网络，称其中的点为顶点，称连接顶点之间的线为棱，称由一些棱首尾相连组成的线为路径。如果一个网络的任意两个顶点之间都可以通过路径连接起来，则称这个网络为连通网络，称连接某个顶点棱的个数为这个顶点的指数。

讨论网络中顶点个数与棱个数之间的关系是拓扑学的一个重要的问题。用 E 表示棱的个数，用 a_k 表示指数为 k 的顶点的个数。如果一个网络中最大的指数为 n，即连接顶点的棱最多有 n 个，可以得到

$$E = \frac{1}{2}(a_1 + 2a_2 + \cdots + na_n)$$

比如在哥尼斯堡七桥问题中，$n=5$，$a_1 = a_2 = a_4 = 0$，$a_3 = 3$，$a_5 = 1$，所以棱的个数数为

$$E = \frac{1}{2}(3a_3 + 5a_5) = \frac{14}{2} = 7$$

可以验证这个计算结果是正确的。

[①] 参见：梁宗巨，王青建，孙宏安. 世界数学通史：下册 [M]. 沈阳：辽宁教育出版社，2005：772-773.

用网络语言表达的一笔画问题。如欧拉所述,哥尼斯堡七桥问题可以归结为一笔画问题,下面通过网络定义一笔画问题。首先,借助网络的术语描述一笔画问题:

通过网络的所有顶点,每个棱只能通过一次。

这样,一笔画要求网络是连通的,并且通过对哥尼斯堡七桥问题的分析知道,奇顶点的个数不能超过 2。又因为连通网络奇顶点的个数必为偶数,所以可以用代数的方法定义一笔画:

一个网络是一笔画,当且仅当这个有限网络是连通的,奇顶点的个数为 0 或者 2。

哥尼斯堡七桥问题奇顶点的个数为 7,因此不能一笔画。同时也可以想象,如果在哥尼斯堡七桥问题中任意去掉一条棱,那么就可以一笔画出。

更为一般地,用 W 表示一个网络,用 V 表示这个网络顶点的个数,用 E 表示棱的个数,人们通常把度量指标

$$L(W) = V - E$$

称为网络 W 的欧拉示性数。通过几何直观可以知道,对于任意连通网络,欧拉示性数都不大于 1。下面我们通过最简单的连通网络证明这个直观的正确性。

最简单且应用广泛的连通网络被称为树,在网络中,两个顶点之间至多有一条棱,并且所有指数为 1 的顶点都是终点。这样的网络就像树与树枝的关系一样,每个树枝都有一个顶点。通过数学归纳法可以证明①,树的欧拉示性数是一个不变量: $L(W) = 1$。任意连通网络都可以在保持顶点个数不变的前提下,去掉一些棱得到树,因此树就构成了连通网络最简单的形式。因为只是在连通网络中去掉一些棱,这就意味着,任意连通网络的欧拉示性数都不大于1。

有向网络与贝叶斯网。如果在连通网络中,在棱上用箭

---

① 参见:巴尔佳斯基. 拓扑学奇趣 [M]. 裘光明,译. 长沙:湖南教育出版社,1999:16.

头标出方向：箭头起始的顶点为先，箭头所指的顶点为后，就称这样的连通网络为有向网络。有向网络有着广泛的应用：如果把顶点看作事件，就可以把先看作原因，把后看作结果，于是有向网络就构成了一个因果关系图，这是研究现代信息科学、计算机科学的重要工具；如果把顶点看作生物的代，把先看作父代，把后看作子代，于是这个有向网络就构成了一个遗传图谱，在传统生物学以及基于 DNA 的遗传学中具有重要意义。在一个有向网络中，如果每一个顶点都既为先又为后，那么这个有向网络是首尾相接的，称这样的网络为环。

在现实世界中，人们往往事先不知道一个路径一定会经过哪一个棱，对于每一个具体的过程，路径是随机的，可以用概率的语言刻画每一个棱经过可能性的大小，人们称赋予概率的有向无环的连通网络为贝叶斯网。之所以称为贝叶斯网，是因为贝叶斯网中棱概率的计算与条件概率有关，而英国统计学家贝叶斯提出的先验概率的思想可用于计算这一类问题的条件概率。

人们称现今是大数据时代，这是因为计算机技术和信息技术的飞速发展，使得信息获取能力和储存能力都获得很大的提高，并且能够对这些信息进行快速整理和分析。比如，互联网、股票市场、基因组学、流行病学、生态环境学、认知科学等，都需要构建相当庞大的有向网络系统，利用贝叶斯网表达这些情境的信息是比较便捷的。这类网络的数量化研究与传统数学有很大的区别，传统数学更多的是用显性表达式，比如，人们致力于构建表述变量之间因果关系的函数。但对于大数据，不仅变量巨多而且关系非常复杂，使用传统数学的方法不仅非常困难，而且没有必要，因为人们往往关心的不是因果关系，而更多关注变量之间是否存在关联。比如，寻求随机变量之间的相关关系，甚至只需要寻求变量之间是否存在关系，以及从此关系到彼关系之间路径的可能性，这恰好可以用网络的语言进行数学定量化表达，这些问题会在下一部分讨论。

第四部分　统计与概率

在本质上，数学研究的是确定性问题，是变量之间的因果关系，也就是说，如果自变量的值确定了，对应的函数值就唯一确定了。但在现实生活中，大多数事物都是不确定的，在同样条件下，事物可能发生，也可能不发生，可能以这种程度发生，也可能以那种程度发生，人们称这样的现象为随机现象。人们尝试用数学的方法认识、理解和表达随机现象，这就是概率论和统计学。

并不是所有的随机现象都可以从数学的角度研究，概率论和统计学研究那些发生可能性有规律的随机现象，人们称这样的随机现象为随机事件，称随机事件发生可能性大小的度量为概率。概率是随机现象的固有属性，也就是说，虽然随机事件发生的可能性是变化的，但发生可能性大小的度量，即概率是不变的。正是因为具有这样的属性，数学同一律才得以成立，从而用数学的方法研究和表达成为可能。但是，概率论与统计学的研究思路是有所不同的。

概率论从思辨的角度进行研究，其中的概率是通过定义得到的。比如，拉普拉斯给出了概率的古典定义，柯尔莫哥洛夫创立了概率论公理化体系，毋庸置疑，这些都是数学发明的杰作。但是，在公理化的概率论中，已经感悟不到随机事件的可能发生也可能不发生，可能以这种程度发生也可能以那种程度发生的神秘感了。

统计学从事实的角度进行研究，其中的概率是通过推断得到的。事实是说研究的基础是数据，更确切地说，统计推断的基础是数据。统计学的研究通常要经历分析数据背景，设计方案获取数据、创造方法估计概率、构建模型预测发生等流程，最终形成关于随机现象的知识。因为随机现象中变量的关系不是因果的，而是随机的、关联的，是用概率表达的，所以统计推断在本质上是一种判断，或者说是一种决策。统计学对随机现象的决策或判断只有方法的好坏之分，而无结论的对错之分。也正因为有方法的好坏之分，所以一个合理的决策过程应当事先确立判断方法好坏的准则，然后按照准则行事，并用准则衡量决策的结果。

因此，无论是研究的基点，还是思维的路径、分析的过程、判断的准则，统计学与数学都是"和而不同"。相对而言，数学更侧重于科学，强调确定性和因果关系，统计学是科学但更侧重于艺术，强调或然性和相关性。大数据时代为统计学的发展提供了机遇，这是因为大数据最基本的特征就是数据量大，于是统计学通过机器学习（需要大量数据）等技术的发展得到了长足进步。

问题 23 如何理解随机事件和概率？

数学历来被认为是确定性的科学，这就意味着，从同样的条件出发就应当得到同样的结论，如果得到的结论不一样，人们就会认为其中至少有一个结论是错误的。在这个意义上，数学研究事物之间的因果关系，数学结论的确立需要通过演绎推理的论证，即通过思辨验证，而不是通过现实世界验证。从事过数学研究的人都知道，如果要否定一个命题，只需要举出一个反例。

在现实生活中，我们遇到的事情大多数都是不确定的，也就是说，事先无法确定这个事情是否一定会发生，会发生到什么程度。比如，日常生活中，学生在学习的过程中很难预料期末考试是否会得到 90 分以上，购买彩票的人很难预料自己购买的彩票是否会中奖；生产实践中，农民在春天播种时很难预料秋天的收成，投资者在项目资金注入时很难预测是否一定会盈利;军事活动中,在发射炮弹时很难预料是否一定能够命中目标;等等。人们通常称这种结果不确定的事情为随机现象。

如果要用数学的方法研究随机现象,就需要对随机现象的发生进行假设,要求随机现象的发生具有规律性;所谓规律,是指随机现象发生可能性的大小是可以度量的。在这个意义上,"数学的本质在于度量"这个断言依然成立。人们把发生可能性大小可以度量的那些随机现象称为随机事件,把随机事件的度量称为概率。这样,概率就是随机事件的固有属性,也就是说,虽然随机事件发生的可能性是变化的,但发生可能性大小的度量,即概率是不变的。这样的属性使得数学同一律得以成立,使得用数学的方法研究和表达成为可能。

概率论从思辨的角度研究随机事件。虽然概率论和统计学都是用数学的方法研究随机事件,但研究思路及研究路径有所不同。概率论从思辨的角度进行研究,统计学从事实的角度进行研究。为了说明这种区别,我们从一个简单的问题入手。比如,过去教材中常出现的抛掷硬币问题:

连续抛掷均匀的硬币 5 次,出现的都是正面,问第 6 次出现正面的概率。

这是概率论的问题,其答案是:出现正面的概率仍然是 1/2,原因是抛掷硬币的行为是独立的,因此概率保持不变,这是基于思辨的。但是,统计学更基于事实,认为会发生小概率事件,因此会考虑推翻出现正反两面概率相等的假设,对硬币的均匀提出质疑。

现在,我们分析下面的例子,研究概率论如何定义随机事件的概率。

掷一枚骰子,求出现点数为偶数的概率。

显然,"出现点数为偶数"这个事件可能发生也可能不发生,是一个随机事件。凭借直观,我们可以认为这个随机事件发生的概率为 1/2，现在分析确定随机事件概率的道理。

首先，明确这个随机事件的背景。这个问题的背景是"掷一枚骰子"，基于这个背景，可能出现的结果是集合 $\Omega = \{1, 2, 3, 4, 5, 6\}$ 中的一个，因此，称每一个结果是一个基本事件，称这样的集合为样本空间。样本空间只与问题的背景有关，与提出的问题无关。

然后，分析随机事件与样本空间的关系。显然，"出现点数为偶数"这个随机事件发生等价于样本空间的子集 $A = \{2, 4, 6\}$ 中的一个元素出现，因此，人们把随机事件定义为样本空间的子集。

最后，确定随机事件发生的概率。可以想象，如果这枚骰子是均匀的，则每一个基本事件发生的可能性是相等的，即每一个基本事件发生的概率是 1/6。这是定义在样本空间上的计数测度。因为概率是随机事件发生可能性大小的度量，等价于基于计数测度的对子集 A 的度量，通常把这个概率表示为 $P_r(A)$。最初的概率是拉普拉斯在 1814 年出版的一本小册子中给出的[①]：

机遇理论的要义是：将同一类的所有事件都化简为一定数目的等可能情况。即化简到这样的程度，我们可以等同地对待所有不确定的存在，并且确定欲求其概率的那个事件的有利情况的数目，此数目与所有可能情况之比就是欲求概率的测度。简而言之，概率是一个分数，其分子是有利情况的数目，分母是所有可能情况的数目。

现在，绝大多数概率论与统计学的教科书，关于概率的定义都采用了上文中的最后一句话：概率是一个分数，其分子是有利情况的数目，分母是所有可能情况的数目。可以知道，拉普拉斯的定义是对随机子集的基于计数测度的度量。

---

① 1812 年拉普拉斯的名著《分析概率论》出版，1814 年出第二版时，拉普拉斯增加了长达 150 页的绪论，同年，这个绪论以《概率的哲学导论》为书名单独出版，本文译自英译本：PIERRE SIMON MARQUIS DE LAPLACE. A Philosophical essay on probabilities [M]. New York: John Wiley & Sons, 1902: 6-7.

对于我们的问题，概率为

$$P_r(A) = \frac{{}^\# A}{{}^\# \Omega} = \frac{3}{6} = \frac{1}{2}$$

其中，#表示集合中元素的个数。

<u>离散型与连续型</u>。对应于拉普拉斯的"化简为一定数目的等可能情况"和"可以等同地对待所有不确定的存在"这两个限制，可以用现代数学语言表述为：样本空间中元素的个数是有限的，每一个元素都是不可再分割的基本事件；所有元素，即基本事件的概率是相等的。现在人们称满足这两个限制的概率模型为古典概型，称这样的概率分布为离散型的。离散型概率分布对应计数测度。

还有许多随机现象形成的样本空间是整个实数空间或实数空间的一个子集，比如，与测量误差、观察误差有关的随机现象。这时，随机事件对应的是实数空间的一个子集，定义的概率是对实数空间子集度量，这样的度量会涉及积分运算，人们称这样的概率分布为连续型的，连续型概率分布对应勒贝格测度。初中数学只讨论离散型的情况，并且只讨论古典概型。

1933 年，苏联数学家柯尔莫哥洛夫出版了德文著作《概率论基础》，在样本空间的基础上，借助测度论和实变函数理论，确立了概率论公理体系。与纯粹数学一样，随机现象的高度抽象对理解和表达问题的本质非常重要。但是，高度抽象是以舍弃直观为代价的，基于概率论公理体系，人们从定义了的概率出发，借助演绎推理验证所有数学化的结论。在这样的过程中，人们已经感悟不到事物发生的随机性，更感悟不到随机事件那种变幻莫测的神秘感。于是，许多学者把基于公理体系的概率论归于纯粹数学，这样，统计学就与概率论"分道扬镳"了。

问题  统计学的思想方法是什么？

与概率论一样，统计学研究的数学基础也是样本空间，也是用样本空间的子集表示随机事件，但不同的是，对随机事件发生的概率不是定义的，而是基于样本推断的，由此，样本空间这个称谓更适用于统计学。正因为如此，我们说概率论的研究是基于思辨的，统计学的研究是基于事实的。

在整个基础教育阶段，统计推断的内容主要包括估计、检验和预测。统计推断的基础是数据，包括收集得到的数据，也包括通过调查研究或实验试验得到的数据。互联网为数据的获得提供了极为丰富的源泉，人们称这样的数据环境为大数据。大数据分析已成为现代科学的重要内容，促使计算机和信息技术得到长足发展，也为数学的发展提供了机遇，进而提出了挑战。这里所说的数学，涉及的领域主要是计算科学和统计学。比如，近几年，统计学相继出现了诸如数据挖掘、特征提取、机器学习等全新的研究领域。

<u>统计学从现实的角度研究随机事件</u>。统计推断所说的随机事件是指那些可以重复观察的随机现象，这样，如果每次观察到的随机事件的背景都是类似的，那么随机事件发生可能性的大小就可以估计。比如"期末考试成绩在 90 分以上"是一个随机事件，在一般情况下，这个随机事件发生可能性的大小取决于这位学生平时的学习成绩：平时成绩好则发生的可能性大。这里所说的平时成绩就是对随机事件的重复观察，每次的成绩都是反映这个学生学习状况的信息。事实上，有经验的教师对于班级学生的学习状况是有预期的，这也是有经验的教师对期末考试命题的基本依据之一。

这样，统计学的概率是通过数据提供的信息估计得到的。比如，前面提到的抛掷硬币的问题，如果用 n 表示抛掷的次数，用 m 表示出现正面的次数，则估计出现正面的概率为 m/n，通常称这个比值为频率。我们可以设想，如果抛掷的硬

币是均匀的，那么，这个频率应当在50%的左右，也就是说，出现正面和出现背面的可能性相当。为了验证这个猜想是否符合现实，曾有一些学者进行了极为重要的尝试性试验，在统计学发展历史上留下了重要篇章。

16世纪到19世纪，起源于意大利的文艺复兴引发了整个欧洲的思想繁荣和科学发展，一些学者开始探究不确定现象中所蕴含的数学规律，最初工作就是验证上面所说的抛掷硬币的直观想象是否正确，其中包括英国数学家德·摩根、法国博物学家蒲丰等。下面的数据来源于互联网：

试验者	抛硬币次数	出现正面次数	频率
德·摩根	6 140	3 109	50.64%
蒲丰	4 040	2 048	50.69%
费勒	10 000	4 979	49.79%
皮尔逊	24 000	12 012	50.05%
维尼	30 000	14 994	49.98%
罗曼若夫斯	80 640	39 699	49.23%

可以看到，试验结果大体一致，都集中在50%左右，这就说明"出现正面和负面的概率相等"这个直觉是正确的，这也说明这些硬币大体是均匀的。

借助频率推断概率，是典型的归纳推理的思维过程，可以表述如下。比如，用 A 和 a 分别表示样本空间和样本空间中的元素，用 $a \rightarrow P$ 表示基本事件发生，用 $a \sim P$ 表示基本事件没有发生，则可以把归纳推理的思维过程表示为：

$a_1 \in A$，验证 $a_1 \rightarrow P$ 或者 $a_1 \sim P$；

$a_2 \in A$，验证 $a_2 \rightarrow P$ 或者 $a_2 \sim P$；

 …………

$a_n \in A$，验证 $a_n \rightarrow P$ 或者 $a_n \sim P$；

有 m 个元素使得性质 P 发生；

那么，$a \in A$，推断有 m/n 的可能性 $a \rightarrow P$。

这就意味着，在大多数情况下，通过统计推断获得的结论借助的是归纳推理，不仅结论的正确与否是或然的①，而且结论的表述形式也是或然的。因此，统计学与数学有本质区别，数学通过演绎推理验证的结论是必然的，不仅如此，数学结论的表达也是确切的。

 如何理解样本和总体？

样本和总体是统计学的最为基本的概念，也是很难述说清楚的概念。在前面两个问题中，我们分别讨论了概率论和统计学对随机事件的研究思路和手法，前者是基于思辨的，后者是基于现实的。但在事实上，比用集合表达随机事件更为一般的表达是随机变量。借助随机变量，可以更清晰地表述样本和总体之间的关系，展现通过样本认识总体的统计推断过程。

随机变量类似定义在样本空间上的函数②，但与函数有本质差异，函数要求对应于自变量的函数值是唯一的，随机变量却可以取不同的值。比如掷一枚骰子，每次都可能出现 1 到 6 中任何一个数，是不确定的。在通常情况下，人们假定随机变量取某一个值的概率是确定不变的，因为只有这样，才可能得到随机变量的取值规律，称这样的规律为概率分布。如问题 23 所说，概率分布主要分离散型和连续型两种形式，在初中阶段主要学习离散型概率分布，并且限定可能取值的个数有限，取每个值的概率相等，即拉普拉斯所表述的古典概型。

离散型随机变量及其概率分布。考虑一般的离散型随机

---

① 回顾本书问题 4 的讨论。
② 本质上是一个映射，因为涉及集合与集合的对应。函数表达实数与实数的对应，映射可以表达集合与集合的对应。

变量，假定随机变量可能取 k 个值，把这些可能取值表示为 $1, \cdots, k$，取值概率分别表示为 $p_1, \cdots, p_k$，这样，就可以把取值规律表示为

$$\begin{pmatrix} 1 & \cdots & k \\ p_1 & \cdots & p_k \end{pmatrix}$$

的形式，通常称这样的表达为离散型随机变量的概率分布列。显然，只要把握了概率分布列就把握了离散型随机变量的取值规律，因此，人们把随机变量的概率分布列称为总体。

在一般情况下，人们并不知道总体是什么，通常采用两种方法进行研究：一种方法是建立假设，通过随机变量的背景建立假设，基于假设推导出随机变量的分布；另一种方法是进行估计，通常是对总体抽取样本，通过样本对分布列中的概率进行估计。

比如，针对上述总体，进行有放回地抽取数据，显然，每一次抽取得到的结果是 k 个值中的一个，称每一个得到的结果是一个样本。如果有放回地抽取 n 次，通过对 n 个样本整理，可以得到样本分别取 1 到 k 数值的次数，表示为 $n_1, \cdots, n_k$，即 $n = n_1 + \cdots + n_k$，那么可以考虑用随机变量取第 m 个数值的频率 n_m/n 估计概率 p_m，其中 $m = 1, \cdots, k$，更一般地，可以得到形如

$$\begin{pmatrix} 1 & \cdots & k \\ \dfrac{n_1}{n} & \cdots & \dfrac{n_k}{n} \end{pmatrix}$$

的概率分布列的估计，这就表述了样本和总体之间的关系。

由此可见，统计学的研究基础是数据，可以认为总体是数据产生的背景，样本是基于背景收集到的具体数据。比如，要研究某个城市初中生的身体状况，总体就是这个城市初中生与身体状况有关的指标，如身高、体重等，样本就是抽取若干初中生测量得到的身高、体重等具体数值。对于这样的问题，许多初中数学教材往往会认为总体是这个城市初中生的全体，可以看到，这并不准确，因为要得到概率分布，不仅涉及所要研究问题的背景，还涉及数据所表达的指标。

那么，为什么可以通过样本对总体进行估计呢？这就涉及随机变量的两重性。

<u>随机变量的两重性</u>。随机变量的两重性决定了统计推断的可能。我们还是借助抛掷硬币的例子讨论什么是随机变量的两重性。

一个随机变量只可能有两个结果，不失一般性，把这两个结果表示为 0 和 1，比如，抛掷硬币出现正面记 1，出现反面记 0；用 p 表示结果是 1 的概率，人们称这样的最简单的统计模型为伯努利模型，表示为 $B(1, 0)$。为了估计概率 p，统计学的基本要旨就是进行独立重复的试验，如果用 x 表示每一次试验的结果，那么这个结果可能取 1，也可能取 0，是一个随机变量；如果重复试验 n 次，把得到的样本表示为 $x_1, \cdots, x_n$，令 $y = x_1 + \cdots + x_n$ 表示 n 个样本数据之和，那么 y 也是一个随机变量，可能取 0 到 n 的任何一个数值。

现在的 y 就担当了一个非常重要的角色。在 n 次抛掷硬币之前，我们不可能知道具体取值，其结果是一个随机变量；但在 n 次抛掷硬币之后，可以计算出具体的结果，其结果是一个具体数值。通常用大写字母 Y 表示随机变量，用小写字母 y 表示随机变量的具体取值。人们称这样的特性为随机变量的两重性，并利用其两重性进行统计推断。

针对上面的问题，首先，利用随机变量的特性研究概率分布，也就是基于伯努利模型 n 个独立同分布的随机变量，通过基于组合的数学推导，可以得到概率为 p 的二项分布；然后，利用随机变量的具体取值进行统计推断，也就是，如果得到 $y = m$，就用频率 m/n 估计未知概率 p。事实上，对于二项分布，频率就是概率的最大似然估计①，这是一个非常重要的统计特征，是通过随机变量的特征分析得到的。这样，我们就完成了通过样本推断总体的过程。

---

① 参见：史宁中. 数形结合与数学模型：高中数学教学中的核心问题 [M]. 北京：高等教育出版社，2018：133.

 问题 26　为什么要把百分数纳入统计的内容？

通过前面的论述可以知道，在本质上，统计推断是对随机现象的决策，更确切地说，是对随机现象决策的判断。这是因为，随机现象之间的关系不是因果关系，而是随机关系、相关关系，甚至仅仅是一种可能发生的关系。在绝大多数情况下，对于随机现象的决策可以有多种选择，可以说，统计推断是对随机现象决策的判断。这样的判断没有对错之分，只有好坏之分，只是判断的原则不同，这也是统计学与数学的重要区别。也正因为如此，对于随机现象的决策，需要事先建立判断的原则，事后依据原则进行检验和判断。

在现代社会，基于机器学习的人工智能决策越来越显示其强大的威力，比如，围棋比赛中胜过人类棋手的 AlphaGo，风靡全球的 ChatGPT 语言大模型，令人惊叹的 Sora 视频大模型，其中的思维逻辑就是统计推断，判断依据就是使路径达到最优的概率，这样的判断是人类智慧的体现。

根据这样的发展趋势，《义务教育数学课程标准（2022 年版）》把小学数学中的百分数从"数与代数"部分移到"统计与概率"部分。

在"数与代数"部分中的百分数是对不变量特征的刻画，比如，某种饮料中果汁的含量、某银行的年利率等，述说的是相对稳定的比例关系。在"统计与概率"部分，百分数将是对随机变量特征的刻画，如某篮球运动员投篮命中率、某个季节下雨的概率等，描述的是随机事件发生的频率，即对随机事件发生概率的估计。这样就把百分数作为随机决策或统计推断的工具，到了初中数学的"统计与概率"部分，进一步增加了四分位数、箱线图等与百分数有关的内容。

事实上，在日常生活和生产实践中，人们经常会把百分数作为随机决策的工具。为了让我国学生从小就感知随机决策的重要性，知道随机决策的流程，《义务教育数学课程标准（2022年版）》不仅把百分数移到"统计与概率"部分，而且设计了相应的教学案例予以说明。下面的案例是提供给项目学习的，也就是说，这样的学习是以完成项目为目标，可以是跨学科的，比如与体育课、语文课一起完成。设计的案例如下：

例46 确定五年级学生跳绳达标线。

为了促进学校体育活动的开展，五年级学生决定开展跳绳活动，准备确定五年级学生跳绳达标线。请你设计一个确定达标线的方法。

这个案例是为学校制订五年级学生跳绳达标线。基本原则是符合学校学生的实际情况，因此要进行调查研究。也就是说，首先需要收集数据，比如，记录五年级100名学生跳绳的次数。为了公平客观，可以让每一位学生跳三次，采用平均值或者最大值，也可以记录一分钟跳绳次数。应当让学知道，许多决策无所谓对错，但需要先制订一个规则，再按规则操作。随后，可以把跳绳数据从少到多排列，利用百分数确定达标线，需要确定原则：如果希望同学们很快就可以达标，那么选择第25名学生跳绳数作为达标线，即四分位数的25%；如果希望同学们经过一定的努力才能达标，那么选择第75名学生跳绳数作为达标线，即四分位数的75%。这就是随机现象决策的基本思想和操作过程。

可以看到，这里所说的百分数实际上就是频率，可以作为概率的估计。在实际应用中，上面的操作方法是一种惯例，人们更多关注四分位数，即25%、50%、75%所对应的数据。初中统计与概率的教学还要求基于数据，引导学生画箱线图进行统计分析，感悟和理解统计分析的基本思想方法。

问题 27　如何理解数据分组的原则？

作为随机决策的参考，数据分类也是统计推断的重要方法。事实上，分类研究是中国古代哲学思想的特色，这是因为：西方古典哲学更强调一般与特殊之间的关系，中国古代哲学更强调此类与彼类之间的关系。伴随着大数据时代的到来，包括现代数学的现代科学，越来越重视分类研究，它需求一方面是主动的，另一方面是被动的。

所谓主动，是因为科学研究越来越精细，一种放之四海皆准的方法或结论往往不存在，只能把整体分成若干部分，于是产生了分类的问题。这里之所以说产生了分类的问题，是因为要强调分类的标准，只有基于合适标准的分类，才可能得到具有相对共性的、相对稳定的方法或结论。所谓被动，是因为大数据分析的需要，大数据的出现与网络数据有关，不仅数据量庞大，而且种类繁多、结构庞杂、信息稀疏，因此，对数据进行分类研究不仅方便而且很有必要。通过分类提取数据的特征，建立特征之间的关系，最终形成产生数据背景的知识。

基于这样的发展趋势，我国基础教育阶段的数学教育，从《义务教育数学课程标准（2011年版）》开始就设置了分类的内容。比如例20，教学内容是对扣子进行分类：有黄蓝两种颜色、方圆两种形状、两个或四个扣眼数，要求学生分类，在"说明"中阐述了教学目的：

本活动的目的是希望学生能够清楚，分类是要依赖分类标准的，如扣子的形状、扣子的颜色或者扣眼的数量都可以作为分类的标准，而在不同的分类标准下分类的结果可能是不同的。

那时，这样的教学内容对小学数学教学还是较为陌生的，这个例子在"说明"中对教学方法提出了一些建议：

教师提出问题，引导学生讨论分类标准。可以启发学生这样思考：先关注一个指标作为分类标准，如先关注颜色；在此基础上，进一步关注两个指标作为分类标准，如进一步关注颜色和形状；最后关注颜色、形状和扣眼数。这样可以避免出现混乱。

《义务教育数学课程标准（2022版）》不仅保留了这些内容，并且在初中阶段统计与概率的教学中，进一步拓展到数据的分类。统计学最常用的分类方法是借助离差平方和的分类方法。对于随机决策的问题，在本质上没有对错之分，只有好坏之分，随机决策往往需要事先确定决策原则或判断决策好坏的标准，然后用数学的语言进行表达。常用的统计方法是借助均值和方差进行表达。

均值和方差。均值和方差是统计学的两个重要概念。我们在前几个问题中多次讨论，概率论和统计学的目的是用数学的方法研究随机现象的规律，研究随机事件发生的概率或随机变量取值的概率分布。对于统计学，称概率分布为总体，研究手法就是通过样本估计总体。但在许多情况下，我们得不到或者也没有必要知道随机变量的概率分布，于是退而求其次，研究随机变量取值规律的特征，均值和方差就是两个非常重要的特征，称为总体均值和总体方差，前者表达了随机变量取值的集中趋势，后者表达了随机变量取值对于均值的离散程度。基于样本计算的样本均值和样本方差分别是总体均值和总体方差的估计，样本均值在小学数学中，样本方差在初中数学中。

离差平方和。通常称样本值减去样本均值为离差，表示样本值与样本均值之间的差异；称对所有离差的平方和得到的数值为离差平方和，表示这组样本对于样本均值的离散程度。人们还称离差平方和除以样本个数为样本方差，这是为了比较不同样本对于各自的样本均值的离散程度。因此，对于一组样本而言，往往可以直接使用离差平方和进行数据分类[①]。

[①] 更确切地说是数据分组，参见《义务教育数学课程标准（2022年版）》例85。

问题 27 如何理解数据分组的原则？

假如我们得到了一批数据，希望把这批数据分成两组。首先，建立一个分组的基本原则：在同一个组内，数据的差异越小越好；在不同组之间，数据差异越大越好。基于直观，可以认为分组的基本原则合情合理。下面借助数学的语言表达这样的原则。把得到的数据从小到大按顺序排列，并且对数据的下标重新标号，得到

$$x_1 \leqslant \cdots \leqslant x_n$$

的形式，通常称这样整理过的样本为顺序统计量。可以想象，基于上述基本原则，分组的结果不应当改变顺序统计量的前后位置，也就是说，第一组数据一定会小于第二组数据。

因此，可以在不改变顺序的前提下，把这些数据划分为两组，如果两组数据的个数分别为 m 和 $n-m$ 个，则可以把数据的样本均值、这两组的数据及每个组内的样本均值分别表示为

$$\bar{x}; \quad x_1, \cdots, x_m, \bar{x}_1 \quad \text{和} \quad x_{m+1}, \cdots, x_n, \bar{x}_2$$

其中 m 可以取到 $2, \cdots, n-1$ 中的任何一个数。对离差平方和进行分解

$$S^2(n) = \sum_{i=1}^{n}(x_i - \bar{x})^2 = \sum_{i=1}^{m}(x_i - \bar{x})^2 + \sum_{i=m+1}^{n}(x_i - \bar{x})^2$$

其中

$$\sum_{i=1}^{m}(x_i - \bar{x})^2 = \sum_{i=1}^{m}[(x_i - \bar{x}_1) + (\bar{x}_1 - \bar{x})]^2$$
$$= \sum_{i=1}^{m}(x_i - \bar{x}_1)^2 + 2\sum_{i=1}^{m}(x_i - \bar{x}_1)(\bar{x}_1 - \bar{x}) + m(\bar{x}_1 - \bar{x})^2$$

$$\sum_{i=m+1}^{n}(x_i - \bar{x})^2 = \sum_{i=m+1}^{n}(x_i - \bar{x}_2)^2 + 2\sum_{i=m+1}^{n}(x_i - \bar{x}_2)(x_i - \bar{x}) + (n-m)(\bar{x}_2 - \bar{x})^2$$

注意到

$$\sum_{i=1}^{m}(x_i - \bar{x}_1) = m\bar{x}_1 - m\bar{x}_1 = 0$$

$$\sum_{i=m+1}^{n}(x_i - \bar{x}_2) = (n-m)\bar{x}_2 - (n-m)\bar{x}_2 = 0$$

有
$$S^2(n) = \sum_{i=1}^{m}(x_i-\bar{x}_1)^2 + m(\bar{x}_1-\bar{x})^2 + \sum_{i=m+1}^{n}(x_i-\bar{x}_2)^2 + (n-m)(\bar{x}_2-\bar{x})^2$$
$$= S_1^2(m) + S_2^2(n-m) + m(\bar{x}_1-\bar{x})^2 + (n-m)(\bar{x}_2-\bar{x})^2$$

记组间离差平方和为
$$S_{\text{between}}^2 = m(\bar{x}_1-\bar{x})^2 + (n-m)(\bar{x}_2-\bar{x})^2$$
则
$$S^2 = S_1^2 + S_2^2 + S_{\text{between}}^2$$

上面最后式子中的前两项表示组内差异，称为组内离差平方和；第三项表示的是组间差异，称为组间离差平方和。

因为总体离差平方和是不变的，所以组间差异变小和组间差异变大是同步的，根据分组原则，只需要求出使得组内离差平方和达到最小的分组。让 m 依次取 2 到 $n-1$，并分别计算每次分组的组内离差平方和，最后的工作就是在这些值中选取最小的，比如，当 $m=k$ 时值达到最小，则根据分组的基本原则，最好的分组方法就是

$$\{x_1, \cdots, x_k\} \text{ 和 } \{x_{k+1}, \cdots, x_n\}$$

不同组数的比较。我们讨论了把数据分两组的情况，但是在许多情况下，我们事先并不知道把 n 个数据分成几组最为合适，那么只能采取逐一尝试的方法，优中选优。

类比上面的利用离差平方和的方法，我们可以考虑把 n 个数据分为三组、四组，直到分 $n-1$ 组的情况，然后对每种情况找出最好分组方案。这样，就得到 $n-1$ 个最好分组方案，接下来的工作就是对这 $n-1$ 个最好分组方案进行比较。虽然也要通过组内离差平方和的大小进行比较，但是，通过计算可以验证，分组的个数越多则得到的组内离差平方和会越小，因此，必须在比较的过程中去掉分组个数的影响，人们称这样的方法为 AIC 方法[①]。

[①] AIC 是 akaike information criterion 的缩写，可以翻译为赤池信息量准则，在大数据时代得到广泛应用。详细讨论参见：史宁中. 统计检验的理论与方法 [M]. 北京：科学出版社，2008：第五章.

需要特别说明的是，上述数据处理过程在人工计算模式下有些困难，但在计算机处理模式下很轻松，事实上，这种分类方法正成为一种重要的数据处理方法。面对大数据分析的现代统计学，人们创造了各种各样的数据分类方法，成为数据特征提取、形成背景知识的有效手段。

 如何理解分布式算法？

传统计算机的计算逻辑强调计算过程的传递性，比如《普通高中数学课程标准（2017年版）》要求的二分法就是典型范例。为了更好地说明传递性，分析如下。

对于给定函数 $f(x)$，如果知道 $f(x)=0$ 在区间 $[a,b]$ 上有解，那么可以通过计算函数值找到这个解的近似解。这样的求解方式非常有意义，因为在实际问题中，往往得不到求解公式，只能用近似解来代替真解。甚至，因为现代计算机的运算速度极快，对于大多数问题，即便不知道求解公式，也可以通过计算函数值得到近似解。

<u>具有传递性的计算逻辑</u>。令 $f(x)$ 是定义在区间 $[0,1]$ 上的连续函数，如果 $f(a)<0$，$f(b)>0$，那么知道这个函数在这个区间上有零解，设这个解为 x_0；对于一个近似解 x^*，$|x^*-x_0|\leq 10^{-n}$，则称 x^* 是精确到 10^{-n} 的近似解。下面通过具体的数值计算，说明二分法求近似解的过程。

令 $c=(b-a)/2$，计算 $f(c)$，如果 $f(c)>0$，那么函数在区间 $[a,c]$ 上有零解；否则在区间 $[c,b]$ 上有零解。按照这个计算逻辑，直至得到需要的近似解。因为每次的解都是前一个区间的中点，这样的计算具有传递性，就是说可以编一个统一的程序控制计算机的计算，我们把计算逻辑表述如下：

输入 $f(x)$，a，b，n。
1. 计算 $c=a+(a+b)/2$。

2. 如果 $|c-a| \leq 10^{-n}$，到指令 7。否则到指令 3。

3. 计算 $f(c)$。

4. 如果 $f(c)<0$，令 $a=c$。否则到指令 5。

5. 令 $b=c$。

6. 回到指令 1。

7. 令 $x^*=c$。停止。

输出 x^*。

上面计算指令并没有使用正规的计算机语言进行表述，因为我们表述的是计算逻辑：虽然计算机使用的语言可以不同，但各种计算机语言所遵循的计算逻辑是一致的。遵循上面的计算逻辑就可以达到计算目的：借助有限步指令，实现函数得到零解的智能运算。

<u>可以分布式的计算逻辑</u>。可以看到，传统计算机计算逻辑的优势在于传递性，传递性使计算过程构建了迭代形式，一环扣一环，实现了计算机持续不断的智能计算。但也应当看到，这种计算逻辑的弱点也在于传递性：如果不知道前一步运算的结果，则无法进行下一步运算。这就意味着，这样的计算逻辑无法进行几台计算机的同时运算，特别是对于统计学而言，很难进行累加数据的计算，比如累加计算样本平均和样本方差，因此，不利于大数据分析。

如前所述，大数据不仅是海量的，并且是动态变化的，在许多场合中，传统的基于传递性的计算逻辑已经不适用了。比如一些简单的问题：某网络希望即时知道某个媒体平均每分钟上网的人次，某网络商家希望即时知道某些商品的销售热度，某舆情中心希望即时知道网民关注某个话题的程度。针对这样的大数据分析问题，用基于传递性的传统方法是无法完成的，这需要创造出计算结果能够叠加的计算方法，这就是分布式计算方法，也叫并行计算方法。

新方法的计算逻辑是：把数据分组用多台计算机并行计算，然后创造出一个计算方法，把多台计算机的计算结果合并到一起进行计算；或者，对前个时间的数据进行实时计算，然后创造出一个计算方法，把实时计算结果融合前个时间至今的新数据进行计算，得到新的结果。可以看到，这两种情况都必须突破传统的具有传递性的计算逻辑。

我们通过两个简单的例子，分析如何构建可以用多台计算机并行计算，或者可以处理动态数据的计算逻辑，形成相应的计算方法。这样的例子也适合初中阶段统计与概率的教学。

平均数的并行计算。计算 n 个数据的平均数 E，传统的方法是把这些数据相加求和，然后除以数据的个数 n。因此，在进行计算之前，必须得到所有的数据，不能用于并行计算。一个简单的处理方法是：把 n 个数据分为 m 组，记录每组数据的个数，比如 n_k，计算每组的平均数 E_k，$k=1,\cdots,m$，然后计算组平均数的加权平均，即

$$E = \frac{n_1 E_1 + \cdots + n_m E_m}{n_1 + \cdots + n_m}$$

这样，就可以用 m 台计算机进行同时计算，这便是并行计算的雏形。需要注意的是，最终用于计算的数据已经有所改变，不再是原始数据，而是经过加工过的成对数据，即每组数据个数 n_k 和每组平均数 E_k。为了大数据分析的需要，必须改变传统的对数据的理解，数据是信息的载体，并行计算需要的是能够提供相应信息的数据，这就是大数据计算提出的新要求。

仔细分析这个例子可以知道，如果一个计算过程能够化解为若干加法叠加的计算形式，这个计算就能设计出进行分布式计算的方法。这就像最初的计算只有加法，其他运算都是加法的派生一样，一个计算过程只要能够回归到加法运算，就可以进行分布式计算。事实上，从加法出发的运算法则是最原始的，也是最稳定、最有效的。

为了顺应时代发展，《普通高中数学课程标准（2017 年版）》提出样本方差分布式计算的要求，《义务教育数学课程标准（2022 年版）》提出样本均值分布式计算的要求。

百分数的即时计算。如问题 26 所述，为了让学生感悟和

理解随机现象的决策，《义务教育数学课程标准（2022年版）》把百分数的学习内容从"数与代数"移到"统计与概率"。下面我们进一步讨论这个内容。

考虑网络舆情中某一个话题的热度，用某一个时段关注话题的百分比刻画这个热度。如果用小学阶段计算百分比的方法，对于 t 时刻的热度，需要用 t 时刻关注这个话题的个数（表示为 M_t），除以网上总体个数（表示为 N_t），计算得到百分比 $x(t)\% = (M_t/N_t) \times 100\%$，因为每次对 t 时刻都需要收集数据进行计算，因此，这样的计算很难使用以往的百分比信息，比如 $x(t-1)\%$ 的信息，也就是不可能得到即时结果。

我们可以这样计算即时结果。设 t 到 $t+1$ 的时间段，总体个数增加 n_{t+1}，关注话题的个数增加 m_{t+1}，已知这个话题 t 时关注话题的个数为 $N_t \cdot x(t)\%$，$t+1$ 时关注话题的个数为 $N_t \cdot x(t)\% + m_{t+1}$，总体的个数为 $N_t + n_{t+1}$，可以得到 $t+1$ 时这个话题的热度，即在总体中所占百分比为

$$x(t+1) = \frac{N_t \times x(t)\% + m_{t+1}}{N_t + n_t}$$

容易知道，在这样的计算过程中需要的数据包括，前一时刻的百分比和总体个数，新增总体个数和关注话题的个数。因为使用的不是前一时刻的所有数据，而是前一时刻的计算结果，所以这是分布式计算的一种形式，称为即时计算。

大数据时代，海量的、动态的数据蕴含着人们社会生活的各种信息。如何分析这些数据，挖掘这些数据所蕴含的知识，是当代数学遇到的挑战和机遇。可以想象，如果能够创造出全新的、适合计算机的计算方法，必将产生极大的经济效益和社会效益。如果要合理解释新的方法，很可能需要创造出新的数学理论，必将极大地促进数学自身的发展。无论是计算方法的创新，还是理论体系的构建，解决问题的基本思路或许就是要回归数学的本源。

问题 29 如何理解数据的集中趋势？

为了更好地了解一个事物，人们需要抽象出这个事物的典型特征，甚至需要量化抽象出来的典型特征。比如，要了解某一个地区的生活状况，就可以把人口分布、日常生活指数、人均 GDP、人均住房面积等作为典型特征，然后通过这些典型特征的平均数作为典型特征的量化，借助这样的量化判断这个地区的生活状况，或者与其他地区的生活状况进行比较。

平均数是人们最常使用的数据指标，代表了数据的集中趋势。如果知道数据来源背景，就可以利用归纳推理的原则，认为平均数表达了数学来源背景的集中趋势，比如，某一个班级期末考试的平均分，大体表达了这个班全体学生的学习状况。

在古代汉语中，"平均"一词最初见于"修身及家，平均天下"，是《礼记·乐记》中记载子夏回答魏文侯问题时所说的话，其中"平"是说无上下之偏，"均"是说无远近之异，"天下"是指周的疆域，"平均天下"是说在周的疆域中，上下各安其所，华夏一视同仁。其表达中蕴含"不区别轻重多少""把总数按份数均匀计算"的意思，因此，根据所要研究问题的不同，可以有几种计算平均数的方法。

加权平均。加权平均是离散型随机变量的数学期望，或者说，是离散型随机变量的总体均值。假设一个随机变量 X 有 k 个可能取值，分别是 $a_1, \cdots, a_k$，对应的取值概率分别为 $w_1, \cdots, w_k$，那么这个随机变量的数学期望为

$$\mu = EX = \sum_{i=1}^{k} a_i w_i = a_1 w_1 + \cdots + a_k w_k$$

它表达了这个随机变量取值的集中趋势。一般情况下，随机变量的概率是未知的，于是人们就用频率估计概率，得到数学期望的近似表达为

$$\hat{\mu} = \bar{x} = \frac{a_1 n_1 + \cdots + a_k n_k}{n_1 + \cdots + n_k} = a_1 \hat{w}_1 + \cdots + a_k \hat{w}_k$$

其中频率表示为

$$\hat{w}_i = \frac{n_i}{n} \quad (i=1, \cdots, k, \quad n = n_1 + \cdots + n_k)$$

可以看到,表达式中的概率表示了对应数值的权重,人们称这样的表达为加权平均,称其中的概率或频率为权①。如果所有的权都相等,上面的表达就是小学数学中所说的平均数。它可以估计取值概率相等的随机变量的数学期望,刻画这类事物发生的集中趋势。

下面,我们计算一个实际问题:吉林省人均国内生产总值(GDP)。吉林省一共有九个市州,在网上可以查到2021年这九个市州的人均GDP和常住人口,数据如下:

2021年吉林省各市州的人均GDP

市州	长春	吉林	通化	松原	延边	四平	白城	白山	辽源
人均GDP/百元	783	428	464	363	413	306	354	570	464
人口/万人	907	362	181	225	194	181	155	95	100

我们利用上述数据计算2021年吉林省的人均GDP。因为市州GDP=市州人均GDP×人口,可以先计算吉林省各市州的GDP,相加得到吉林省全省的GDP,再除以总人口就得到吉林省的人均GDP。这就是加权平均的基本思想。我们注意到,人均GDP数据与人口数据是成对出现的,成对数据是加权平均的基本要素。容易计算,2021年吉林省全省的GDP为13 217亿元,常住人口为2 400万人,最后得到吉林省人均GDP大约为5.5万元。

<u>几何平均与加权几何平均</u>。如果说加权平均是加法运算的平均,那么几何平均就是乘法运算的平均。如图29-1所

---

① 权越大说明对应数值在总体均值或样本均值中占的比重越大。

示，设线段 AD 长度为 a，DB 长度为 b，则圆的半径 OC 长度为 a 和 b 的算术平均；因为 $\triangle ACD$ 与 $\triangle BCD$ 相似，所以 $AD:CD = CD:DB$，说明 CD 的长度为 a 和 b 的几何平均。这样就可以把线段 OC 和 CD 的长度分别用算术平均和几何平均表示为

$$OC = \frac{1}{2}(a+b) \quad \text{和} \quad CD = \sqrt{ab}$$

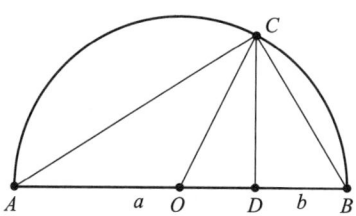

图 29-1　算术平均与几何平均

因为任意直角三角形的斜边都比直角边长，图 29-1 直观讲述了算术平均大于几何平均的故事。回忆排列组合的计算，并联时使用加法，串联时使用乘法，与此类似，算术平均讲述的是并联的故事，几何平均讲述的是串联的故事。

现在，我们思考一个实际例子：银行变动利率的平均。比如，某一银行在 10 年内储蓄利率变动了三次，分别为：a_1，3 年；a_2，5 年；a_3，2 年。那么，应当如何计算这个银行在 10 年内的平均利率呢？一个简单的方法可以计算加权平均，比如，平均利率为 a，其中

$$a = \frac{1}{10}(a_1 \times 3 + a_2 \times 5 + a_3 \times 2)$$

但是，如果三次利率相差较大，用加权平均计算就会引起较大的偏差。这是因为，储蓄要考虑复利，这是一个连续的，或者说是一个串联的过程，合理的方法应当是计算几何平均。

假设最初的本金为 1，3 年以后连本带息为 $(1+a_1)^3$，5 年后为 $(1+a_1)^3 \times (1+a_2)^5$，10 年后为 $(1+a_1)^3 \times (1+a_2)^5 \times (1+a_3)^2$。如果用 a 表示平均利率，那么，本金为 1 的 10 年后的利率为 $(1+a)^{10}$，这样就得到

$$(1+a)^{10} = (1+a_1)^3(1+a_2)^5(1+a_3)^2$$

这个式子就是加权几何平均。可以得到

$$a = \sqrt[10]{(1+a_1)^3(1+a_2)^5(1+a_3)^2} - 1$$

同样的道理，凡是涉及若干年的增长指标等问题，都应当利用几何平均刻画年均增长率。比如，一个企业要表达资产的年增长率，起始年的资产为 M，n 年后资产增加到 N，如果用 a 表示年增长率，可以得到 $N = M \times (1+a)^n$，可以得到年增长率为

$$a = \sqrt[n]{\frac{N}{M}} - 1$$

可以把这个表达看作几何平均的变形。

调和平均。如果说加权平均表达并行问题的集中趋势，几何平均表达串联问题的集中趋势，那么调和平均表达的就是平行路径的集中趋势。比如，考虑一个简单的问题，一个人往返于同一条道路，去程的车速是 60 km/h，由于回程时堵车，车速是 20 km/h，现在希望表达这个人往返的平均速度。如果不仔细思考，会认为平均速度就是算术平均 40 km/h，但仔细思考就会发现，因为往返的路程是一样的，去程速度快、用时少，回程速度慢、用时多，所以用算术平均表达是不合适的，应当考虑用加权平均，具体分析如下。

设这段路程一共有 20 km，这个人去程用 20 min，回程用 60 min，共用 80 min，那么平均速度应为 60×20/80+20×60/80 = 30 (km/h)，比算术平均要慢一些，这是因为回程速度慢，占的比重大一些。如果用调和平均进行计算就更简单了，平均速度为

$$\frac{2}{\frac{1}{60}+\frac{1}{20}} = \frac{2 \times 60}{1+3} = 30$$

这与加权平均计算的结果一致，这是不是巧合呢？事实上，这个结论是必然的，下面通过工程模型进一步分析这个问题。

工程模型与调和平均有关。可以把问题表述为：有一个

工程，甲单独做需要 60 天，乙单独做需要 20 天，那么，甲和乙一起做需要多少时间？

甲一天能完成工程的 1/60，乙一天能完成工程的 1/20，因此甲乙一天共能完成工程的 1/60+1/20 = 4/60 = 1/15，也就是说，甲乙一起做，需要 15 天完成。在这个意义下，平均一个人完成这个工程需要 2×15 = 30（天）时间，这就是调和平均。我们曾经说，调和平均表达的是几个平行问题的集中趋势，在上述工程问题中，甲和乙单独完成就是两个平行的路径。把这样的思想推展到一般情况。对于给定的 n 个正数 $a_1, \cdots, a_n$，称

$$\frac{n}{\frac{1}{a_1}+\ldots+\frac{1}{a_n}}$$

为这 n 个数的调和平均。

<u>三种平均之间的关系</u>。我们分别讨论了三种平均对数据集中趋势的表达，可以看到，这三种平均分别适用于不同的问题背景。下面讨论这三种平均值之间的大小关系，事实上，对于同样的一组取正值的数据，可以得到如下关系：

加权平均 ≥ 几何平均 ≥ 调和平均

我们来证明这个结论。为了简单起见，讨论 n = 2 的情况，令 a 和 b 是两个正数。因为

$$0 \leqslant (\sqrt{a}+\sqrt{b})^2 = a+2\sqrt{ab}+b$$

所以，加权平均 ≥ 几何平均。因为这两个正数的调和平均为 $2ab/(a+b)$，根据加权平均 ≥ 几何平均，可以得到

$$\frac{ab}{\frac{1}{2}(a+b)} \leqslant \frac{ab}{\sqrt{ab}} = \sqrt{ab}$$

所以，几何平均 ≥ 调和平均。等号成立当且仅当 a = b。

由此可以看到，不仅构建数学模型要充分考虑问题的背景，即便是用数学算式表达事物的特征也需要充分考虑问题的背景，这就是话题 30 将要专门讨论的问题，如何构建数学的模型，用数学的语言讲述现实世界的故事。

但是，这三种平均都容易受到极端数据的影响，也就是说，如果出现特别大或特别小的数值，会在很大程度上影响计算结果。因此，使用这三种平均需要一个比较合理的假设。对于统计学而言，就是假设数据独立同分布地来源于同一个总体，或者来源于同一个背景。在这样的假设下，如果出现极端数据，计算平均时可以考虑不计入这些极端数据，就像跳水比赛打分或者体操比赛打分那样，去掉一个最高分，去掉一个最低分，然后计算总分或计算算术平均。

 如何理解定性数据定量化？

随着大数据时代的到来，一个热门的词汇就是数字化，这个词汇几乎涉及各个行业。数字化是指将信息转变为可以用计算机处理的数字格式，与传统的模拟信号比较，数字格式的信息传递更加稳定可靠，20世纪80年代人们就尝试把这样的技术使用于电视机，后来又使用于照相机。进入21世纪以来，随着计算机技术和信息技术的飞速发展，数字化已经成为大数据处理的必要手段，因为人们需要对网络、文本、声音、图像等反映的信息进行数字化处理，其中很重要的一部分内容就是定性数据的定量化。在一般情况下，定性数据主要包括两种，即名义数据和顺序数据。

名义数据。虽然名义数据可以是数字表达，但只是一种类别的代表，适用于分类，而不适用于运算，名义数据又可以分为命名数据和标记数据。

命名数据是指对一类事物命名的表达，如每个学生的学号、每个成年人的身份证号、每辆汽车的车牌号等。虽然这样的数据只是一种命名，但在数据的编排中，也要尽可能地提供被命名者的信息，比如，学生的学号可以包括年级和班级，成人身份证可以包括所在省市、出生年月和性别，汽车牌号可以包括登记省市、车型类别等。

标记数据要比命名数据复杂一些，可以提供更多的信息。比如购买产品的调查问卷，可能会要求受访者提供性别、大概年龄、职业信息等，据此可以分析产品与购物者之间的关系，为有的放矢地进行宣传或推销提供信息。在大数据时代，这样的数据发挥着越来越重要的作用，商家甚至会记录购物者曾经购买过的产品，划分具有同样喜好的人群，逐步实现精准推送。更为现实的是，借助手机的普及，这样的推送已经从产品拓展到新闻、消息、文章、评论。这样的推送带来的好处是，人们可以看到自己感兴趣的内容；带来的坏处是，可能会对某些问题的认知越来越狭窄。

无论是命名数据还是标记数据，都可以利用统计学现有的方法进行数据处理，比如，通过频数图表或频率图表，得知各种类型事物所占比例，估计各种情况发生的概率。但至今为止，统计学处理这样的数据还没有形成足够的经验，还没有形成相对合理的理论，正如下面所论述的，对于标记数据，统计学还没有形成能够充分利用好友信息的理论和方法。

比如，一个商家要推销一种新产品，利用以往信息可以推断某一位顾客购买的概率，可以利用最大似然估计等方法[1]。但是，如果还知道这位顾客的好友已经买了这个新产品，那么凭借直观我们可以推断，这个顾客购买这个产品的概率会更大一些，这样的推断会引发概率大于 1 的情况，与人们传统的对概率的理解不符，因此需要构建新的理论和方法处理这样的问题。或许，可以构建概率可靠性的概念，虽然概率大小不能增加，但可以增加概率的信度。

顺序数据。下面以评价产品的问题为例，分析评价的合理性。比如，有十位评委评价 A、B、C、D、E 五种产品，如果有五位评委把 A 列为第 1，四位评委把 B 列为第 1，就可以认为 A 比 B 好吗？事实上，还可以考虑得更周全一些，比如，可以请十位评委对五种产品排序。如果得到下面的排列：

---

[1] 参见：史宁中. 数学基本思想 18 讲 [M]. 北京：北京师范大学出版社，2016：第五讲.

品种	第一	第二	第三	第四	第五
A	5	0	0	3	2
B	4	3	2	1	0

你还会认为 A 比 B 好吗？如果采用这样的记分方式

A 记分 = 5×5+4×0+3×0+2×3+1×2 = 33

B 记分 = 5×4+4×3+3×2+2×1+2×0 = 40

得到的结果是 B 比 A 好。这是一种加权平均的方法，其中的顺序决定了权重。

可以看到，在许多情况下，利用顺序数据分析定性问题是合理的，可以根据记分设计权重，因此顺序数据可以用于决策。在本质上，利用顺序数据进行决策是一类随机决策，如问题 26 所述，在大数据和信息社会，随机决策的问题变得越来越重要，这类问题的基本特征是：没有结论对错之分，只有方法好坏之分。于是，随机决策的思维方法和判断方法与传统数学教育大相径庭。正因为如此，在现在和未来的义务教育阶段的数学教育中，融入这样的内容是非常必要的。

比如，《义务教育数学课程标准（2022 年版）》例 39，是关于班级新年联合会购买水果的问题，希望通过同学的调查数据进行决策。这就是一类随机决策，学生可以广开思路，讨论决定获取数据的方法和分析数据进行决策的方法。无论如何，合理使用顺序数据是一类可行的选择。

又如，《义务教育数学课程标准（2022 年版）》例 30，是关于图画还原的问题，这是一种最为初级的现代信息传递常用方法。首先，把一个图画数字化，也就是把图画分割成若干个小方块，标上序号[①]，为了信息保密，人为打乱小方块顺序，但为了让指定接收人能够还原图画，需要记录打乱的规则。比如，用一组顺序数据记录平移，用另一组顺序数据记录旋转，然后把这样的数据告知指定接收人，指定接收人就可以通过反向操作还原图画。

---

① 在许多现实问题中，需要分辨小方块中是否有图，甚至还要分辨图的颜色，标以不同的数字。

关于社会调查问题的推断。社会调查是认识和分析社会现象的重要手段，大体是经历剖析具体、获得一般的思维过程，因此隶属于归纳推理。如果希望这样的思维过程具有逻辑性，参见第一部分讨论，就需要把握推断的关键步骤：构建一个类，通过这一类中部分事物的属性推断这一类中所有事物的属性。在这样的过程中特别要关注两个问题：一是如何选取所说的部分事物，也就是选取调查对象；二是如何获取所说的事物属性，也就是设计调查问题。

如何选取调查对象。我们通过一个著名的例子来分析这个问题。1936 年美国的总统选举有两位候选人，一位是民主党的罗斯福，一位是共和党的兰登。当时，大多数政治观察家和新闻机构都预测罗斯福会获胜，但《文学文摘》杂志的预测与众不同，他们预言兰登将会以 57∶43 的优势战胜罗斯福，这个预测产生了很大的反响。但实际情况是，罗斯福以 62∶38 的压倒性优势当选。由于这个重大失误，这家杂志不久便宣告破产。

事实上，《文学文摘》杂志做出这个预测推断并非主观臆断，而是基于 240 万份调查报告的统计结果。那么，为什么会出现如此大的偏差呢？问题在于这 240 万个样本。因为《文学文摘》的访问对象是从电话号码簿和俱乐部会员名册上选取的，但在 1936 年，美国家庭的电话尚未普及，尤其是有条件参加俱乐部的人，大多是经济上富有、政治上保守、倾向于共和党的选民，在这些样本下得到的结论就造成了显著的偏差。在总结了这次民意调查的教训后，美国社会学家盖洛普提出了一个有效的调查方法，不仅大选结果几乎预测无误，而且调查的人数只需要几千人。

如何设计调查问题。许多社会问题的调查，如果直接提出所要调查的问题，有可能会让被调查者难以起口，至少有两方面的原因，可能因为问题过于宏观，可能因为涉及个人隐私。

对于过于宏观的问题，需要把问题分解为若干部分，针对每一个部分提取具体要素，基于这些要素提出容易回答的问题，然后获取数据，形成结论。事实上，调查数据的设计与分析是非常重要的，统计学有专门研究社会调查的分支。为了培养学生的统计素养，除了前面提到的一些例子之外，《义务教育数学课程标准（2022年版）》设置了调查方法的例题，即例83。

对于涉及个人隐私的问题，需要设计变通的提问方法，使得被调查者能够无顾忌地回答问题。比如在学校调查学生考试是否作弊的问题，就需要设计变通的提问方法。一个简单可行的方法是同时询问两个问题，其中一个问题是与考试不相干的。例如，

问题1：考试是否作弊？

问题2：手机尾号是否是偶数？

然后让学生抛掷一枚硬币，要求学生：硬币出现正面时回答问题1，硬币出现背面时回答问题2。因为调查者不知道学生抛掷硬币的结果，学生可以如实回答问题。那么，如何知道学生回答的情况呢？这就需要进行统计分析，假如调查了100名学生，回答"是"的有30人，我们能知道考试作弊的频率吗？我们来分析这个问题。

假设硬币是均匀的，那么回答两个问题的学生大约各占一半，可以认定均为50人；因为手机尾号为偶数的大约为1/2，也就是有25人；回答"是"的30人中有25人是因为手机尾号是偶数；于是50名学生中对回答问题1回答"是"的学生大约有5人。这样，可以得到结论：学生考试作弊的频率大约为 $5/50 = 1/10$。

话题篇

话题 **1** 数学定义的基本原则

如前所述，与小学数学比较，初中数学有两个重大变化：一是初中数学开始学习数学的定义，二是初中数学开始学习数学的推理。这两个重大变化涉及数学的本质特征，前者与数学抽象有关，后者与逻辑推理有关。因此，初中数学教学必须非常重视这两个重大变化，设计出切实可行的教学方案，让学生理解相关的教学内容、感悟相关的数学本质。本话题主要讨论前者。

<u>如何理解数学的定义</u>。要对定义本身进行定义是一件非常困难的事情①，现代哲学和认识论创造出名目繁多的构建定义的理论，提出各种各样的表述定义的形式，让人目不暇接，难以遵从。或许，我们应当回归人们构建定义的初衷，因为出发点往往是最朴素的，也是最本质的。

古代的人们对定义的理解，大体可以分为两个不同的学派，这就是强调逻辑的古希腊哲学和强调实用的中国古代哲学，这两个学派的哲学路径大相径庭②，对定义的理解也有很大的差异，我们可以在这样的差异中探寻定义的本质。

古希腊盛行辩论，辩论被视为公民基本素养和政治参与形式，辩论通常会就特定的议题在公共场所举行，通过逻辑推理、论证述说等来表达自己的观点，说服听众和评委。这种辩论文化对雅典民主制度的发展起到重要作用，辩论文化也在罗马帝国时期得到继承和发展。辩论文化对定义的要求相当苛刻，因为严格的定义是逻辑推理的基础。比如，苏格拉底就在论证过程中非常强调定义的严格，美国哲学史家杜

---

① 参见：柯匹，科恩. 逻辑学导论：第 11 版 [M]. 张建军，潘天群，译. 北京：中国人民大学出版社，2007：115-120.
② 古希腊哲学更多地研究一般与特殊的关系，判断原则是基于科学的，强调的是对结论的理解，中国古代哲学则更多地研究类与类的关系，判断原则是基于艺术的，强调的是对结论的感悟。参见：史宁中. 中国古代哲学中的推理、命题和定义（上）[J]. 哲学研究，2009（3）：42-50. 同时参见：史宁中. 中国古代哲学中的推理、命题和定义（下）[J]. 哲学研究，2009（4）：60-67.

兰特评价苏格拉底的辩论风格时说①："再也没有比下定义更困难，更能严峻地考验和锻炼一个人思路的清晰和措辞的技巧了。"在这种文化的熏陶下，出现了亚里士多德、欧几里得等杰出人物。

与古希腊学者正好相反，中国古代先哲认为，定义只不过是给某一类东西命名而已。由于人们对中国古代哲学或认识论不是很了解，我们在这里先进行一些简单的介绍，主要是分析先秦名家公孙龙子关于定义的论述，公孙龙子以提出命题"白马非马"闻名于世。

公孙龙子的《指物论》是一篇讨论定义的文章，这应当是中国古代讨论形而上学最重要的文献之一②。这是一篇非常难理解的文章，以至于引发了几位现代著名学者意见的不同③。文中所说的"指"是定义了的抽象，相关同义词有：名、谓词、共相、一般；文中的"物"是被定义的具体，相关同义词有：实、主词、殊相、个体。之所以使用这么多的同义词，是因为在那个文字初创时代，表达思维的术语实在是太少，不可能把概念的理解分析得很精细。而现今，我们可以尝试回归公孙龙子的思考，并且用更恰当的语言表达他的思考。

公孙龙子的《指物论》可以用现代哲学语言表述为《论定义中的殊相与共相》，这个题目对于现代哲学都是相当难以讨论的。为了与现代语言融合，我们用"名"来代替"指"，并且在不同的场合使用相关的同义词，把文章开篇一段翻译如下④：

---

① 参见：杜兰特. 探索的思想：哲学的故事 [M]. 朱安, 等译. 北京：文化艺术出版社, 1991：22.
② 参见：史宁中. 论定义中的殊相与共相：公孙龙子《指物论》评析 [J]. 古代文明, 2009 (1)：22-26.
③ 参见：谭业谦. 公孙龙子译注 [M], 北京：中华书局, 1997：11-17.
④ 原文为：物莫非指，而指非指。天下无指，物无可以谓物。非指者，天下无指，物可谓指乎？指也者，天下之所无也。物也者，天下之所有也。以天下之所有，为天下之所无，未可。天下无指，而物不可谓指也。不可谓指者，非指也。非指者，物莫非指也。天下无指，而物不可谓指者，非有非指也。非有非指者，物莫非指也。物莫非指者，而指非指也。

物都可以有名，名不能再命名。如果没有名，天下物就没有称谓了。但是，如果天下没有物，又怎么会有名呢？事实上，抽象的名是不存在的，存在的是具体的物。具体的物不能代替抽象的名。即便是天下没有名，具体的物也不是名；之所以不是名，因为个体不能代替一般；但就个体而言，每个个体都蕴含着一般。既然物不能代替名，而物又都必须有所称谓，就不能没有抽象的名。这就是"物都可以有名，名不能再命名"的道理。

其中"名不能再命名"大概是说：名是抽象过的东西，因此不能再次命名。这样，公孙龙子就强调了"名"的一般性。可以看到，上面这段话语把具体与抽象、个体与一般、殊相与共相之间的关系论述得非常清楚，从中可以体会到，中国古代先哲认为定义就是对某一类东西起名。也正如我们在本书第一部分所讨论的那样，现代数学的发展表明，既要重视古希腊所强调的苛刻定义，也要重视中国古代先哲提倡的朴素定义。我们称前者为实质定义，后者为名义定义。初中数学重大变化所说的数学定义，主要是指数学的实质定义，而理解数学实质定义的最佳途径，就是分析人们如何构建数学实质定义。下面，我们分析构建数学实质定义的思维前提和表达形式。

<u>构建实质定义的思维前提</u>。如果希望构建一个数学概念的实质定义，那么在构建之前就必须考虑清楚两个基本要求：一是这个数学概念的所指必须足够明确；二是这个数学概念的内涵必须足够清晰。我们先举例说明这两个基本要求的核心所在，然后尝试用数学的符号表达这样的要求，并且称这样的表达为思维前提。

第一个要求针对的是数学概念本身。"数学概念的所指必须足够明确"是指要定义的数学概念能够把某一类东西与其他的东西分辨清楚。比如，要构建"偶数"的实质定义，那么，偶数作为自然数的一个类，就必须与那些不是偶数的自然数泾渭分明，只有这样，才可以说"偶数"具备了构建实

质定义的基本条件。反之，如前所述，我们之所以无法构建"点"的实质定义，是因为无法借助类，或者说，无法借助语言区分"点"与其他①。

下面，我们尝试用数学符号表述这样的思考。首先，找到一个比所要定义的数学概念更大的类，比如定义偶数，如果希望在自然数中构建这个定义，那么自然数就是那个更大的类，用符号 B 表示；然后，把所有对应于数学概念的元素构成一个集合，比如所有偶数形成一个集合，用符号 A 表示。显然，A 被 B 包含，那么"数学概念的所指必须足够明确"是说：

对于任意 $x \in B$，要么 $x \in A$，要么 $x \in B-A$。

仍然考虑偶数的实质定义。对于任意一个给定的自然数，这个自然数要么是偶数要么就不是偶数，符合上述数学表达的要求，因此偶数这个数学概念所指足够明确，可以构建实质定义。但是，对于那些更为基础的数学概念，如自然数、集合、点、线、面等概念，无法形成上述数学表达，因此这些概念只能采用名义定义。

第二个要求针对的是数学概念性质。回顾本书问题 1 的讨论可以知道，数学实质定义的内涵是通过数学概念的性质表述，这就意味着，如果用符号 P 表达数学概念的性质，那么包含所要定义的数学概念的集合必须可以表达为

$$A = \{x \in B; x \to P\}$$

的形式。这样，为了满足第一个要求，性质 P 揭示的数学概念的内涵必须足够清晰，比如，偶数是指那些能够被 2 整除的自然数，P 表述的就是能被 2 整除这样的性质。而如本书问题 1 所论述的，欧几里得曾经用"没有部分"述说"点"的内涵是不可以的，因为"没有部分"的状态不能形成一个性质。

构建实质定义的表达形式。实质定义的表达形式是具有

---

① 希尔伯特给出了点的名义定义，参见本书问题 1 的讨论。

系词结构的陈述句，是具有隶属关系的属加种差的表达形式。可以用数学符号表述为：

A 是 B 中满足性质 P 的子集 $\Leftrightarrow$ $x \in A$，则 $x \in B$ 并且 $x \to P$。

其中符号"$\Leftrightarrow$"表示充分必要条件，也就是，通过符号左边的内容可以推断符号右边的内容，反之亦然。称被定义项即集合 A 为种，称定义项即集合 B 为属；表述的基本特征是，集合 A 中的元素是集合 B 中的元素，并且具有性质 P，称性质 P 为种差。因此，称这样的表达形式为属加种差，种差用于区别属中的其他种。比如，偶数的定义"偶数是能被 2 整除的自然数"，其中偶数是种，自然数是属，能被 2 整除是种差。

事实上，实质定义的构建是比较复杂的，为了更好地规范和把握，人们确定了一些规则，传统意义的规则可以包括下面五条[①]：

1. 定义应当揭示种的本质属性。
2. 定义不能循环。
3. 定义既不能过宽又不能过窄。
4. 定义不能用歧义的、晦涩的或比喻的语言表述。
5. 定义可以用肯定表述就不用否定表述。

这五条规则似乎非常合理，但要使用这些规则来具体判断一个话语是否能成为数学的实质定义却是非常困难的，因为这些要求过于笼统。我们简要分析这五条要求。

第一条是重要的，为了构建数学的实质定义，揭示种的本质属性的性质 P 必须是充分必要的；第二条极为重要，正如本书问题 1 讨论过的那样，数学定义的不循环是通过名义定义和实质定义这两个层次实现的；第三条被我们阐述的充分必要条件所包含；第四条对数学定义的要求是显然的，因

---

① 参见：柯匹，科恩. 逻辑学导论：第 11 版 [M]. 张建军，潘天群，译. 北京：中国人民大学出版社，2007：146-149.

为数学性质的表述不能含糊不清；第五条对数学的实质定义不是必要的，因为上述第一条要求使得数学实质定义对研究对象的判断泾渭分明，所以可以使用否定表述。比如：

称能够被 2 整除的自然数为偶数，不能被 2 整除的自然数为奇数。

如果一个自然数只能被 1 和自己整除，则称这个自然数为素数；否则，称这样的数为合数。

传统的数学教学往往不重视概念教学，强调对概念的记忆，而不是对概念的理解，这是不可以的。我国基础教育最大的问题是缺乏对创新的培养，既包括创新意识培养，也包括创新能力的培养，培养的关键在于理解，不能单纯凭借记忆，也不能单纯凭借训练。通过上面的讨论可以看到，真正理解概念是非常困难的，至少对于教师而言，只有站在如何构建数学实质定义的角度，才可能在形式上和本质上理解定义，才可能设计出合理的教学方案，把概念理解的教学付诸实践。

话题 2　数学命题判断的基本原则

话题 1 讨论了构建数学定义的思维基础，话题 2 将讨论进行数学推理的思维基础。如本书问题 4 所说，数学推理是从数学命题判断到数学命题判断的思维过程，因此数学推理的思维基础就是命题判断，我们要讨论数学命题判断的基本原则。

判断是因人而异的，依赖于判断者的价值取向，依赖于判断者的思维习惯。但是，为了保证数学的严谨性和科学性①，必须建立判断数学命题的基本原则。

---

① 这里所说的科学性是指得到的结论必须独立于个人、独立于时间、独立于场合。

我们遵循形式逻辑中最古老的三个定律，这就是：同一律、矛盾律和排中律。在许多逻辑学教科书中，称这三个定律为逻辑三大基本规律，但对于数学推理而言，这三个定律的直接作用是命题的判断，与推理无关。这是因为，三个定律涉及的对象都是集合中的元素，至多涉及两个性质命题，而我们在问题 4 中曾经强调，一个推理过程至少要包含三个性质命题。于是，这三个定律的逻辑推理功能表现在命题判断上。下面我们基于数学命题判断讨论这三个定律。

数学同一律。同一律是指一个事物与自身同一，表示为 $A=A$。基于同一律的原则，在数学论证的过程中，一个符号或一个定义必须始终保持一致，也就是说，在数学论证过程中不能变换概念。但在现实世界中，事物总是相对的，事物也总是变化的，如果在历史发展的长河中认识问题，同一律就显得僵化了，如同恩格斯所批评的那样[①]：

旧形而上学意义下的同一律是旧世界观的基本原则：$a=a$。每一个事物和它自身同一。一切都是永久不变的，太阳系、星体、有机体都是如此。这个命题在每一个场合下都被自然科学一点一点驳倒了，但是在理论中它还继续存在着，而旧事物的拥护者仍然用它来抵抗新事物：一个事物不能同时是它又是别的。抽象的同一性，与形而上学的一切范畴一样，对日常应用来说是足够的，在这里所考察的只是很小的范围或很短的时间。

在上面的论述中，恩格斯强调一切事物都不是永恒不变的，要学会辩证地分析问题。恩格斯的说法是有道理的，对于数学也是如此。比如对几何学的认识，人们最初认为欧几里得几何是永恒不变的真理，包括"过直线外一点能作并且只能作一条平行线"这个公理是唯一正确的。但是，后来发现可以建立一个有无数条平行线的几何学，这便是罗巴切夫斯基几何；还可以建立一个没有平行线的几何学，这便是黎

---

① 参见：马克思恩格斯全集：第二十卷 [M]. 中共中央马克思恩格斯列宁斯大林著作编译局，译. 北京：人民出版社，1971：557.

曼几何。特别是，这三种几何体系都有着明确的现实背景①。但在一般情况下，我们讨论的数学问题的范围是有限的且时间是短暂的，因此，数学的论证必须使用同一律。数学同一律可以用数学的定义表述如下：

数学同一律。如果一个集合 A 是确定的，那么可以确切判断一个元素 x 是否属于集合 A，在论证过程中这个关系保持不变。

可以看到，这样的表述与话题 1 中的第一个要求、即"数学概念的所指必须足够明确"的表达形式完全一样。事实上，只有借助这样的表达，我们才可能判断一个数学性质命题是否成立。

从表面看，现代数学的某些研究领域的研究似乎不符合数学同一律，但究其本质是不悖的。比如模糊数学，虽然一个元素是否属于一个集合可以是模糊的，但这个元素是否属于这个集合依赖于闭区间 $[0, 1]$ 上取值的示性函数，这个示性函数本身是不变的，符合数学同一律。又如概率论与统计学，虽然随机变量的取值可以不确定，但随机变量取某一个值的概率是不变的，符合数学同一律。

对于数学推理，基于等价性原则，人们把数学同一律拓展为 $A = B$ 的形式。这样的拓展对于数学的发展非常重要，比如现代数学的基础是 ZF 集合论公理体系，公理体系中的第一个公理——外延公理就采用了这样的表达形式②，外延公理说，如果集合 A 中的元素都属于集合 B，集合 B 中的元素都属于集合 A，那么这两个集合等价，表示为 $A = B$。注意，两个等价集合中的元素形式未必完全一样。比如关于有理数的表达，A 集合中的元素可以是所有可以表示为分数形式的数，B 集合中的元素是所有可以表示为有限小数或无限循环小数

---

① 详细的讨论参见本书话题 16。
② 关于集合论公理体系，可以参见：史宁中. 数学基本思想 18 讲 [M]. 北京：北京师范大学出版社，2016：附录 2. 德国逻辑学家弗雷格非常重视这样的区别，他用 $a = a$ 和 $a = b$ 这两个等式的不同，讨论了意义和意谓之间的差异，参见：弗雷格. 弗雷格哲学论著选辑 [M]. 王路，译. 北京：商务印书馆，2006：119.

的数，虽然这两个集合中元素的形式不尽相同，但可以证明这两种形式是等价的。由此可以看到，这样的拓展对于数学的发展至关重要。

数学矛盾律。不仅在数学中，即便是在现实生活中，矛盾律都是判断事物的基本原则。矛盾律说：正命题与否命题不能同时成立。如果用 $F(P)$ 表示一个关于性质 P 的性质命题，用 $F^c(P)$ 表示这个性质命题的否命题，那么可以把矛盾律表示为 $F(P) \cap F^c(P) = \varnothing$ 的形式。现有资料表明，矛盾律最初是亚里士多德提出的，他在《形而上学》中写道[①]：

> 我们明确主张，事物不可能同时存在又不存在，由此我们证明了它是所有原本中最为确实的。有些人由于学养不足，认为需要对此加以证明，但是他们不知道哪些应当证明，哪些不应当证明，这正是学养不足的表现。

于是，人们遵循亚里士多德的建议，把矛盾律作为不证自明的判断原则。在汉语中，矛盾这个词出自春秋战国时期的一个寓言[②]，就像寓言所述说的那样，这个原则与人们的生活常识是一致的。矛盾律也可以用数学定义的形式表述如下：

数学矛盾律。用 P 表示数学性质命题中的性质，那么对于任何集合 A，都不存在 $x \in A$，使得 $x \to P$ 和 $x \sim P$ 同时成立。

虽然对于同一个事物，矛盾的双方不能同时成立，但在事物产生与发展的过程中，可以认为矛盾的双方是同时存在的，这种思想是中国古代哲学解释世界的基本出发点，如《周易·系辞传》所说的"一阴一阳之谓道"，其中"一阴一阳"就是矛盾的双方[③]。老子更是把"道"上升为哲学概念，标志着中国哲学的诞生。《老子》中有大量"正言若反"的表达：有无相生，难易相成，长短相较，高下相倾，音声相和，前后相随。大约在 18 世纪，德国哲学家黑格尔受中国古

---

① 参见：苗力田. 亚里士多德全集：第七卷 [M]. 北京：中国人民大学出版社，1997：91.
② 出自《韩非子·难一》.
③ 英国历史学家汤因比非常重视中国的这种发明，并以此建立他的历史观，参见：汤因比. 历史研究 [M]. 刘北成，郭小凌，译. 上海：上海人民出版社，2005：62.

代哲学的启发，提出了基于辩证的思维方法①。

无论如何，对于一件具体事物的判断，矛盾律这个原则总是成立的。矛盾律对数学推理非常重要，本书问题 15 中讨论过矛盾律是数学反证法的逻辑前提，没有这个原则数学将寸步难行。

数学排中律。排中律也是命题判断的基本定律：一个命题不是真的就是假的。仍然用 $F(P)$ 表示一个关于性质 P 的性质命题，用 $F^c(P)$ 表示命题的否命题，那么可以把排中律表示为 $F(P) \cup F^c(P) = 1$ 的形式。排中律也是亚里士多德在《形而上学》中提出的，在下面的论述中可以看到，亚里士多德在提出这个原则时表现出犹豫不决②：

> 在对立陈述之间不允许有任何的居间者，对于一事物必须要么肯定要么否定其某一方面……如果不是为理论而理论的话，在所有对立物之间，应当存在居间者，故一个人可能既以其为真又以其为不真。在存在与不存在之外它也将存在，因此，在生成和消灭之外有另外某种变化。

这是因为，与矛盾律不同，排中律的原则过于极端，完全取消了中间状态，以至于在日常生活中不一定合适。比如，评价一道菜，人们很难接受这个菜要么就是辣的要么就是不辣的判断原则，常常会说这个菜比较辣，或者这个菜不太辣。特别是中国传统文化，很难接受"非此即彼"的思维模式，比如，很难接受"非福即祸""非强即弱"这样的二分法。

虽然数学的产生离不开现实世界，但正如我们将要在话题 4 讨论的，数学的发展最终要脱离现实世界，实现研究对象的符号化、证明过程的形式化、论证逻辑的公理化。针对这种"为了理论而理论"的学问，正如亚里士多德所说，数学还是需要排中律的。排中律可以用数学定义的形式表述

---

① 参见：史宁中. 论《老子》的思维逻辑 [J]. 哲学研究，2014（2）：50-55.
② 参见：苗力田. 亚里士多德全集：第七卷 [M]. 北京：中国人民大学出版社，1997：106-107.

如下：

数学排中律。用 P 表示数学性质命题中的性质，那么必然存在一个集合 A，使得任何 $x \in A$，满足 $x \rightarrow P$ 或者 $x \sim P$。

比较数学矛盾律定义中"对于任何集合 A"的表述，数学排中律定义只要求"必然存在一个集合 A"。需要特别强调，对于统计学的许多问题，不能直接套用数学排中律，比如假设检验问题，一个检验统计量否定了原假设，并不意味就必须接受对立假设。

如问题 15 的讨论，排中律也是数学反证法的逻辑前提。如果同时承认矛盾律和排中律，那么数学的性质命题将会得到这样的表达：$F(P) \cap F^c(P) = \varnothing$，$F(P) \cup F^c(P) = 1$，这样的表达对于数学基于符号的逻辑推理非常必要。

因为数学推理的对象是数学命题，数学推理是从数学命题判断到数学命题判断的思维过程，我们确立判断数学命题的原则，就意味着确立了数学推理的思维基础，或者数学推理的准备工作已经完善。接下来我们要讨论的是那些具有传递性的、相对具体的推理方法，比如，话题 3 将要讨论三段论的论证形式。

 三段论与数学证明

我们曾经说到，欧几里得的论证问题的思维方式可能受到亚里士多德的影响，主要是指欧几里得对命题的证明通常都是采用三段论的。三段论也是亚里士多德的发明，他非常重视三段论，认为三段论是包括数学证明在内的更广泛的论证形式①：

---

① 参见：亚里士多德. 工具论：后分析篇 [M]. 余纪元，等译. 北京：中国人民大学出版社，2003：88.

我们之所以要在讨论证明前先讨论三段论，是因为三段论更加普遍些。证明是一种三段论，但并非一切三段论都是证明。

这里所说的证明主要是指数学的证明。

后来人们发现，亚里士多德对数学证明的认识不够全面，因为就论证形式而言，三段论不能包含所有的数学证明形式，比如《义务教育数学课程标准（2022年版）》给出的关系传递：

$$a=b,\quad b=c \to a=c$$

其形式就不属于三段论的范畴。但是无论如何，数学的证明是依据规则的推理[①]，其中一类规则的思维基础和表达形式就是三段论，因此，为了更好地理解数学的证明，认真分析三段论是必要的。

<u>经典三段论</u>。三段论有不同的类型，亚里士多德称这些类型为格，亚里士多德定义了三种格，后来中世纪经院学者又增加了第四格。现在人们已经证明，后三种格都可以归结为第一格[②]。第一格又分为四种型，为了便于比较分析，我们把亚里士多德对这四种型的举例一并归纳下：

全称肯定型：凡人都有死，苏格拉底是人，所以苏格拉底有死。

全称否定型：没有一条鱼是有理性的，所有的鲨鱼都是鱼，所以没有一条鲨鱼是有理性的。

特称肯定型：凡人都有理性，有些动物是人，所以有些动物是有理性的。

特称否定型：没有一个希腊人是黑色的，有些人是希腊人，所以有些人不是黑色的。

从上面的阐述可以看到，虽然亚里士多德讨论的不是数

[①] 这个命题可以拓展到更为一般的形式：所有的逻辑推理都是依据规则的推理。所说的规则就是传递性，包括关系传递和性质传递两种形式，三段论表述的是性质传递。具体讨论参见：史宁中. 试论数学推理过程的逻辑性：兼论什么是有逻辑的推理 [J]. 数学教育学报，2016（4）：1-16.

[②] 参见：罗素. 西方哲学史：上卷 [M]. 何兆武，李约瑟，译. 北京：商务印书馆，1963：235.

学的证明，但已经构建了数学证明形式的基本框架。下面我们逐一分析这四种型，讨论它们与数学证明的关系。

<u>全称肯定型</u>。全称肯定型三段论的三个命题形式都是全称肯定命题，也称 AAA 型。亚里士多德给出的例子是：

凡人都有死，苏格拉底是人，所以苏格拉底有死。

这是由三个性质命题组成的论证形式，依次称为大前提、小前提、结论。可以看到，这就是第一部分讨论的简单推理，依次称为前提命题、论据命题、结论命题。

我们用数学语言表达全称肯定型的论证过程。如果用 A 表示所有人的集合，用 x 表示苏格拉底这个人，用 P 表示死这个性质，那么上面的推理形式可以表达为：

$A \rightarrow P$，如果 $x \in A$，则 $x \rightarrow P$。

这个论证形式与本书问题 4 所讨论的演绎推理的表述形式完全一致，因此，这样形式的推理是有逻辑的，得到的结论必然成立，也就是说，如果前提为真，那么结论为真。

按照思维常理，人们会认为这个形式的推理似乎多此一举：如果所有人都会死，那么苏格拉底这个具体的人当然也会死；并且，这个形式的推理似乎本末倒置，因为前提命题"所有人都有死"的验证要比结论命题"苏格拉底有死"的验证困难得多。可以看到，这样的思维方法是非常特殊的，事实上，古希腊以外的其他古老民族都没有产生过这样的思维方法[1]。但无论如何，这样的论证形式在辩论的过程中，特别是在数学证明的过程中是行之有效的。

在数学证明的过程中，前提命题通常是公理、假设或已知事实，结论命题述说的性质与前提命题述说的性质是一样的，因此，证明的关键在于验证中间命题是否成立，这也是称中间命题为论据命题的缘由。下面，我们通过三段论的省略形式进一步分析论据命题的重要性。在日常生活中，人们

---

[1] 详细讨论参见：史宁中. 数学基本思想 18 讲 [M]. 北京：北京师范大学出版社，2016：第十三讲.

论述问题往往会省略论据命题，把全称肯定型表达为：

凡人都有死，所以苏格拉底有死。

在日常生活中，这种省略形式的三段论或许可以，但在数学证明的过程中，却一定要慎重使用，否则不仅会导致论据不足，甚至会引发错误的结论。比如，

凡数都可以比较大小，所以复数可以比较大小。

这个结论显然是不对的，因为复数不可以比较大小，引发错误的原因就在于这个表述中省略了"复数是数"这个论据命题，进而缺少对这个命题的判断，于是就得出试图"蒙混过关"的结论。

全称否定型。全称否定型三段论的三个命题形式分别是全称否定、全称肯定、全称否定，也称 EAE 型。亚里士多德给出的例子是：

没有一条鱼是有理性的，所有的鲨鱼都是鱼，所以没有一条鲨鱼是有理性的。

全称否定型的推理形式与全称肯定型一致，只是前提命题和结论命题均为否定形式的性质命题。如果用 A 表示所有的鱼，用 x 表示鲨鱼，用 P 表示理性，那么上面的推理形式可以表达为：

$A \sim P$，如果 $x \in A$ 或者 $x \subseteq A$，则 $x \sim P$。

这种形式的推理依然属于演绎推理，可以称为否定形式的演绎推理，如果前提否定是正确的，那么结论否定也必然是正确的。我们可以考虑一个数学的例子：

有理系数方程的根不可能是 π，所有整数是有理数，所以整数系数方程的根不可能是 π。

与全称肯定型的论证形式比较，有一个问题应当引起注意，这就是：全称肯定型中论据命题关注的是一个元素，而全称否定型中论据命题关注的往往是集合 A 的一个子集合。比如在上面的例子中，所有整数组成一个集合，这个集合是

自然数集合的一个子集合。

事实上，子集合的推论也可以用于全称肯定型，因为可以把元素 x 用子集合替代。亚里士多德没有注意到这样的区别，但现代逻辑学家认为这样的分辨区别非常重要。比如，罗素就认为这样的变化可能会出现逻辑上的问题，他曾经把亚里士多德关于苏格拉底的经典例子变化为：

凡人都有死，所有希腊人都是人，所以所有希腊人都有死。

针对这样的表述形式，罗素认为有一个问题是需要注意的，这就是：判断"苏格拉底是人"与判断"所有希腊人都是人"是不一样的，前者是具体的存在，后者是抽象的存在，因此，后者的陈述比前者的陈述在形式上要复杂得多。罗素认为不能混淆这样的陈述，因为这种纯形式的错误，是形而上学与认识论中许多错误的一个根源。

但是，罗素所说的问题对于数学推理来说是不存在的，因为数学研究的对象就是抽象的东西，我们只需要把全称肯定型的推理形式变化为：

$A \rightarrow P$，如果 $B \subseteq A$，那么 $B \rightarrow P$。

事实上，集合中的一个元素也可以构成这个集合的子集，因此，可以认为上面的表达是全称肯定型推理的一般形式。

但罗素所说的，判断抽象存在要比判断具体存在困难，这是千真万确的。如同前面所说，这就是三段论推理形式的本质：把判断困难的、具有一般性的命题作为前提，把判断不困难的、具有特殊性的命题作为结论。可是，也只有这样，才能保证得到的结论必然正确。

上述两种形式的三段论之所以称为全称型，不仅仅是因为前提命题表述的是一个集合 A 中所有元素具有某一种性质，更重要的是，论据命题指明的研究对象是集合 A 中的一个元素或子集，结论命题表述的是这个元素或子集具有相同的性质。

与此对应，三段论第一格的后两种形式被称为特称型，与全称型不同之处在于，论据命题指明的研究对象是包含集合 A 的更大的集合 B，结论命题表述的集合 B 中存在一类特殊的元素或子集具有与前提命题表述的同样的性质，因此这样的表述是特称的。因为结论命题表述的特称蕴含着前提命题表述的对象 A，所以得到的结论必然正确。更确切地说，如果前提命题的结论为真，那么结论命题的结论也为真。下面，我们具体讨论经典三段论的后两种型。

特称肯定型。特称肯定型三段论的三个命题分别是全称肯定、特称肯定、特称否定，也称 AII 型。亚里士多德给出的例子是：

凡人都有理性，有些动物是人，所以有些动物是有理性的。

如果用 A 表示人，用 B 表示动物，用 P 表示有理性这个性质，则可以用数学的语言把上面的推理形式表达为：

$A \to P$，如果 $A \subseteq B$，则存在 $a \in B$ 使得 $a \to P$。

可以看到，对于数学的推理，上述论证形式没有任何意义，这是因为数学的结论必须是一般的，只是认定了某些特殊情况是没有意义的。比如哥德巴赫猜想，容易验证小于 100 的偶数（不包括 2）都可以表示为两个素数和的形式，可以得到下述特称肯定型的推理形式：

所有 100 以下的偶数（不包括 2）都可以表示为两个素数的和，有些偶数是 100 以下的，所以有些偶数可以表示为两个素数的和。

显然，这样推理得到的结论对于数学没有任何意义。

特称否定型。特称否定型三段论的三个命题分别是全称否定、特称肯定、特称否定，也称 EIO 型。亚里士多德给出的例子是：

没有一个希腊人是黑色的，有些人是希腊人，所以有些人不是黑色的。

如果用 A 表示希腊人，用 B 表示人，用 P 表示黑色的这个性质，可以用数学的语言把上面的推理形式表达为：

$A \sim P$，如果 $A \subseteq B$，则存在 $a \in B$ 使得 $a \sim P$。

可以看到，对于数学的论证，特称否定型三段论是强有力的，因为对于数学，进而对于科学，否定结论只需要举出一个反例。比如，关于尺规作图三等分角的问题，虽然只讨论了 $60°$ 角这一种情况①，但基于这种情况可以得到特称否定型推论：

$60°$ 角是不能三等分的。有些角是 $60°$ 角。所以，尺规作图三等分角是不能的。

这样的证明形式在数学中屡见不鲜。

整体演绎推理。可以看到，虽然可以把三段论的论证形式划分为全称型和特称型，但在本质上，与我们在问题4讨论的演绎推理的表述形式是一致的。现在，我们拓展三段论的论证形式，即把简单演绎推理拓展到更为复杂的推理过程，依然借助传递性的准则。

称一个推理过程是整体演绎推理，如果这个推理过程可以分解为若干个简单演绎推理首尾相接的形式，使得前项的结论命题是后项的前提命题。

这里所说的简单演绎推理，是指问题4中所说的由三个性质命题构建的演绎推理形式，是第一类具有性质传递性的逻辑推理，其中三个命题分别为：前提命题、论证命题、结论命题。这样，可以用数学的语言把整体演绎推理表达为：

$A \to P$，如果 $B \subseteq A$，那么 $B \to P$；如果 $x \in B$，则 $x \to P$。

这样的论证形式是具有传递性的，因为命题的论证对象或者论证对象的替代物始终保持不变，最初命题述说的性质

---

① 关于 $60°$ 角不能三等分的讨论，参见：史宁中. 数形结合与数学模型：高中数学教学中的核心问题 [M]. 北京：高等教育出版社，2018：48-49.

与最终命题述说的性质也始终保持不变,这样就定义了一个推理过程的整体逻辑性,也可以用三段论的形式述说这样的论证形式。

复合三段论。无论是日常生活中的问题,还是纯粹的数学问题,一个有逻辑的推理过程往往可以表示为复合三段论的形式,进而形成整体演绎推理。下面我们借助一个数学推理的过程分析复合三段论的逻辑性。

三角形内角和等于 $180°$,两个直角和等于 $180°$,所以一个三角形不能有两个角等于或大于直角。等腰三角形两个底角相等,所以等腰三角形的底角不能等于或大于直角。小于直角的角为锐角,所以等腰三角形的底角为锐角。

这个推理是由三个全称肯定型三段论组成的,形成传递性连接,即前项的结论命题是后项的前提命题,符合整体演绎推理的表达形式,因此整个推理过程是有逻辑的。分析上面的论证过程还可以知道,满足性质的论证对象的范围由大到小,即由一般三角形的两个角到等腰三角形的两个底角,这样就保证演绎推理的传递性结构,也就是人们通常所说的从一般到特殊,因此得到的结论必然正确。

需要特别注意的是,上述推理过程中的简单推理只能是演绎推理的形式,而不能是归纳推理的形式、即不能是满足性质的论证对象的范围由小到大,否则会引发一系列的谬误。我们分析一个诡辩的经典论述,这是鲁迅在文章《论辩的魂灵》中对某些顽固派诡辩方法的描述:

你说甲生疮,甲是中国人,就是说中国人生疮了。既然中国人生疮,你是中国人,就是你也生疮了。你既然也生疮,你就和甲一样。而你只说甲生疮,则竟无自知之明,你的话还有什么价值?倘你没有生疮,是说谎也。

这个推理显然是荒谬的,可是导致错误的原因是什么呢?

一般来说,诡辩最常用的方法就是整个推理过程貌似符合演绎推理的形式,但在其中掺杂着归纳推理,于是就偷换了概念。在上文中,第一个简单推理的表述形式貌似演绎推理,但实际上是归纳推理,因为甲是中国人的特例。如问题4所述,归纳推理得到的结论或然成立,因此,把或然成立的结论命题作为第二个简单推理的前提命题是不可以的,不符合整体演绎推理的论证规则。正因为如此,导致以后推理得到的结论是荒谬的,甚至以后的推理过程表述得越严谨,得到的结论越荒谬。

此外,还可以把三段论拓展到假言三段论的论证形式,在本质上,假言三段论就是把简单推理中的三个性质命题更换为关系命题,这样的论证形式也经常出现在数学证明的过程中。

基于公理体系和运算法则的四则运算

从小学数学开始,数的认识借助现实背景,数的运算述说实际意义,然后通过数学符号予以表达,经历了从感性具体到感性一般、从感性一般到理性具体的思维过程,这是数学第一层次的抽象。但是,数学最终要脱离现实背景和实际意义,实现研究对象的符号化、证明过程的形式化、论证逻辑的公理化①,经历从理性具体到理性一般的思维过程,这是数学第二层次的抽象。

虽然第二层次抽象的学习需要到大学阶段的数学教学,但是,这种学习应始于初中数学教学。下面讨论如何基于算术公理体系产生自然数和加法,然后讨论基于运算法则的四则运算,最后讨论逆运算与数域的扩充。

基于算术公理体系的自然数。对于数学第二个层次的抽象,所有数都源于自然数,自然数是通过算术公理体系定义

---

① 这样的数学特征是19世纪逐渐形成的,现代数学不可或缺的算术公理体系、几何公理体系、集合论公理体系、概率论公理体系等,都是在那个时代成熟起来的。

的，其他数的产生均是源于运算的结果。

1889年，意大利数学家皮亚诺发表了题为《用一种新方法陈述的算术原理》的论文，提出了算术公理体系，利用"直接后继"的概念，从1开始通过"直接后继"产生1以后的所有自然数，也就是自然数的形成过程为：$2=1+1$，$3=2+1$，$4=3+1$，…直到产生无穷多个自然数。这样的产生过程意味着，用什么样的符号表达自然数不是本质的，甚至十进制的表达也不是本质的，自然数的本质是：自然数是一个一个大起来的。

后来，皮亚诺又把自然数改为从0开始。这是因为，如果自然数不从0开始，那么0将不是任何自然数的后继；没有0就不能通过加法定义相反数，就产生不了负数，自然数集合将不能得到扩充。为了保证自然数的唯一性以及加法运算的可行性，算术公理体系提出下面九条公理：

1. $0 \in \mathbf{N}$。

2. $a \in \mathbf{N}$，则 $a = a$。

3. a，$b \in \mathbf{N}$，$a = b$ 等价于 $b = a$。

4. a，b，$c \in \mathbf{N}$，如果 $a = b$，$b = c$，则 $a = c$。

5. $a = b$，如果 $b \in \mathbf{N}$，则 $a \in \mathbf{N}$。

6. 如果 $a \in \mathbf{N}$，则 $a + 1 \in \mathbf{N}$。

7. a，$b \in \mathbf{N}$，如果 $a = b$，则 $a + 1 = b + 1$。

8. $a \in \mathbf{N}$，则 $a + 1 \neq 0$。

9. 令 A 是一个类，$1 \in A$。如果 $a \in \mathbf{N} \cap A$，则必有 $a + 1 \in A$，那么，$\mathbf{N} \subseteq A$。

其中 $\mathbf{N}$ 表示自然数的集合。

在上述公理体系中，第5条是说：与自然数等价的元素都是自然数，保证了自然数的唯一性，也就是说，自然数与表达形式无关；第6条是说：自然数是一个一个扩大的。算术公理体系彻底摆脱了现实背景和实际意义，实现了最一般意义的抽象：任何"数系"只要满足公理体系，那么这些"数系"就是等价的。这就保证了计算机的"二进制"计算与通常使用的"十进制"计算的一致性。

公理体系中的第 7 条和第 8 条是非常重要的,这两条公理保证了自然数的后继是唯一的,进而保证了用"直接后继"产生自然数的合理性。比如,要说明 $4 \neq 3$,可以用反证法来证明这个结论:如果假设 $4 = 3$,那么根据第 7 条公理有 $3 = 2$,$2 = 1$,进而 $1 = 0$,这个结果与第 8 条公理矛盾,因此假设不成立,根据排中律有 $4 \neq 3$。

<u>基于算术公理体系的加法</u>。通过"直接后继"的方法可以定义加法。第 3 条公理保证符号"="的对称性,可以如下定义加法:

$$1 = 0+1 \longleftrightarrow 0+1 = 1$$
$$2 = 1+1 \longleftrightarrow 1+1 = 2$$
$$3 = 2+1 \longleftrightarrow 2+1 = 3$$
$$4 = 3+1 \longleftrightarrow 3+1 = 4$$
$$\cdots\cdots$$

虽然上述表示是等价的,但含义却有本质的不同,等号左边定义的是自然数,等号右边定义的是自然数的加法。自然数的加法是从加 1 开始的。下面讨论如何把加 1 的加法拓展到一般,这要用到数学归纳法,公理体系的第 9 条述说了数学归纳法的公理框架①。

令 $P(a)$ 是与元素 a 有关的命题,用 A 表示关于命题 $P(a)$ 成立的元素 a 所构成的集合。通过公理 9 可以知道:对于任何自然数 a(表示为 $a \in \mathbf{N}$),如果命题 $P(a)$ 成立(表示为 $a \in \mathbf{N} \cap A$)必然有 $P(a+1)$ 成立(表示为 $a+1 \in A$),那么,这个命题对所有自然数都成立(表示为 $\mathbf{N} \subseteq A$)。可以看到,这正是数学归纳法的论证过程。下面,借助数学归纳法定义自然数的加法。

从 0 开始。

对于任意自然数 $a \in \mathbf{N}$,由公理 6 可以得到 $a+1$。

---

① 参见:陶哲轩. 陶哲轩实分析 [M]. 王昆扬,译. 北京:人民邮电出版社,2008:16.

如果对于自然数 $b \in \mathbf{N}$，得到 $a+b$。

可以进一步得到 $a+(b+1) = (a+b)+1$。

根据公理 9，加法对 a 加上所有的自然数成立。

因为 a 是任意自然数，所以加法对所有自然数成立。

上面的论述可能有些抽象，为了便于理解，我们举一个具体的例子来说明上面的论述。比如，首先定义基于自然数 5 的加法，通过公理 6 可以得到 5+1。又因为

$$5+2 = 5+(1+1) = (5+1)+1$$

就得到了 5+2。进一步，因为

$$5+3 = 5+(2+1) = (5+2)+1$$

就得到了 5+3。如此类推，就得到了所有基于 5 的自然数的加法运算。而"如此类推，就可以得到"的合理性是由公理 9 保证的。因为上面论证的出发点自然数 5 是任意选取的，这就证明了加法运算对于所有的自然数是成立的。

或许有人认为，这样产生加法真是多此一举。但是为了保证数学的合理性，数学家们不能不这样小心翼翼。虽然基础教育阶段的数学教育不需要用这样的方法解释自然数以及自然数的加法，但是对于数学教师来说，了解现代数学的研究路径是必要的。作为一种折中，《义务教育数学课程标准（2022 年版）》是通过计数单位实现数认识和数运算的抽象，这是一种构造性的方法。

需要强调的是，对于数学的第二次抽象，只有自然数和加法是规定的，其他运算包括逆运算都是通过性质和算律得到的，其他的数都产生于逆运算的运算结构。我想，义务教育阶段的数学教师最好能够理解这样的拓展过程，在这样的过程中理解数学运算的本质：算律决定算理，算理决定算法，并且把这样的理解落实在数学教学的过程之中。下面我们逐一讨论。

==基于相反数定义的减法==。如问题 8 中所说的，负数也是对数量的抽象，与正数的关系是：数量相等，意义相反。但是，为了脱离现实背景和实际意义，人们基于加法和 0 定义

了相反数，于是从运算的角度得到了负数。

现在，我们借助相反数定义减法，进而得到基于自然数公理体系的减法运算。回顾相反数的定义，对于任意 $a \in \mathbf{N}$，如果 b 满足 $a+b=0$，则称 b 为 a 相反数。令
$$\mathbf{Z} = \{a, b; a+b=0, a \in \mathbf{N}\}$$
$\mathbf{Z}$ 是包括所有自然数和相反数的集合，称为整数集合。在整数集合 $\mathbf{Z}$ 中，正整数与负整数互为相反数。这样，通过相反数使得数域得到扩充：从自然数域扩充到整数域。

对于 $a, b \in \mathbf{N}$，定义 $a-b=a+(-b)=c$ 为减法运算，称其中的 a 为被减数，b 为减数，c 为差，这就是基于加法运算和相反数定义的减法运算。因为通过减法运算得到的差必然是整数，所以整数集合对于减法运算封闭。

显然，如果 $a-b=c$，那么 $a=b+c$，也就是说，被减数是减数和差的和，因此可以把减法运算看作加法运算的逆运算，这就回归到最初的基于实际意义的减法运算。

<u>基于运算律定义的乘法</u>。我们在自然数集合 $\mathbf{N}$ 上定义一种运算，用符号 $*$ 表示，满足以下性质和算律。

对于任意自然数 $a, b, c \in \mathbf{N}$，

满足性质：$a*0=0$；$a*1=a$。

满足算律：交换律 $a*b=b*a$；

结合律 $(a*b)*c=a*(b*c)$；

分配律 $(a+b)*c=a*b+a*c$。

下面证明，我们所定义的运算与通常所说的乘法运算是一致的。首先考虑自然数集合，对任意 $a, b \in \mathbf{N}$，把通常所说的乘法表示为 $a \times b$，那么

先讨论对于 2 的运算：

$2*a=(1+1)*a=1*a+1*a=a+a=2\times a$，与乘法运算一致。

如果 $k \in \mathbf{N}$，$k*a=k\times a$ 成立，我们验证 $k+1 \in \mathbf{N}$ 的情况：

$(k+1)*a=k*a+1*a=k\times a+1\times a=(k+1)\times a$，与乘法运算一致。

根据数学归纳法，证明了上述结论。

这样，我们就证明了在自然数集合，两个性质和三个算律定义的运算与通常所说的乘法运算一致。为了把这样定义的运算拓展到整数集合，需要讨论有负数参与的运算。事实上，只需要证明
$$-1*1 = 1*(-1) = -1, \quad (-1)*(-1) = 1$$
这两个式子成立。因此可以把我们定义的乘法运算拓展到整数集合，并且说明在整数集合，我们定义的乘法运算与通常所说的乘法运算也是一致的，进而说明乘法运算完全可以由两个性质和三个算律定义。这两个等式证明如下：

从第一个性质出发，可以得到
$$\begin{aligned}0 &= 0*1 \\ &= [(-1)+1]*1 \\ &= [(-1)*1] + 1*1 \\ &= [(-1)*1] + 1\end{aligned}$$

因为1的相反数为-1，我们就证明了第一个等式。其中，第二个等式成立源于相反数的定义，第三个等式成立源于分配律，第四个等式成立源于第二个性质。类似地，可以得到
$$\begin{aligned}0 &= 0*(-1) \\ &= [(-1)+1]*(-1) \\ &= [(-1)*(-1)] + [1*(-1)] \\ &= [(-1)\times(-1)] + (-1)\end{aligned}$$

因为-1的相反数为1，我们就证明了第二个等式。其中，最后一个等式利用了第一个等式的结论。

通过上面的论述可以知道，与加减运算一样，乘法运算可以通过现实背景和实际意义得到，也可以通过运算的性质和算律定义。因为通过性质和算律定义的乘法是形式化的，这样，乘法运算就摆脱了现实背景和实际意义的束缚，实现了数学的一般性。

十进制的乘法运算：算律决定算理、算理决定算法。上面所定义的乘法是基于一般意义的自然数，但在日常生活和

生产实践中，人们所使用的数是基于十进制表达的自然数，这就涉及具体算法。中国古代发明了九九表，得到了一位数乘以一位数的计算方法，下面讨论，如何把九九表的计算方法拓展到任意自然数。

假设我们已经知道了两位数乘以一位数的算法，分析如何进行两位数乘以两位数的算法。我们通过一个具体的例子说明，有兴趣的读者可以尝试自己拓展到一般形式。比如，计算 23×15，为了得到通常的计算乘法的竖式，需要进行横式的展开：

$$23 \times 15 = 23 \times (10+5) = 23 \times (5+10) = 23 \times 5 + 23 \times 10$$
$$= 115 + 230 = 345$$

其中用到了交换律和分配律。

在上述的计算过程中，利用分配律把乘法分解为两项乘法之和，第一项和第二项分别为竖式计算的第一项和第二项，而这两项的运算假定是已知的，这样就实现了乘法算法从未知到已知的转换，这样的转换依赖算律。事实上，还可以进行这样的横式展开：

$$23 \times 15 = 23 \times (10+5) = 23 \times 10 + 23 \times 5 = 230 + 115 = 345$$

于是，我们可以得到另一种竖式的计算方法。不仅如此，还可以把第一个乘数分解，进一步得到不同的横式展开和相应的竖式计算。这样，如果把横式称为算理，把竖式称为算法，那么，乘法运算的一般规律就是：算律决定算理，算理决定算法。显然，我们可以用类比的方法，把乘法运算拓展到任意十进制的数值计算。

基于倒数定义的除法。我们知道，除法是乘法的逆运算：如果把乘法表示为 $a \times b = c$，就可以把除法表述为 $c \div b = a$，这是基于实际意义的定义。同样，为了脱离现实背景和实际意义，可以通过乘法和 1 定义倒数，进而定义除法，实现形式化定义的乘法逆运算。

首先定义倒数。对于任意 $a \in \mathbf{Z}$，如果 a 不为 0，那么称满足 $a \times b = 1$ 的 b 为 a 的倒数。令

$$\mathbf{R} = \{a, b; a \times b = 1, a \in \mathbf{Z} - \{0\}\} + \{0\}$$

这是一个包括所有整数和相应倒数的集合,称为有理数集合。因为倒数的表达是对称的,所以对于任意 $a \in \mathbf{R}-\{0\}$,如果 $a \times b = 1$,那么 a 和 b 互为倒数,通常把 a 的倒数表示为 $1/a$。

对于 a,$b \in \mathbf{R}$(其中 $b \neq 0$),定义 $a \div b = a \times (1/b) = c$ 为除法运算,称其中的 a 为被除数,b 为除数,c 为商,这就是基于乘法运算和倒数定义的除法运算。因为通过除法运算得到的商必然是有理数,所以有理数集合对于除法运算封闭。

这样,我们就在自然数公理体系的基础上,通过运算性质和算律定义了四则运算,并且通过运算把数域由自然数集合拓展到有理数集合。

话题 5 有理数与音乐的故事

古希腊的学者对数学有着近乎宗教的崇拜,这里所说的数学主要是指基于图形的几何学和基于自然数的代数学。

。毕达哥拉斯及其领导的学派非常崇拜自然数,包括表达两个自然数比例关系的分数,这使他们对数学的研究从一开始就蒙上了一层神秘色彩。恰恰是因为这样的神秘色彩,为古希腊形成演绎推理奠定了思维基础。关于这一点,罗素在《西方哲学史》中是这样评价的[①]:

> 数学,尤其是证明式的演绎推理的意义上的数学,是从他(毕达哥拉斯)开始的;而且在他的思想中数学是与一种特殊形式的神秘主义密切地结合在一起的。从他以后,而且部分由于他的缘故,数学对哲学的影响一直都是既深刻而又不幸的。

毕达哥拉斯学派对自然数的理解是深刻的,这样的深刻源于他们借助自然数理解现实世界,例如音乐。毕达哥拉斯

---

① 参见:罗素. 西方哲学史:上卷 [M]. 何兆武,李约瑟,译. 北京:商务印书馆,1963:55.

学派发现，可以把音乐归结为自然数与自然数之间的比例关系：两个绷得一样紧的弦，如果一根是另一根长的二倍，就会产生和谐的声音，这两个音相差八度；如果两个弦长的比为 3∶2，则会产生另一种和谐的声音，这两个音相差五度。由此可以得到一般性的结论：音乐的和谐在于多根弦的长度成整数比，这样，他们就发明了音阶。据说，毕达哥拉斯最初就是这样发现音乐和谐规律的，也就是音律①：

真是天赐好运，他碰巧走过一个铁匠铺，除了一片混杂的声响外，他听到了锤子敲打着铁块，发出多彩的和声在其间回响。毕达哥拉斯立即跑进铁匠铺去研究锤子的和声……他对锤子进行分析，认识到那些彼此间音调和谐的锤子有一种简单的数量关系：它们的质量彼此之间成简单比，或者说简分数。就是说，那些重量等于某一把锤子重量的 1/2，1/3 或者 1/4 的锤子都能产生和谐的声音。

尽管许多人都有类似的经验，用不同大小的碗或盛放不同水量的瓶子，可以演奏出和谐悦耳的音乐，但是要在这样的现象中把音乐和谐的规律抽象出来，并且用数学的语言予以表达，并不是一件容易的事情，这需要很好的数学素养。

在古代中国，也有一种类似定音阶的方法，称为"三分损益法"，又称"五度相生律"，记载在《管子》这本书中②，这比毕达哥拉斯还要早一些。

三分损益包括"三分损一"和"三分益一"，三分损一是将固定长度 a 进行 3 等分然后减去 1 份，得到 a 的 2/3；"三分益一"是将 a 进行 3 等分然后增添 1 份，得到 a 的 4/3。这样可以得到长度比例为 2∶3∶4，可以得到和谐的声音；把

---

① 参见：辛格. 费马大定理：一个困惑了世间智者 358 年的谜 [M]. 薛密，译. 上海：上海译文出版社，2005：54-55.

② 相传作者是管夷吾，又名敬仲，字仲，安徽颍上人，春秋时期著名政治家，曾任齐国上卿（丞相）。

这样的两种方法交替、连续运用，各音律得以辗转相生。古代中国使用五声音阶，分别命名为宫、商、角、徵、羽，相当于现在音阶的 1、2、3、5、6，这样的方法也称为五度相生律。

事实上，更为合理的音阶划分需要包含一些半音，称为十二平均律。如果把 do 音的频率与高音 do 的频率分别记为 1 和 2，相应弦长分别记为 a 和 $2a$。那么在 a 之后，每个音都是前一个音频率的 $\sqrt[12]{2}$ 倍，对应的弦长分别为

$$a_0 = a, \quad a_{i+1} = \sqrt[12]{2}\, a_i \quad (i = 0, 1, \cdots, 12)$$

这样就得到一个等比数列，公比为

$$\sqrt[12]{2} \approx 1.059\,463\,094$$

虽然这样限定的等比是一个无理数，但这个无理数大约等于有理数 1.06，这个差异所产生的音乐的差异，人的耳朵是分辨不出来的。通过运算可以得到

$$2a = a_{12}$$

就把从 do 音的频率到高音 do 的频率"平均"分为 12 份，称为十二平均律。

明代朱元璋的九世孙朱载堉对十二平均律进行了精确的计算，写在他的著作《乐律全书》和《律吕精义》之中。朱载堉得到的公比为

$$1.059\,463\,094\,359\,295\,264\,561\,825$$

这是 $\sqrt[12]{2}$ 精确到小数点后 24 位的近似值。为了得到这样的精确计算，朱载堉创造了横跨 81 档的特大算盘，这样的算盘能够进行开平方的计算。

在现代社会，十二平均律广泛应用于键盘乐器制作，源于德国作曲家巴赫于 1722 年发表的《谐和音律曲集》，这是专门述说十二平均律键盘乐器的著作。

那么，为什么音频之间成比例就可以得到和谐的声音呢？原因大概是这样的，我们听到的声音是有一定频率的声波，频率是指单位时间内声波周期性变化的次数，频率越高，则声音的音调越高，频率越低，则声音的音调越低。如果音频

之间成比例，那么对应的频率就会有跳跃的共同周期，如图 H5-1 所示，各种声音就会和谐。

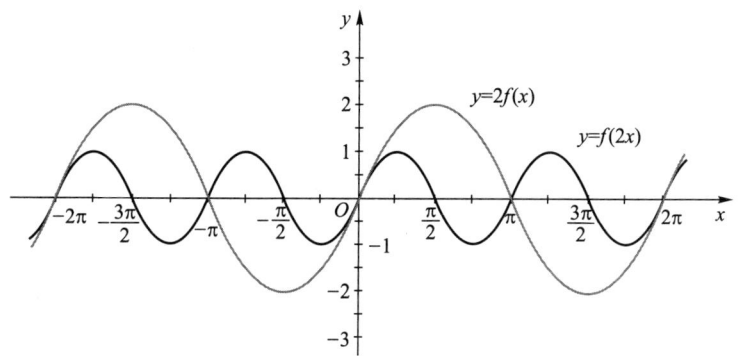

图 H5-1　音频成比例可以得到共同的周期

基于所发现的自然数与音乐的关联，毕达哥拉斯学派就更加崇拜自然数，认为自然数表现了宇宙的谐和，于是他们相信，现实世界中事物的所有关系都能用自然数予以表达，如他们所说"万物皆数"。正如亚里士多德的评价那样①：

有一些被称为毕达哥拉斯学派的人们投身数学研究，并最先推进了这门科学。经过一番研究，他们认为，数学上的本原也就是一切存在的本原，既然在各种本原中，数目自然就是最初的……此外，由于他们看到和声的比例和属性是在数目之中，所以就认为，其他的那些东西的全部本性也是由数目塑造出来的。他们认为在整个自然中数目是最初的，数目的元素也就是所有存在物的元素。整个的天是和谐的，是数目。

毕达哥拉斯在世时间大约是公元前 580 年到公元前 500 年，亚里士多德比毕达哥拉斯大约晚 200 年，因此，亚里士多德的关于毕达哥拉斯学派的述说应当比较可靠。他们把数理解为数目的存在，而数目又是所有存在的基本属性，认为

---

① 参见：苗力田. 亚里士多德全集：第七卷 [M]. 北京：中国人民大学出版社，1993：39.

万物皆数、宇宙谐和。

后来事情发生了变化，因为他们发现，边长为 1 的正方体的对角线的长度不可共度，于是他们称这样的数为无理数，并且希望用几何的方法解释代数的结论。比如，在欧几里得《几何原本》中，用尺规作图的方法解释了诸如 $\sqrt{2}$ 这样的无理数。再后来，人们终于发现用几何方法解释代数的能力是有限的（参见话题 22 的讨论）。

话题 6　算术基本定理与素数的分布

研究自然数性质的问题大多数都与素数有关，素数是指只能被 1 或者自身整除的自然数①，有些教材也称素数为质数。虽然按照定义，1 也应当是素数，但为了论述问题的方便，特别是为了表达形式唯一性的需要，人们规定素数不包括 1，称 1 和素数之外的自然数为合数。因此，这里所说的合数不是基于加法意义的，而是基于乘法意义的。

<u>算术基本定理</u>。通过素数的定义可以知道，任何大于 1 的一个自然数都可以表示为若干个素数乘积的形式，如 $15 = 3 \times 5$，$60 = 2 \times 2 \times 3 \times 5$ 等。后来人们发现，这样的表示方法是唯一的，于是就形成了下面的算术基本定理：

任意大于 1 的自然数都能表示为若干个素数乘积的形式，如果不考虑素数因子的顺序，那么表示方法是唯一的。

这个基本定理意味着，自然数中最本质的数是素数，因此可以把素数看作自然数的基本因子，于是人们对素数的研究产生了更大兴趣和动力。后来，如话题 10 所述，年轻的高斯在他的博士论文中研究了基于复数的素数，并且把算术基本定理拓展为著名的代数基本定理。

---

① 需要强调的是，这个话题所说的自然数不包括 0。

有两个关于素数的故事是众所周知的。一个故事是说，素数有无数多个，据说是欧几里得第一个证明了这个命题，并且在证明过程中创造了被称为"反证法"的数学证明方法；另一个故事是说，任意大于 2 的偶数都能表示为两个素数的和，这就是著名的哥德巴赫猜想，至今为止依然是数学最重要的猜想之一①。下面，我们再讨论两个更为深刻的与素数有关的故事。

梅森数：如何得到更大的素数。虽然说素数有无数多个，但要把素数罗列出来，或者要得到更大的素数却是不容易的，无论如何，逐个验证每一个自然数是不是素数的方法是不可取。1644 年，法国著名数学家梅森在著作《物理数学随感》中提出了一种快速验证大素数的方法，这就是计算形如

$$2^p - 1$$

的数，其中 p 是素数。梅森在书中断言，当 $p = 2$，3，5，7，13，17，19，31，67，127，257 时，这种形式的数都是素数；前 7 个数，是整理前人工作得到的；后 4 个数，是他猜测的。后来，人们称这种形式的数为梅森数，并且按照由小到大顺序依次将其称第 1 个梅森数，第 2 个梅森数……

梅森数与古希腊的一个数学猜想有关，这个猜想是关于完全数的。完全数与毕达哥拉斯学派有关，他们认为，如果一个自然数所包含的非自身的因数之和正好等于这个数，那么这个数就是一个完全数。第一个完全数是 6，因为 6 的非自身的因数是 1，2，3，而 $6 = 1+2+3$。罗马基督教思想家圣奥古斯丁在《天堂》一书中说：虽然上帝能够在瞬间创造世界，但为了表现天地万物的完满，他还是用了 6 天。第二个完全数是 28，因为 1，2，4，7，14 是 28 的全部非自身的因数，它们之和又等于 28。古希腊学者猜想，形如

$$2^{p-1} \times (2^p - 1)$$

---

① 近代数学有五个重要猜想，即四色猜想、庞加莱猜想、费马大定理、哥德巴赫猜想、黎曼猜想。20 世纪末以来，前三个猜想相继解决，其中四色猜想的证明借助了计算机。哥德巴赫猜想最好的证明依然是陈景润于 1966 年给出（1973 年补充证明）的结果：偶数=素数+素数×素数。

的数是完全数，式中第 2 个因数是一个素数。这就意味着，完全数与梅森素数相关。比如，6 是一个完全数，对应第 1 个梅森素数 3（对应 $p=2$）；28 也是一个完全数，对应第 2 个梅森素数 7（对应 $p=3$）。

1772 年，欧拉证明了 $p=31$ 时梅森数是一个素数，这是第 8 个梅森素数。同年，欧拉还证明了上述古希腊关于完全数形式的猜想是正确的，从而确立了梅森素数与完全数的关系。

然而 1903 年事情发生了变化，美国数学家柯尔否定了梅森的猜测，他得到

$$2^{67}-1 = 193\,707\,721 \times 761\,838\,257\,287$$

这就意味着当 $p=67$ 时梅森的猜测是不正确的。这个例子说明，在许多情况下，把一个合数分解为两个素数乘积的形式是非常困难的，正因为如此，人们把素数理论作为公共密钥的理论基础。

但是，在大多数情况下，梅森数不是素数，人们利用计算机验证梅森数，使得用计算机搜索更大素数成为可能。2018 年底，美国计算机专家帕特里克·罗什利用改进的互联网梅森素数大搜索（GIMPS）程序，找到了第 51 个梅森素数，这个数字是

$$2^{82\,589\,933}-1$$

是一个 24 862 048 位的数，是至今为止人们发现的最大的素数。可以预期，人们还会利用计算机不断搜寻到更大的素数。

素数定理：素数个数的分布。虽然素数有无数多个，但经验告诉我们，随着自然数的增加素数的分布一定会越来越稀疏，比如，1 到 100 之间有 25 个素数，401 到 500 之间有 17 个素数，901 到 1 000 之间只有 14 个素数；如果继续这样的方法，把 100 个正整数作为一组，那么，到 100 万的最后一组只有 8 个素数，到 10 000 亿，最后一组只有 4 个素数：

$$999\,999\,999\,937,\ 999\,999\,999\,959,$$
$$999\,999\,999\,961,\ 999\,999\,999\,989$$

素数的分布越来越稀疏，那么素数的分布是否存在规律呢？

德国天才数学家高斯曾经推导出正态随机变量的取值规律，这就是著名的正态分布函数①，他对随机现象取值规律的理解是深刻的。大约在 1792 年，15 岁的高斯就已经产生了素数分布的想法：如果用 x 表示一个正整数，用 $\pi(x)$ 表示小于等于 x 的素数的个数，比值 $\pi(x)/x$ 就表示素数的分布规律（更确切地说，应当是素数出现的频率）。年轻的高斯开始计算这个比值，他一千个一千个递增计算直到 x 大约为 100 万时，高斯凭借惊人的直觉发现，当 x 越来越大时，这个比值越来越近似于 x 的自然对数的倒数。1849 年，高斯在给他的学生、德国天文学家恩克的信中提到了这段往事，并表述了自己的猜想。

素数定理。当 x 非常大时，比值 $\pi(x)/x$ 大约等于 $1/\ln x$。

高斯始终没有发表这个结果。但从高斯得到结论的过程中可以看到数学研究的基本路径，这就是从简单的情况入手分析问题，经过一定数量的运算发现规律，最后得到一般结论，这就是基于归纳推理得到数学结论的思维方法。当然，结论是否为真还要通过演绎推理进行验证。

比高斯建立猜想晚几年，1798 年，法国数学家勒让德在著作《论数论》中首次公开发表了类似的猜想：

$$\pi(x) \approx \frac{x}{A\ln x + B}$$

其中 A 和 B 为待定系数。后来，勒让德猜想这两个系数为：$A=1$，B 趋近于 1.083 66。在前面提到的 1849 年的那封信中，高斯对勒让德的猜想表示质疑，他仍然坚持他 15 岁时的猜想，认为上述比值中的 B 不应当有②，即表示小于等于 x 的素数的个数应当为

$$\pi(x) \approx \frac{x}{\ln x}$$

---

① 参见：史宁中. 数学基本思想 18 讲 [M]. 北京：北京师范大学出版社，2016：60-61.
② 参见：德比希尔. 素数之恋 [M]. 陈为蓬，译. 上海：上海科技出版社，2014：52-54.

直到 19 世纪中叶，俄国数学家切比雪夫深入地研究了素数分布的问题，写出了两篇关于素数定理的论文。第一篇论文写于 1849 年，结论既奇怪又有趣，因为他证明了：如果存在固定的数 c，使得

$$\pi(x) \approx \frac{cx}{\ln x}$$

那么一定有 $c=1$。第二篇论文写于 1850 年，根据文章的结论可以得到著名的不等式：

$$a\frac{x}{\ln x} \leqslant \pi(x) \leqslant b\frac{x}{\ln x}, \quad x \geqslant 2$$

其中 a 和 b 是两个接近 1 的常数，并且证明：只要 x 足够大，那么 $a=0.92$，$b=1.11$。第二篇文章更为重要，因为这篇文章构造的函数启发了德国天才数学家黎曼，黎曼于 1859 年，在复变函数论中构建了一个类似的函数，被人们称为黎曼函数，黎曼函数成为黎曼猜想的基础。与哥德巴赫猜想一样，黎曼猜想是现代数学最著名的猜想之一。

1896 年，素数分布的猜想由法国数学家哈达玛和比利时数学家普森先后独立给出证明。证明过程中用到了复分析，其中用到了前面提到的黎曼函数，或者说，用到了较弱条件的黎曼猜想，导致证明过程非常间接且相当深奥。人们普遍认为，应当有一个初等的证明方法，但直到 1949 年，才由美国籍挪威数学家塞尔贝格给出了一个相对初等的证明方法。塞尔贝格因此获得 1950 年度菲尔兹奖①。同年，匈牙利数学家爱尔特希也给出了一个证明素数基本定理的初等方法，爱尔特希获得 1983 年度沃尔夫奖②。

---

① 菲尔兹奖是在四年一次的国际数学家大会上颁发给 40 岁以下数学家的奖励，誉为数学诺贝尔奖。1936 年第一次颁发，后因国际形势恶化，直到 1950 年才继续颁发。获得这个奖项的华人学者有丘成桐（1982 年）和陶哲轩（2006 年）。

② 沃尔夫奖（Wolf Prize）是 1976 年创设的，包括数学、物理、化学、医学、农业五个奖（1981 年增设艺术奖），其中数学奖荣誉最高，类似终身成就奖。获得这个奖项的华人学者有陈省身（1983 年）和丘成桐（2010 年）。

话题 7   杨辉三角与圆周率的有理数表达

初中数学有一个重要的数学公式，就是完全平方公式，这个公式是二项式展开的特殊情况。从完全平方开始，二项式展开可以依次表示为

$$(a+b)^2 = a^2 + 2ab + b^2$$
$$(a+b)^3 = a^3 + 3a^2b + 3ab^2 + b^3$$
$$(a+b)^4 = a^4 + 6a^3b + 4a^2b^2 + 6ab^3 + b^4$$
……
$$(a+b)^n = a^n + C_n^1 a^{n-1}b + \cdots + C_n^{n-1} ab^{n-1} + b^n$$

其中，系数

$$C_n^m = \frac{1}{m!} n(n-1)\cdots(n-m+1)$$

符号 $m!$ 读为 m 的阶乘，表示所有小于等于 m 的正整数的乘积，即 $m! = m(m-1)\cdots 1$。之所以称这样的系数为二项式系数，是因为这些系数是二项式展开的系数。

宋代数学家杨辉得到了一个计算二项式系数的递推方法，因为递推方法呈现三角形，于是人们称这样的方法为杨辉三角①。事实上，二项式系数表达了重要的组合结构，也称为二项组合数。上面的表达式是意大利数学家卡尔达诺给出的，记载于他的著作《机遇的博弈》中。

<u>二项式系数的推导</u>。二项式系数在组合数学中非常重要，也广泛应用于概率的计算。这样的计算对初中数学是很有意义的，甚至可以作为初中生数学探究的内容，为此我们通过具体的数值计算，分析公式所蕴含的数学思想。

考虑 $n=5$，$m=3$ 的情况，这是在指数为 5 的二项式展开式中，字母 a 的次数是 2、字母 b 的次数是 3 的那一项的系

---

① 杨辉（生卒年份不详）字谦光，钱塘（今杭州）人，南宋杰出数学家。因为杨辉给出了计算二项式系数的三角形表示法，记载在 1261 年的著作《详解九章算法》中，人们把二项式系数也称为杨辉三角。此外，因为求系数的方法源于贾宪的"开方作法本愿"图，杨辉三角又称为贾宪三角，后者记载于《永乐大典》。

数，因为这两个字母的组成有 10 种情况：

$$bbbaa, bbaba, babba, abbba, bbaab,$$
$$babab, abbab, baabb, ababb, aabbb$$

所以这一项的系数应为 10。计算对应的二项式系数公式，可以得到

$$C_5^3 = \frac{5 \times 4 \times 3}{3 \times 2 \times 1} = 10$$

这与我们通过推导得到的结论是一致的。

牛顿对二项级数的使用极为熟练，在反函数的基础上，利用他所创造的级数反演法得到正弦函数和余弦函数二项级数①的简洁对称的表达式：

$$\sin x = x - \frac{x^3}{3!} + \frac{x^5}{5!} - \frac{x^7}{7!} + \cdots + \frac{(-1)^n x^{2n+1}}{(2n+1)!} + \cdots$$

$$\cos x = 1 - \frac{x^2}{2!} + \frac{x^4}{4!} - \frac{x^6}{6!} + \cdots + \frac{(-1)^n x^{2n}}{(2n)!} + \cdots$$

基于上述表达式，容易得到 $\sin x$ 的导数为 $\cos x$，$\cos x$ 的导数为 $-\sin x$，还可以得到反正切函数的导数。如果令 $y = \arctan x$，则 $x = \tan y$，因此

$$\frac{dy}{dx} = \left(\frac{dx}{dy}\right)^{-1} = [1 + (\tan y)^2]^{-1} = \frac{1}{1 + x^2}$$

再利用牛顿-莱布尼茨公式，可以得到

$$\arctan b - \arctan 0 = \int_0^b \frac{1}{1 + x^2} dx$$

因为 $\arctan 0 = 0$，当 $b = 1$ 时，$\arctan b = \pi/4$，所以借助上面的积分表达，可以把圆周率写成定积分的形式：

$$\frac{\pi}{4} = \int_0^1 \frac{1}{1 + x^2} dx$$

进一步，利用牛顿给出的二项级数，可以得到上述积分中被积函数的展开式：

---

① 参见：爱德华. 微积分发展史 [M]. 张鸿林，译. 北京：北京出版社，1987：276-278. 在现今大学微积分教材中，这些结论很容易通过泰勒级数展开得到。

$$\frac{1}{1+x^2} = 1 - x^2 + x^4 - x^6 + \cdots$$

对上式各项逐项积分，可以得到

$$\frac{\pi}{4} = \int_0^1 dx - \int_0^1 x^2 dx + \int_0^1 x^4 dx - \int_0^1 x^6 dx + \cdots$$

计算各项积分，可以得到

$$\frac{\pi}{4} = 1 - \frac{1}{3} + \frac{1}{5} - \frac{1}{7} + \cdots$$

上述表达式表明，可以通过有理数求和的形式计算圆周率，或者反过来说，可以把圆周率写成有理数求和的形式。这个公式是莱布尼茨写给牛顿的信中首次提到的，因此人们称这个表达式为莱布尼茨公式。

话题 8  如何理解无理数

古希腊数学家丢番图在古希腊数学中独树一帜，丢番图活跃的时间大约在公元前 250 年，比欧几里得稍晚一些，欧几里得活跃的时间大约在公元前 300 年。难能可贵的是，丢番图完全脱离几何背景研究算术问题，主要研究系数是整数的方程，并且只关注方程的整数（或者正有理数）解的问题。现在人们称这类问题为丢番图问题，时至今日，这仍然是数论的一个重要分支。

在论述过程中，丢番图引入代数符号表达未知数，并且对这样的代数符号进行四则运算。一般认为，代数学发端于丢番图，形成于韦达。

丢番图甚至给出了相当现在 $1/x$ 和 x 的 3 次以上幂的表达形式，这在当时是极度抽象的符号，因为古代的人们普遍认为 2 次幂是平方，能表达物体的面积，3 次幂是立方，能表达物体的体积，这样的表达有具体的几何背景，而 -1 次幂及 3 次以上的幂无具体的几何背景，因此被认为是无现实意义的。

但丢番图也不能很好地理解无理数，比如，当一个一元二次方程式有两个根时，他不知道如何处理这两个根，于是规定：如果两个根均为有理数时，则取较大的一个；如果根为无理数或者虚数时，则认为这个方程不可解。这样，毕达哥拉斯学派发现的无理数就成为丢番图问题的一个特例，因为 $\sqrt{2}$ 是方程 $x^2 = 2$ 的一个根，按照丢番图的规定这个方程无解。

<u>面积的计算与无理数</u>。与古希腊的数学完全不同，古埃及和中国古代强调实用性的数学，他们并没有严格地区分有理数与无理数，而是关注近似值的计算，比如，面积的计算、圆周率的使用等。

几乎所有数学史的著作都认为几何学起源于古埃及。几何学之所以起源于古埃及，是因为土地测量的需要，这与古埃及人的生存环境有关。古埃及地处干旱荒芜的非洲北部，只有周期出现的尼罗河泛滥才给这片土地带来生机。尼罗河每年6月份开始泛滥，洪水大约维持四个月，于是人们每年10月在土地干涸后开始播种，第二年尼罗河再度泛滥前收获完毕。当时洪水泛滥的规模是现代人难以想象的，古希腊历史学家希罗多德曾经到过埃及，他在著作《历史》中记载①：

> 尼罗河在泛滥的时候，它不仅泛滥到三角洲上去，而且也泛滥到被认为是属于利比亚和阿拉伯的那些地方上去；它泛滥到离两岸有两天的路程的地方，有时远些，有时则近些。
>
> 当尼罗河泛滥到地面上来的时候，只有市镇才可以被看到高高地在水面之上并且是干燥的，和爱琴海上的岛屿非常相似。只有这些市镇露在水面之上，而埃及的其他地方则完全是一片水……船只实际上就是经过金字塔本身的近旁的……

尼罗河泛滥对古埃及人们的生活和经济发展影响巨大，甚至政府的税收政策也与洪水有关。国家规定：根据每年洪

---

① 参见：希罗多德. 历史：上册 [M]. 王嘉隽，译. 商务印书馆，1959：117, 150.

水的高度和耕种的土地面积征税，这就引发了几何学的诞生。关于这一点，希罗多德是这样记载的：

> 如果河水冲毁了一个人分得的土地的任何一部分土地，这个人就可以到国王那里把发生的事情报告他；于是国王便派人前来调查并测量损失地段的面积；今后他的租金就要按照减少后的土地面积来征收了。我想，正是由于有了这样的做法，埃及才第一次有了量地法，而希腊人又从那里学到了它。

希罗多德是公元前 5 世纪的人，他关于古希腊人从古埃及那里学到几何学的论述应当可信。现在通用的英文几何一词 geometry 源于古希腊语 γεωμετρια，是土地测量的意思，古希腊语几何这个词是由 γη（土地）和 μετρια（测量）复合而成。

可以看到，古埃及人发明几何学完全是为了实际的需要。他们创造了一套有效的计算土地面积的方法，其中包括三角形、长方形和梯形的面积，还包括圆面积的近似公式，这些被记录在公元前 1700 年左右的莱茵德纸草书上①。现存的文献表明，虽然古埃及人没有明确给出面积的定义，但古埃及人很清楚地知道，面积是对平面图形大小的度量。

莱茵德纸草书记载，古埃及人用"四边形两组对边之和的一半的乘积"作为计算四边形面积的公式，如果一个四边形的四个边的长度依次为 a，b，c 和 d，那么这个四边形的面积为：

$$\frac{a+c}{2} \times \frac{b+d}{2}$$

当这个四边形为长方形，即 $a=c$ 和 $b=d$ 时，计算公式为"长乘以宽"，这就是面积的基本度量单位。很多学者认为这个公式过于粗糙，但我们应当知道，古埃及人发明这个公式是为

---

① 古埃及人在纸莎草（papyrus）压制成的草片上写书，被称为纸草书。莱茵德纸草书以苏格兰收藏家莱茵德（H. Rhind）的名字命名，现藏伦敦大英博物馆。英语 paper（纸）一词就是从 papyrus 这个词演变过来的。

了测量耕种用地，而耕种用地大多近似为长方形，因此这个公式是非常实用的。

莫斯科纸草书第 14 题是一个更为复杂的求体积的问题①，原题表述如下：

如果有人告诉你，一个截面四棱锥体高为 6，底边长为 4，顶边长为 2。你将这个 4 平方，得到 16；又将它加倍，得到 8；将 2 平方，得到 4。把 16，8，4 加起来得到 28。你要取 6 的三分之一，得到 2。你要取 28 的 2 倍，得到 56。看，它是 56，你会知道它是对的。

我们用现代数学符号表述这个解题过程。设上顶正方形边长为 a，下底正方形边长为 b，高为 h，计算截面四棱锥体的体积公式为

$$V=\frac{1}{3}h(a^2+ab+b^2)$$

把 $a=2$，$b=4$ 和 $h=6$ 代入上面的公式，得到体积 $V=56$。特别是，当上顶正方形与下底正方形边长一致，即 $a=b$ 时，上面的公式恰为长方体的体积公式：底面积乘以高。

古希腊学者海伦在著作《度量》中，给出了一个用三角形的三个边长计算三角形面积的公式。如果三角形的边长分别为 a，b 和 c，令 s 为三角形周长的一半，那么三角形的面积为

$$\Delta=\sqrt{s(s-a)(s-b)(s-c)}$$

人们称这个算式为海伦公式。

在古代中国，也有类似的计算三角形面积的公式，宋代秦九韶于 1247 年完成《数书九章》这部著作②，其中第五卷

---

① 与莱茵德纸草书一样，莫斯科纸草书也是在用纸莎草压制成的草片上书写的古埃及的数学知识，是由俄国贵族戈列尼雪夫于 1893 年在埃及购得，现藏莫斯科普希金精细艺术博物馆。
② 最初书名为《数学大略》，列算题 81 问，分为 9 类。这部书不是按数学方法分类，也不只谈数学，还涉及自然现象和社会生活，是了解当时社会政治和经济生活的重要参考文献。大约到元代时更名为《数学九章》，由 9 卷改为 18 卷。1408 年，抄本收入《永乐大典》，明王应遴（？—1645）传抄时定书名为《数书九章》，沿用至今。1781 年，李锐（1768—1817）校订收入《四库全书》。

第二问题目为"三斜求积",原文如下:

问沙田一段,有三斜,其小斜一十三里,中斜一十四里,大斜一十五里。里法三百步,欲知为田几何?答曰:田积三百一十五顷。术曰:以少广求之。以小斜幂并大斜幂减中斜幂,余半之,自乘于上。以小斜幂乘大斜幂,减上,余四约之,为实。一为从隅,开平方之,得积。

这是说,如果三角形三个边长依次为:小斜 $a=13$(里),中斜 $b=14$(里),大斜 $c=15$(里),可以得到三角形的面积为 315 顷。按当时的计量单位换算:1 里为 300 步,1 顷为 100 亩,1 亩为 240 平方步。可以计算得到 1 顷 = 240×100 平方步,1 平方里 = 300×300 平方步。如果把面积换算为平方里,可以得到 (315×240×100)/(300×300) = 84(平方里)。

我们分析这个结果与海伦公式的关系,由 $s=(13+14+15)/2=21$,$s-a=8$,$s-b=7$,$s-c=6$,代入海伦公式可以得到 $21×8×7×6=7\,056$,把这个数开平方可以得到 84。可以看到,秦九韶的计算结果与海伦公式完全吻合。

那么,秦九韶是怎样计算的呢?在上文的"术曰"中解释了计算方法,称这样的计算方法为少广①,"术曰"中所说"幂"为平方的意思。用数学符号,可以把上述第一句和第二句分别表达为

$$上=\left(\frac{a^2+c^2-b^2}{2}\right)^2,\quad 实=\frac{1}{4}\left[a^2c^2-\left(\frac{a^2+c^2-b^2}{2}\right)^2\right]$$

最后,对"实"开平方就得到面积。通过上面的讨论可以看到,无论是计算的结果还是算法的解释,秦九韶"三斜求积"的方法与"海伦公式"都是一致的,于是人们也称海伦公式为秦九韶公式。可以看到,在大多数情况下,通过这样的公式计算得到的三角形面积都是无理数。

后来,人们逐渐接受了无理数,因为最初的无理数产生于以有理数为系数的高次方程的根,所以称这样的根为代数

---

① 少广为《九章算术》第四卷的题目,这一卷讨论面积与边长之间的关系,涉及开平方、开立方等概念。

数。那么，除了代数数以外还有其他的无理数吗？圆周率是无理数吗？如果是，那么圆周率也能通过解有理系数的高次方程得到吗？

圆周率与无理数。人们很早就知道圆的周长与直径之比为一个常数，圆的面积与半径平方之比为同样的常数，也就是说：圆周长/直径＝圆面积/半径平方＝常数。如果把这个常数表示为 π，把圆的半径记为 r，那么，圆的周长和面积就可以分别表示为 $2\pi r$ 和 πr^2。

古埃及人对圆的面积给出了很好的近似，他们用方的面积近似替代圆的面积，这与中国古代所说的方圆类似。《莱茵德纸草书》第 50 题说："直径为 9 的圆形土地的面积等于边长为 8 的正方形土地的面积。"如果把圆周率作为未知数，利用正方形面积和圆面积的计算公式，可以得到

$$8^2 = \pi \left(\frac{9}{2}\right)^2$$

这样，可以计算 π 约等于 16/9 的平方，即 256/81 = 3.160 5，这是大约公元前 1700 年的事情，比毕达哥拉斯学派发现无理数早一千多年。我们也可以看到，对于实用的数学而言，古埃及人没有必要研究这个数是有理的还是无理的。

表示圆周率的 π 是一个希腊字母，是表示周边、地域、圆周等意思的希腊单词的第一个字母。英国数学家琼斯在 1706 年最先使用这个字母表示圆周率，但并没有引起人们足够的重视，直到 1736 年，大数学家欧拉也开始用这个字母表示圆周率之后，这个字母才逐渐成为圆周率的代名词。

对于 π 的近似计算，古希腊学者阿基米德做出卓越的贡献，他借助单位圆，从内接正六边形和外接正六边形出发，分别拓展为内接正十二边形和外接正十二边形、内接正九十六边形和外接正九十六边形，求出圆周率的下界和上界分别为 223/71 和 22/7，取平均值 3.141 851 为圆周率的近似值[①]。

---

① 参见：梁宗巨，王青建，孙宏安. 世界数学通史：下册 [M]. 沈阳：辽宁教育出版社，2005：350-354.

在中国古代，最早有《周髀算经》记载"径一而周三"的记载①，也就是说 $\pi = 3$。后来，南北朝时期的祖冲之得到了非常精确的近似值，《隋书》卷十六《志》第十一《律历》记载的圆周率如下：

> 以圆径一亿为一丈，圆周盈数三丈一尺四寸一分五厘九毫二秒七忽，朒数三丈一尺四寸一分五厘九毫二秒六忽，正数在盈朒二限之间。密率，圆径一百一十三，圆周三百五十五。约率，圆径七，周二十二……所著之书，名为《缀术》，学官莫能究其深奥，是故废而不理。

是说，祖冲之得到圆周率在 3.141 592 6 和 3.141 592 7 之间，如果用分数表示，在约率 22/7 与密率 355/113 之间。由此可以看到，祖冲之得到的圆周率有 8 位可靠数字，这个结果领先世界长达 9 个世纪。可惜的是，记载祖冲之计算过程的著作《缀术》已经失传，现在已经无法知晓上述两个近似小数是如何得到的，因为 22/7 = 3.142 857 1…，355/113 = 3.141 592 9…，可以判断，两个近似小数不是通过约率和密率得到的。

祖冲之的约率与阿基米德的结果一样，是通过计算"内接正 96 边形周长与圆直径"的比得到。密率 355/113 对 π 的近似更为重要，因为按照分数的分母从小到大排列，下一个比密率更接近 π 的分母最小的分数是 52 163/16 604 = 3.141 592 3…，比密率并没有精确多少，却繁杂得多。为了纪念祖冲之的贡献，日本数学家三上义夫在著作《中日数学发展史》中，建议把密率 355/113 称为祖率。为此，著名桥梁学家茅以升经对三上义夫的建议表示感谢②：

> 冲之密率，千载之后西洋始有发现……日畴三上义夫，以此率源于中国，尝有建议拟命"祖率"。他日举世景从，亦所以副先民之苦心者矣。

---

① 《周髀算经》原名《周髀》，作者不详，大约成书公元前 1 世纪，是我国最古老的天文学著作。唐初规定为国子监明算科的教材，命名为《周髀算经》。

② 参见：茅以升. 中国圆周率略史 [J]. 科学, 1917 (4)：411-423.

一直到 18 世纪，为了保持数学的严谨性，数学家开始认真思考无理数到底是一种什么样的数。欧拉认为，除了代数数以外还存在其他类型的数，称这类数为超越数，以此表明这样数的获得需要超越代数的方法。欧拉猜想圆周率 π 就是一个超越数。

　　判定 π 是否为超越数的问题十分重要，这涉及古希腊的一个被称为"化圆为方"作图问题，问题要求：做一个面积等于单位圆的正方形①。1844 年，法国数学家柳维尔用构造性方法证明了超越数的存在，论文的题目是《论既非代数无理数又不能化为代数无理数的广泛数类》。1873 年，法国数学家埃尔米特证明了 e 是一个超越数，所说的 e 是自然对数的底，是现代数学中一个非常重要的数。1882 年，德国数学家林德曼修改了埃尔米特的方法，成功地证明了 π 是一个超越数，同时也就彻底解决了化圆为方这个古老的作图问题。

　　基于集合论的理论体系，康托用对应的方法证明了超越数的个数要远远超过代数数，但至今为止，人们能够述说清楚的超越数依然寥寥无几。希尔伯特提出了 23 个问题，其中第 7 个问题"某些数的无理性与超越性"涉及超越数。

　　从上面的讨论可以看到，合理定义无理数，进而合理定义实数，并不是一件轻而易举的事情。虽然初中数学把数域由自然数集合扩充到实数集合，但在数学发展的历史上，实数理论的确立却比微积分的出现还要晚许多，为此，美国数学史家克莱因有以下论述②：

　　数学史上这一系列事件的发生顺序是耐人寻味的，并不是按着先整数、分数，然后无理数、复数、代数数和微积分的顺序，数学家们是按着相反的顺序与它们打交道的。他们看上去是极不情愿地去处理那些本可以留在最后，并能很好理解的数，他们非到万不得已才去进行逻辑化的工作。不管

---

① 参见：史宁中. 数形结合与数学模型：高中数学教学中的核心问题 [M]. 北京：高等教育出版社，2018：50-51.
② 参见：克莱因. 数学：确定性的丧失 [M]. 李宏魁，译. 长沙：湖南科学技术出版社，1997：177.

怎么说，在 1890 年左右，在埃及人和巴比伦人能使用整数、分数和无理数的六千年后，数学家们终于可以证明 2+2 = 4。看来，即使是最伟大的数学家也被迫考虑严密性。

上文中所说的"1890 年左右"是指皮亚诺于 1889 年所建立的算术公理体系。1872 年，康托和戴德金分别用不同的方法建立了实数理论，而在 17 世纪，牛顿和莱布尼茨分别从不同角度建立了微积分。因此，克莱因说，数学发展的顺序是相反的，也就是说，不是按照现代数学教育所呈现的顺序。为什么会这样呢？

事实上，合理定义无理数需要重新定义小数形式的有理数，而要证明分数与有限小数、无限循环小数等价需要极限理论。因此，只有当极限理论已经相当成熟以后才可能建立实数理论，直到 1872 年，康托用收敛有理数数列一般性地定义实数，解决了实数的运算问题；戴德金用有理数的分割定义实数，解决了实数的连续问题。

在这个意义上，实数理论的最终确立是在微积分发明几百年以后是顺理成章的，这是在寻求微积分合理解释的过程中形成的，这就是我们曾经述说过的数学的第二次抽象。这样的抽象不是基于现实的，而是基于概念的。

实数与自然数的共性和差异

虽然可以通过小数定义有理数和无理数，进而定义实数，但是，无论是初中数学还是高中数学，所定义的实数都只是名义上的，因为没有一般性地解决实数的运算问题，更没有通过实数的连续性认识实数的结构，也就没有把握实数的本质。

如果用无限不循环小数定义无理数，就意味着，大多数的无理数都是不可表达的，因为这样的表达是没有尽头的，于是如克莱因所说①:"正如无穷大的数并非数一样,无理数也不是真正的数,而是隐藏在一种无穷迷雾后面的东西。"在现实生活中,人们只能通过有限小数近似认识无理数、计算无理数,就像上一个话题所讨论的古埃及和中国古代所做的那样。

比如,进行$\sqrt{2}$和$\sqrt{3}$的加法运算和乘法运算,因为$\sqrt{2}=1.4142135\cdots$,$\sqrt{3}=1.7320508\cdots$,可以得到

$$\sqrt{2}+\sqrt{3}=(1.4142135\cdots)+(1.7320508\cdots)=3.1462643\cdots$$

$$\sqrt{2}\times\sqrt{3}=(1.4142135\cdots)\times(1.7320508\cdots)=2.4494897\cdots$$

事实上,在日常生活和生产实践中,有了这样近似计算就足够了,正如美国天文学家纽克姆所说的那样②:"十位小数就足以使地球周界准确到一英寸以内,三十位小数便能使整个可见宇宙的四周准确到连最强大的显微镜都不能分辨的一个量。"现代计算机的运算,除特殊指明外,无论是对有理数还是对无理数,都是精确到小数点后8位。

但是,基于现实背景的无理数的认识和基于实际意义的无理数的运算,无法拓展到一般性的实数,如同本书话题4所讨论的那样,为了数学的严谨性,自然数的确立必须借助算术公理体系。比如,我们能够判定$\sqrt{2}\times\sqrt{3}=\sqrt{6}$的正确性吗?如果可以,那么是否对任意实数$a$和$b$,都可以得到

$$\sqrt{a}\times\sqrt{b}=\sqrt{ab}$$

这个结论?显然,这个结论是不正确的,因为会得到

$$-1=i^2=\sqrt{-1}\times\sqrt{-1}=\sqrt{(-1)(-1)}=\sqrt{1}=1$$

这样荒唐的结果。因此,我们还必须延续话题4的论证方法,在有理数的基础上形式化地定义无理数、定义无理数的运算。这样的定义需要借助极限运算,1872年,德国数学家康托在

---

① 参见:克莱因. 古今数学思想:第1册 [M]. 张理京,张锦炎,译. 上海:上海科学技术出版社,1979:292.

② 参见:SIMON NEWCOMB. Elements of geometry: Book Ⅵ [M]. New York: Henry Holt and Company, 1881, 235.

《数学年鉴》上发表的文章中①，详细讨论了无理数的理论，并且命名了实数。

从有理数到实数。极限运算需要借助公理，虽然现行大学数学分析的教材给出几种不同的公理，并且证明了这几种公理的等价性，但是，最为简约易懂的公理是②：单调有界的有理数列必然收敛。这个公理是符合直观的，比如，考虑形如

$$\left(1+\frac{1}{n}\right)^n$$

的有理数，如果其中的 n 依次取 1，2，…，就形成一个有理数列。可以证明，这个数列是逐项增大的，但无论怎样增大，每一项的值都不会大于 3，是有界的。这样，根据上面所述公理，就证明了这个有理数列收敛，这个数列的极限就是自然对数的底，表示为 e，大约为 2.718 281 828 459…，它对现代数学非常重要。据说是在 1727 年，欧拉用自己名字的首字母 e 命名了这个数。如本书话题 8 所说，e 不仅是一个无理数，而且是一个超越数。

对于一般情况，如果用 $\{a_n\}$ 表示一个单调有界的有理数列，则根据上述公理，这个数列存在极限。如果用 a 表示这个极限，则通常把收敛过程表示为

$$\lim_{n\to\infty} a_n = a$$

的形式。显然，极限 a 可能是有理数，也可能不是有理数，如果不是有理数，那么称这个极限 a 为无理数。把有理数和无理数统称为实数，并且规定，如果两个有理数列收敛到同一个实数，就说这两个有理数列等价，这样，每一个实数都对应于一个单调有界的有理数列。

后来，法国数学家柯西给出了一个数列收敛的充分必要条件，人们称之为柯西准则：

---

① 文章的题目为《三角级数中一个定理的推广》，文中讨论了三角级数的系数与收敛的关系，首次给出了集合的概念。

② 参见：辛钦. 数学分析简明教程：上册 [M]. 北京大学数学力学系数学分析与函数论教研室，译. 北京：人民教育出版社，1954：34-39.

一个数列 $\{a_n\}$ 收敛的充分必要条件是，对于任意给定的正整数 k，都有 $\lim\limits_{n\to\infty}(a_{n+k}-a_n)=0$。

直接用柯西准则判断一个数列收敛也是非常困难的，因为很难对任意给定正整数 k 进行验证，但因为表述的是充分必要条件，所以可以用来定义收敛数列。人们称满足柯西准则的数列为柯西数列。康托称满足柯西准则的有理数列为基本序列，他用基本序列定义实数：每一个实数对应一个基本序列。基于这样定义的实数，可以通过极限把有理数的运算拓展到实数的运算。

<u>从有理数的运算到实数的运算</u>。如果实数是通过基本序列定义的，那么接下来的工作，就是把有理数的运算拓展到实数的运算。受话题 4 的启发，我们只需要讨论加法运算和乘法运算。

数学分析的知识告诉我们，如果两个数列极限存在，那么这两个数列加法的极限等于这两个数列极限的加法，这两个数列乘法的极限等于这两个数列极限的乘法。基于这样的运算法则，对于实数 a 与 b 的加法和乘法，假设对应的两个基本数列分别是 $\{a_n\}$ 和 $\{b_n\}$，那么，

$$a+b=\lim_{n\to\infty}a_n+\lim_{n\to\infty}b_n=\lim_{n\to\infty}(a_n+b_n)$$

$$a\times b=\lim_{n\to\infty}a_n\times\lim_{n\to\infty}b_n=\lim_{n\to\infty}(a_n\times b_n)$$

对于任何给定的下标 n，加法 a_n+b_n 和乘法 $a_n\times b_n$ 都是有理数的运算，因此上述两个式子右边括号中的运算是已知的，于是在形式上，我们把四则运算从有理数集合拓展到了实数集合。这样，我们就完成了实数的四则运算，也完成了以实数为系数的方程运算。

我们反复说，上面的论述是形式上的，因为论述的过程是用字母表示实数，无论这个实数是有限小数还是无限小数，也就是说，这样的表达是理念层面的，不是操作层面的。通过存在性论证，而不是通过构造性论述，这是现代数学的基本特征。

虽然初中阶段的数学教学没有要求理解实数，但无论如

何，如上所述，初中数学教师从形式上认识并且理解实数是必要的。进一步，实数源于自然数，又是自然数的终极状态，因此，实数具有自然数的基本属性，又具有与自然数的本质差异。

==实数与自然数的共性是可以比较大小==。自然数是对数量的抽象，数量的本质是多与少，抽象为自然数的本质就是大与小。通过话题4和这个话题的讨论可以知道，四则运算和极限运算都具有传递性，可以把自然数的大小关系拓展到有理数，进而拓展到实数。而其他的数，诸如复数和四元数，都不是通过具有传递性的运算获得的，就不具有这样的性质，或许可以说，不具有大小关系的数都不能算作真正的数。事实上，无论是复数还是四元数，本质上都不是一个数。

==实数与自然数的差异是个数多少不同==。个数的差异并不是因为实数包含自然数，因为无论是实数还是自然数的个数都是无穷多个，如问题3所述，现代数学采纳了德国数学家康托对于无穷的定义：

我们说一个集合A中元素的个数无穷多个，当且仅当A存在一个真子集B，使得B中的元素能够与A中元素一一对应。

因此，欧几里得几何五个公理中的最后一个公理"整体大于部分"不成立，个数的差异并不是因为实数包含自然数，而在于康托进一步定义的、无穷多个意义下的相等：

如果两个集合中的元素能够一一对应，我们说这两个集合中元素的个数相等。

基于这样的定义，康托证明了自然数的个数无穷多个，这是因为自然数可以与偶数一一对应，这就用实例反驳了传统的"整体大于部分"的公理。希尔伯特通过讲故事解释了其中的逻辑①：如果一个旅店客房的数量是有限的，那么客满

---

① 据说，这是希尔伯特在1924年1月的一次演讲中的举例，后来人们进行了广泛演绎，并把这样的演绎统称为"希尔伯特旅馆"。

了就不可能再容纳新的房客住宿了；但是，如果这个旅店客房的数量是无限的，那么来了新的房客，只需要原有房客依次向后移动一个房间，新房客就可以入住了。

康托还证明了有理数的个数与自然数的个数一样多，甚至证明了代数数的个数与自然数的个数一样多。无穷大小的变化是从实数的个数开始的，康托最初设想实数的个数也与自然数的个数一样多，但在1890年，康托最终证明，实数的个数要比自然数的个数多，后来，人们称这个证明方法为"康托对角线法"，证明过程如下：

假设区间（0，1）中的实数是可列的。

把所有的实数都写成无限小数的形式，比如，把有理数1/2写成 0.499… 的形式，然后把这些实数排列如下：

$$a_1 = 0.a_{11}a_{12}a_{13}\cdots$$

$$a_2 = 0.a_{21}a_{22}a_{23}\cdots$$

$$a_3 = 0.a_{31}a_{32}a_{33}\cdots$$

……

$$a_k = 0.a_{k1}a_{k2}a_{k3}\cdots$$

……

现在，我们构造一个新的小数

$$b = 0.b_1b_2b_3\cdots$$

规定在这个数的排列中，如果 $a_{kk}=1$，则令 $b_k=2$；如果 $a_{kk}\neq 1$ 则令 $b_k=1$。

显然 b 是（0，1）中的一个实数，并且不同于上述排列中的任何一个数，这就与实数是可列的假设矛盾，从而证明了命题。

于是，康托就进一步对无穷的多少划分了级别，把自然数的个数称为可数多或可列多，意味着这些数可以一个接一个数下去或一个接一个排列出来；把实数集合中数的个数称为连续统，是因为那个时代戴德金刚刚证明了实数的连续性。这样，无论是可数多还是连续统，都是对无穷大小的确切度量，康托的结论表明连续统大于可数。

实数与自然数的本质差异，可以归结为产生这两类数的运算法则的本质差异，也就是极限运算与四则运算的差异。凭借直观，我们可以理解：对于一个收敛的数列再多加上几个数，对于这个数列的排列并不会产生本质差异；但是，极限运算却能够使事情发生根本性变化，能够使某一集合中数的个数由可数多个升华到连续统多个。我们将会在适当的场合深入讨论这个问题。

复数与代数基本定理

在问题 12 中我们讨论过，为了脱离现实背景和实际意义的束缚，韦达不仅用字母表示方程中的未知数，并且用字母表示方程中的系数，比如，把一元二次方程写成

$$ax^2+bx+c=0$$

的形式，其中 x 表示未知数，a、b、c 表示系数，可以是任何实数。

因为方程的根是由方程的系数确定的，这样，韦达就给出了用字母表示的求根公式，比如，把上述一元二次方程的两个根表示为

$$x_1=\frac{-b-\sqrt{b^2-4ac}}{2a} \quad \text{和} \quad x_2=\frac{-b+\sqrt{b^2-4ac}}{2a}$$

的形式。因为初中数学只考虑根是实数的情况，为此，需要假设

$$\Delta=b^2-4ac\geq 0$$

称实数的根为实根，称 Δ 为一元二次方程的判别式。

复数的必要性。我们知道，如果判别式 $\Delta<0$，则一元二次方程的根为复数。在相当长的一段时间里，人们不能很好地理解复数，问题出在对虚数的理解。依照通常对乘法的理

解：一个数自乘之后必然为正数，不管这个数本身是正数还是负数；因此，一个数自乘后变成了负数是不可思议的。古希腊学者丢番图很早就知道一元二次方程式有两个根，但方程的根出现虚数时，他宁可认为这个方程是不可解的。直到16世纪，数学家依然认同丢番图的处理方式。

虽然复数的问题是求一元二次方程的解所引发的，可是，迫使人们认真对待复数的缘由却是因为求一元三次方程的解。意大利数学家卡尔达诺在1545年出版的著作《重要的艺术》中讨论了求解三次方程的代数方法①，他的工作在韦达之前，当时还没有抽象出代数方程的一般表达式。卡尔达诺对一元三次方程进行了详细的讨论，给出了13种解题的公式，现在人们称这些公式为卡尔达诺公式（也译为卡当公式）。但是，在求解公式中出现了让人十分尴尬的情况：即便三个根都是实根，在用公式求解的过程中也可能会出现复数。比如，对于方程$16+x^2+x^3=24x$（这是当时人们表示方程的方法），容易验证$x=4$是方程的一个根，于是这个方程就等价于$(x-4)(x^2+5x-4)=0$，检验其中的一元二次方程可以知道，其余两个根也都是实数，因此这个方程的三个根都应当是实根。可是，如果用卡尔达诺三次方程的求解公式，计算过程中会出现复数，那么这样的方程到底是有解还是无解呢？

虚数这个名称是笛卡儿发明的，虽然笛卡儿并不接受虚根。在1637年出版的《几何》这本书中，笛卡儿凭借直觉得到一个非常重要的结论，这个结论等价于后面将要讨论的代数基本定理：一个方程根的个数与方程中未知数的次数一样多。笛卡儿把方程正数的根称为真根，把方程负数的根称为假根，之所以称为假根是因为这样的根比"无"更小，并且明确地表达②：真根和假根都可能是实的或虚的。欧拉第一个使用符号 i 表示虚数，写在他1777年提交给圣彼得堡科学院

---

① 有的学者将这本书翻译为《大术》，参见梁宗巨著作《世界数学通史·上》；也有的学者将其翻译为《大法》，参见李文林著作《数学史概论》。本文参照克莱茵的著作《数学：确定性的丧失》。
② 参见：笛卡儿. 笛卡儿几何［M］. 袁向东，译. 北京：北京大学出版社，2008：50-57.

的论文中，这篇论文直到 1794 年才得以发表，那是在欧拉逝世 11 年以后的事情。

复数的代数表达。有了虚数的符号就可以定义复数了。大约到 18 世纪末期，人们认可了复数，并且把复数写成下面的形式：

$$z = a + bi$$

其中 a 和 b 为实数，i 为虚数单位。这样，一个复数表示为实部与虚部两个部分，用和的形式把这两个部分连接起来。必须注意的是，复数表达中的"加法"并不是通常四则运算中数与数的加法，而是一种表示形式而已，在下面"复数的几何表示"中将会看到，复数的表达更类似二维向量。人们通常用 **C** 表示复数集合。与四则运算和极限运算都不同，解方程的运算不具备传递性，因此通过解方程得到的复数不存在大小关系，但依然可以定义复数的四则运算。

复数的四则运算。借助实数的四则运算，人们定义了复数的四则运算。复数的加减法为

$$(a+bi) \pm (c+di) = (a \pm c) + (b \pm d)i$$

复数的乘法为

$$(a+bi) \cdot (c+di) = ac + adi + bci + bdi^2 = (ac-bd) + (ad+bc)i$$

在上面的运算中需要注意到 $i^2 = -1$。特别地，称两个复数是共轭的：

$$z = a+bi \quad \text{和} \quad \bar{z} = a-bi$$

因为这样两个复数的乘积为实数，即

$$z\bar{z} = (a+bi) \cdot (a-bi) = a^2 + b^2$$

据此，参见后面"复数的几何表示"，可以定义复数向量的长度。

当分母不为零时，用分数形式定义复数的除法：

$$\frac{a+bi}{c+di} = \frac{(a+bi) \cdot (c-di)}{(c+di) \cdot (c-di)} = \frac{ac+bd}{c^2+d^2} + \frac{bc-ad}{c^2+d^2}i$$

这样定义的关键是把分式中的分母变为实数，是通过分子和分母同时乘以分母的共轭实现的。

可以验证，复数集合 **C** 对于复数的四则运算是封闭的。容易验证，在上面的运算中，如果复数的虚部为 0，那么得到的结果与实数运算到的结果是一致的。因此，至少在形式上，可以认为实数运算是复数运算的特例。

基于复数的素数。本书话题 6 介绍了自然数的素数定义，讨论了算术基本定理。到 18 世纪，当人们认可复数以后，就开始在复数范围研究素数，这样的思考为数论的研究增添了活力，相继出现了解析数论、代数数论等新的研究领域，至今为止方兴未艾。高斯在 1801 年发表的文章《算术研究》中首先研究了复整数问题，定义了复素数：

一个复整数称为复素数，如果这个复整数不能分解为除 ±1、$\pm i$ 以外复整数乘积的形式。

这样，实数集合 **R** 中的素数在复数集合 **C** 中就不一定是复素数了，比如，在实数集合中 5 是一个素数，但在复数集合却可以表示为两个共轭复整数的乘积：$5=(1+2i)(1-2i)$，因此 5 不是复素数。特别是，高斯证明了"任何一个整数都可以唯一表示为若干个素数的乘积"这个重要命题对复整数也成立，强化了研究复素数的必要性。进一步，高斯把乘积形式的命题由整数、复整数拓展到高次多项式，这就是代数基本定理。

代数基本定理。1799 年，高斯在他的博士论文中给出了代数基本定理的完整证明。借助代数基本定理，可以明确地表达一个高次多项式根与系数之间的关系，使人们能够清晰地认识高次多项式的基本结构。首先，高斯把一个 n 次多项式表示为函数形式：

$$f(x) = x^n + a_{n-1}x^{n-1} + \cdots + a_1 x + a_0$$

其中系数可以是复数。

显然，等式 $f(x)=0$ 对应于 n 次多项式的方程，因此函数的 0 解为方程的根。高斯定理说，至少存在一个复数是方程的根。利用高斯定理，可以得到：

代数基本定理。复系数 n 次多项式，存在 n 个复数 $\beta_1, \cdots,$

β_n,使得
$$f(x)=(x-\beta_1)\cdots(x-\beta_n)$$

代数基本定理表明,在复数范围内,一个 n 次多项式有 n 个根,这与前面谈到的笛卡儿的直觉是一致的。下面,用数学归纳法证明代数基本定理。

显然,当 $n=1$ 时结论成立。

假设当 $n=k-1$ 时结论成立,即对于任意的 $k-1$ 次多项式 $g(x)$,都可以写成
$$g(x)=(x-\beta_1)\cdots(x-\beta_{k-1}) \qquad (*)$$
的形式。考虑 $n=k$ 的情况。由高斯定理,至少存在一个复数 β 使得 $f(\beta)=0$,即
$$f(\beta)=\beta^k+a_{k-1}\beta^{k-1}+\cdots+a_1\beta+a_0=0$$
用 $f(x)$ 减去上式,并对幂相同的项合并,可以得到
$$f(x)=f(x)-f(\beta)=(x^k-\beta^k)+a_{k-1}(x^{k-1}-\beta^{k-1})+\cdots+a_1(x-\beta)$$

因为上式中的每一项中都含有因子 $(x-\beta)$,把这个共同的因子提出,于是每一项都要降一次幂,经过整理后可以得到
$$f(x)=(x-\beta)g(x)$$
其中 $g(x)$ 是一个 $k-1$ 次多项式,由归纳假设可以表示成 $(*)$ 式,这就完成了证明。

由此可以看到,虽然复数与实数有着本质的差异,完全是人为创造出来的数学表达,但这个创造意义非凡。正因为有了复数,才使得所有方程的求解成为可能,都具有了真实的数学意义;并且,如同本书问题 12 所讨论的那样,借助代数基本定理,可以把韦达定理拓展到任意 n 次方程,使得一般性地表达方程根与系数之间的关系成为可能。高斯在 1811 年的一封信中说[①]:

---

① 参见:克莱因. 数学:确定性的丧失 [M]. 李宏魁,译. 长沙:湖南科学技术出版社,1997:81.

我们不应该忘记，（复变）函数与其他所有的数学构造一样，只是我们的创造物，因此当我们由之开始的定义不再有意义的时候，我们就不应当再问它是什么，而应当问，如何做出合适的假设，使它继续有意义。

这段表述是高斯的经验之谈，是他涉猎数学多个领域并进行了深入研究之后的感悟。我想，这也应当成为数学教育工作者理解数学的基本出发点。

复数的几何表示。事实上，只有给出了复数的几何表示之后，人们才能真正感觉到复数的存在，才能心安理得地接受复数。

1797 年，出生于挪威的丹麦测量学家韦塞尔在丹麦皇家科学院宣读了一篇关于复数的论文，引入了虚轴的概念，把复数表达为平面向量，就像实数对应数轴那样。但是，直到 100 年后的 1897 年，韦塞尔的丹麦文的论文被翻译为法文后，复数几何表示的工作才引起数学界的广泛重视。

如图 H10-1 所示，把平面直角坐标系的横坐标定义为实轴，把纵坐标定义为虚轴，称这样的坐标系为复平面。借助平面直角坐标系表示向量的方法，把复数 $z=x+yi$ 对应于复平面上的一个向量，向量顶点坐标为 $z(x,y)$。为了使定义具有合理性，复数向量长度应与实数向量长度表达方式一致，用 $\bar{z}=x-yi$ 表示 z 的共轭向量，是以 x 轴为对称轴的向量 z 的对称向量。这样，通过复数共轭的运算，可以定义复数向量长度的平方：

$$\rho^2 = z \cdot \bar{z} = x^2 + y^2$$

有时也把复数向量的长度表示为绝对值的形式：

$$\rho = |z|$$

称为复数 z 的模。这是瑞士数学家阿尔冈命名的，写在他 1806 年出版的著作《试论几何作图中虚量的表示法》之中。如问题 14 所述，1905 年德国数学家甘斯在著作《向量分析导论》中用绝对值一般性地表示向量的长度，后来，人们才把绝对值用于实数的几何表示。

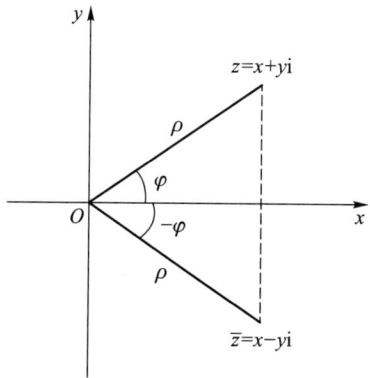

图 H10-1 复数的几何表示

 时间的表达与数学模型

  我们曾经在问题 21 中强调，时间与空间是人类认识现实世界最重要的概念，时间与事物发生的过程有关，空间与事物存在的位置有关，因此时间与空间是最本质的概念，也是最难解释清楚的概念。我们在问题 21 中还讨论了空间与空间的数学表达，在本话题将讨论时间与时间的数学表达。

  具有思维能力的人们能够发现并且思考：太阳升起落下，日复一日的变化；月亮阴晴圆缺，月复一月的变化；气候四季交替，年复一年的变化，由此感悟到"逝者如斯夫"，并建立了年、月、日的概念。但是要表达年、月、日这样的概念，就必须借助数学的语言。

  在远古时代，仅凭人类生活的地球是无法建立时间概念的，这是因为对过程流逝的判断需要参照物，如前所述，对于生活在地球上的人类，最好的参照物便是太阳和月亮，因此，刻画时间就必须构建描述地球与太阳、地球与月亮之间关系的数学模型，时间模型是人类迄今为止最早构建的，也是最为重要的数学模型。我想，其效能可以与文字的创造、自然数的发明媲美。下面我们分析，古代的人们是如何构建时间模型的。

<u>构建刻画时间的数学模型</u>。时间的刻画是基于周期的，更具体地说，构建表达年、月、日的时间模型的基本依据是，地球围绕太阳运转一周的时间为年，月球围绕地球运转一周的时间为月，地球自转一周的时间为日，构建模型的关键是保证年、月、日之间的协调，实现协调的方法是考虑上述三个运转周期之间的比例关系。

问题说起来简单，但是，构建这样的时间模型却是一件十分复杂的事情，原因就在于上述三个运转周期之间的比例都不是整数，无论哪个周期都不能整除其他的周期。比如，地球围绕太阳运转一周的时间是地球自转一周时间的 365 倍多一点，即年是日的 365 倍多一点；月亮围绕地球运转一周的时间是地球自转一周时间的 29 倍多一点，即月是日的 29 倍多一点；地球围绕太阳运转一周相当于月亮围绕地球运转 12 周再加 11 日多一点，即年是月的 12 倍再加 11 日多一点。这里所说的"多一点"是一个无法精确表达的数。

在认识世界这个最基本的问题上，大自然就用这样复杂的结构来考验人类的智慧，然而在远古时代，人们还不知道太阳、地球、月亮之间的运转关系，如何计算运转周期呢？

几乎所有国家的历法都规定一年 12 个月，也就是说，人们所说的年复一年描述的是 12 个月的轮回，其中月的确定依据月亮围绕地球的运转周期。但是，按照常理确定月是没有意义的，因为月球只是地球的卫星，对地球上一年四季变化的影响很小。与地球一边自转一边围绕太阳旋转类似，月球围绕地球旋转的同时也进行自转，因为月球自转一周的时间恰好等于绕地球公转一周的时间，所以月球总是一个面朝向地球。这种现象被称为"同步自转"或"潮汐锁定"。在太阳系中，这种现象表现在太阳与水星之间，以及所有的行星与卫星之间。2019 年 1 月 3 日，我国嫦娥四号在月球背面着陆，人类第一次观察到了月球面。

人们通常把朔日，即夜空无月的那一日作为一个月的开始。月球本身不发光，月光是由于阳光的反射，每逢朔日，月球正好运行到地球和太阳之间，与太阳同时出没，于是被阳光照亮的那一半背向地球，面向地球的是黑暗的一半，所以在地球上看不到月球，这天的月亮称为朔月。朔日之后，黄昏时在西方天际可以看到弯弯的月亮，称之为新月；大约十五天后圆月在中天，称之为望月，这天称为望日；望日之后，黄昏后的月亮逐渐移向东方，直到下一个朔日，周而复始。这样，人们就称在地球上看到的月亮运行周期为朔望月。可以观察得到，一个朔望月应当约为 30（29.53）日。但因为一个结束的朔日恰好又是新周期的开始，这样就必须以两个月为单位计算周期，共有 59 日，人们用大月 30 日和小月 29 日来调整。即便如此，两个月还有 0.06 日的盈余，因此每过一段时间还要增加一个大月，才能保证月初必朔、月中必望。

但真正的麻烦在于，基于月的历法无法判断一年四季，这是因为阴历一年 12 个月共 354 日，与地球公转一周 365 日相差 11 日多，三年将积 34 日。这就意味着，第一年的春分和第二年的春分要相差 11 天，三年之后相差一个月。因此，一年四季的确立不能依赖阴历，对于农耕民族，必须在阴历的基础上附加阳历来补充，比如中国古代历法就是在农历的基础上加上二十四节气，正如后面要讨论的那样，二十四节气的制订依赖的是阳历，因此，我们现在所说的农历是阴阳合历。

在古巴比伦，根据出土的乌尔第三王朝（公元前 2010—前 2003）的行政管理文件，在历法中规定 25 年加入 10 个闰月；还规定了 7 日为周期的星期，分别用太阳、月亮和行星命名，这个规定一直影响到今天[①]。中国古代也是通过闰月调

[①] 比如在日本，仍然把星期一到星期日依次称为：月曜日、火曜日、水曜日、木曜日、金曜日、土曜日、日曜日。

整历法，使其与自然季节吻合，如《尚书·尧典》中说①"以闰月定四时成岁"。比较古巴比伦，中国古代采用的添加闰月的方法更加准确，如《淮南子·天文训》中说"故十九岁而七闰"，即 19 年加 7 个闰月。

<u>古埃及创造了另一种阳历：天狼历</u>。最初，古埃及也使用阴历，但很快就发现使用阴历的局限性，于是限定阴历只使用于宗教仪式。出于某种原因，古埃及制定阳历不是参照太阳而是参照天狼星。从北半球看，天狼星是南部夜空中最明亮的星，在猎户星座附近，猎人腰带三星的东南方向。中国古代也注意到天狼星，春秋战国时，屈原（约公元前 340—前 278）在《九歌·少司命》中写下"举长矢兮射天狼"的诗句，宋代苏东坡在《江城子·密州出猎》中写下"会挽雕弓如满月，西北望，射天狼"的诗句。其中，天狼就是指天狼星；长矢和雕弓都是指弧矢星座，共有九颗，如《史记·天官书》所记载的那样："弧九星，在狼东南，天之弓也。"

古埃及文明的兴盛得益于尼罗河每年泛滥，而在尼罗河泛滥之时，天狼星要比太阳更早地出现在东方天空，在黎明前的黑暗中显得更加耀眼。这样，天狼星得到了古埃及人的崇拜，他们规定一年从天狼星的偕日升这一天开始，即透特月（Thot）的第一天（7 月 16 日）开始。通过长时间观察，古埃及人发现天狼星的偕日升周期为 365 日，误差 1/4 日，于是规定一年 12 个月，一个月 30 日，外加 5 日的假期，共 365 日，然后每 4 年加 1 日调整误差。可以看到，这样的历法规定非常合适，因为每个月的日数是一定的。其中一年 12 个月的规定大概也是参照了月亮的盈缺。显然，古埃及的历法不应当称为太阳历，而应当称为天狼历。据说，古埃及的这种天

---

① 在古汉语中"岁"与"年"的含义不同。岁是指某一气节，比如春分，到第二年这个气节这段时间，因此岁是指阳历的一年；年是正月初一到下一个正月初一这段时间，因此年是指阴历的一年。

狼历的起始可以追溯到公前 4226 年左右①，距今已有六千多年，可见历史之久远。

现代历法的确定。在埃及亚历山大城的希腊数学家、天文学家索西琴尼斯的帮助下，罗马帝国的缔造者恺撒把古埃及的天狼历引入罗马，于公元前 46 年的 1 月 1 日开始实施。规定回归年 365 又 1/4 日：4 年中的前 3 年为平年 365 日，后 1 年为闰年 366 日；一年 12 个月：单为大月 31 日，双为小月 30 日，人们称这个历法为儒略历。君士坦丁时代罗马教会获得自由以后，于公元 325 年的尼策阿教会会议决定，基督教国家共同采用儒略历，把传说中的耶稣基督诞生之年定为纪年的开始，称之为公元（A. D.），称纪年前为公元前（B. C.）。

然而，更精确的回归年应当是 365.242 2 日，儒略历与其相差 11 分 14 秒，128 年相差 1 日。这样到了公元 1582 年，人们发现春分竟然在 3 月 11 日，与 1258 年前比相差 10 日，近乎每 400 年相差 3 日。于是，罗马教皇格里高利十三世召集学者开会，研究改革儒略历：把 1582 年 10 月 4 日后的一天定为 1582 年 10 月 15 日，中间跳过 10 天；同时规定：能被 4 除尽的年是闰年，但能被 100 除尽而不能被 400 除尽的年不是闰年，人们称这个历法为格里历。与儒略历相比，格里历在 400 年中减少 3 个闰年，即 400 年中有 97 个闰年和 303 个平年，每年平均 365.242 5 日，与 365.242 2 日更加接近，这个方法可以保证到公元 5000 年前误差不超过 1 日。

古代中国的阳历。中国传统使用的历法被称为农历，因为农历的表现形式是阴历，基于这个原因，人们普遍认为中国古代不很清楚阳历，甚至认为阳历是西方传教士带到中国来的，这是极大的误解，为此，我们需要专门讨论中国古代的阳历。

中国使用的阴历常被称为农历，因为中国历来以农业为

---

① 参见：乔治·萨顿. 希腊黄金时代的古代科学 [M]. 鲁旭东，译. 郑州：大象出版社，2010：35-36.

本。但是，正如我们上面讨论过的那样，仅凭借阴历是无法指导农业生产的，那么，为什么农历在中国能够使用得如此长久呢？这是因为，中国古代历法，真正指导农业生产的是基于阳历制定的二十四节气，这些节气在历代历法中被放置在非常突出的位置。事实上，中国古代很早就知道阳历一年的周期。

远在夏商，人们测定阳历一个周期为366日，如《尚书·尧典》所说"期三百有六旬有六日，以闰月定四时成岁"，就是说，一年有366日，这显然是阳历，因为阴历一年12个月的天数只有354日。因此，中国古代是用阳历的周期来调整春分、夏至、秋分、冬至这四个节气。当时测算阳历周期的方法被称为土圭之法，也就是立杆测影。

《周礼·夏官司马》说："土方氏掌土圭之法，以致日景。"可见周朝有专门掌管土圭的官员，被称为土方氏。土圭之法的操作方法大致是这样的：在一个平台的中央竖立一根杆子测量太阳的影子，因为一天中正午的影子最短，把这个长度记为这一天的日影。在一年中，夏至那一天的日影最短、冬至那一天的日影最长，这样就可以通过日影的长度得到夏至和冬至；冬至与冬至的间隔或者夏至与夏至的间隔的天数就是阳历一年的周期；取夏至和冬至日影长度的平均，作为春分和秋分的日影长度。这样就利用土圭之法确定了春分、夏至、秋分、冬至这四个重要的节气。可以认为，利用土圭之法测日影，利用日影变化确定时间，这就是中国古代构建的认识时间的数学模型。

后来，大概在商周就通过土圭之法测定岁的日数为365又1/4日，在《尚书·尧典》的注释中，孔安国用很大篇幅论证了这个事实[1]。其中的道理，《后汉书·律历》说得很明确[2]："日发其端，周而为岁，然其景不复，四周千四百六十

---

[1] 虽然有学者指出这段内容出自伪《古文尚书》，但从天文学史视角考察，其中不乏合理之处，本文取之，参见：十三经注疏整理委员会. 十三经注疏：尚书正义[M]. 北京：北京大学出版社，2000：35.

[2] 参见：范晔. 后汉书：卷13[M]. 北京：中华书局，1959：3057.

一日，而景复初，是则日行之终。以周除日，得三百六十五度四分度之一，为岁之日数。"这就是说，观察冬至那一天的日影长度，一岁过去后，日影长度不能重合，四岁即 1 461 日过去后日影长度重合，所以用 4 除 1 461 得到岁的日数为 365 又 1/4 日。

事实上，《周髀算经》述说了同样的结论，著作开篇记载了周公与商高的对话，周公的问话是："古者包牺立周天历度。夫天不可阶而升，地不可将尺寸而度。请问数从安出。"这里所说的"包牺"是指中华人文始祖伏羲，所说的"周天历度"是指群星围绕北极星旋转一周的时间（参见话题 13），恰好是一岁的日数，如这部著作后文所说①："故曰，一岁三百六十五日四分日之一。"

基于周天立度，中国古代把由二十八星宿所构建的周天定为 365 又 1/4 度。也就是说，中国古代规定的圆周是 365.25 度而不是现在的 360 度，这个规定是为了描述星辰运转的方便。这与《汉书·律历志》的记载一致：东方七宿 75 度，北方七宿 98 又四分度之一，西方七宿 80 度，南方七宿 112 度，加起来正好 365 又四分度之一。

尽管参照系不同，但中国古代关于阳历一年周期的结论与古埃及是一致的。正因为具有对太阳历的深刻理解，中国古代才可能建立相当准确的二十四节气。

话题 12　六十进制与中国古代纪日纪年

关于产生六十进制记数法的原因众说纷纭，至今没有一个非常合理的解释。有学者认为，因为使用六十进制，美索不达米亚人对分数跟对整数一样能够运算自如，而不像古埃

---

① 参见：周髀算经译注［M］. 程贞一，闻人军，译注. 上海：上海古籍出版社，2012：87.

及人那样受着单位分数的束缚。无论如何，六十进制至少有一个好处，就是 60 这个数包含的因子比较多，便于对 60 以内的表达，比如，1/2、1/3、1/4、1/5、1/6 等。不管原因如何，古巴比伦人确实使用了六十进制记数方法，在古巴比伦用楔形文字记载的记数系统中，对于数字"六十"给予了特殊符号。资料表明，以六十为单位的记数方法，至少可以追索到公元前 3200 年到公元前 2900 年的乌鲁克时代。

现代时间系统普遍采用六十进制，比如，1 小时为 60 分，1 分为 60 秒。这样的计时方法应当归功于古希腊学者托勒密，在他的巨著《天文学大成》中把圆周划分为 360 度，1 度为 60 分，1 分为 60 秒，沿用至今。这大概还要追溯到古巴比伦，古巴比伦发明了黄道十二宫，其思想深刻地影响了古希腊。

后来，人们发现确定时间更准确的参照物是恒星，而不是太阳。仰望星空，你会发现，随着时间的推移整个星空发生旋转，大多数星辰在旋转中的相对位置是不变的，这些星辰便是恒星。特别是北极星，由于位置也不变，成为人们辨别方位的最佳参照物，几乎所有古老文明都注意到北极星。如果在夜空中划出坐标，就可以根据某个恒星移动到某个坐标来确定时间。对于深远浩瀚的星空，地球是那么渺小，以至于星空中星辰之间的相对位置趋于永恒，因此，用这种方法来确定时间是相当精确的，这种方法一直延续至今。那么，古代的人们如何建立星空的坐标呢？

有一个办法就是把夜晚与白昼连接起来，连接点是黄道。古代的人们普遍认为太阳是围绕地球旋转的，黄道就是指白天太阳在天空运行的轨迹。大约是在公元前 5 世纪，古巴比伦人发明了黄道十二宫，用夜空的十二个星座与黄道十二个区域对应，后来，这个发明逐渐传播到古希腊、埃及、罗马和印度。黄道十二宫的发明孕育出许多美妙的神话故事，也促进了占星术的发展，一直影响到今天。英语表示"思考"的单词 consider 就与星辰有关，这个词来自拉丁文

considerare，是由表示"与"的介词 cum 和表示"星辰"的名词 sidus 复合而成的，也就是说，英语"思考"的直接意思是"与星辰在一起"。

许多资料表明，古巴比伦人既通晓计算季节的十二进制记数法，也通晓计算数量的十进制记数法，或许，古巴比伦人创造六十进制记数法用到了 10 与 12 的最小公倍数，就像中国古代创造的天干地支纪年方法那样。

六十进制与天干地支。无独有偶，中国古代也在天空中设定了坐标，这就是二十八个星宿，东南西北各七个，正如《史记·天官书》说的"天则有列宿，地则有州域"。中国古代强调的是坐北朝南，星宿的表示通常是南在上、北在下，大概到宋元以后，人们规范了北在上的地图制作原则①。

中国古代把黄道由西向东十二等分，称之为十二次，并且用二十八星宿中最近的星宿与十二次对应②。中国古代"时"的确认与十二次关系密切，甲骨文记载③，殷人已经把一天的时间明确分为四个时段，分别称为：旦、午、昏、夜。几乎同时或稍晚一些，人们把一天的时间划分为十二时辰，在《诗经·小雅·大东》中有"跂彼织女，终日七襄。虽则七襄，不成报章"这样的诗句，诗句中的织女是指织女星座，属于北方七宿，襄是指时辰，七襄是指七个时辰。因此，诗句的前半段说，织女星从升到落，在夜空中走过七个时辰。这便意味着至少在西周，人们就已经把一天的时间划分为十二个时辰④。

在中国传统文化中，12 这个数非常重要，比如，与人的出生年份有关的十二生肖。十二生肖把十二种动物与十二地

---

① 参见：刘钢. 古地图密码：1418 [M]. 桂林：广西师范大学出版社，2009：85.
② 参照《汉书·律历志》和《淮南子·天文训》，王力在《古汉语·第三册》中给出了十二次与星宿的对应表。
③ 甲骨文主要是指殷墟甲骨文，殷墟在现今河南安阳小屯村一带，商王盘庚于公元前 14 世纪左右将商王朝迁都于此，至约亡国，历 8 代 12 王 273 年。
④ 参见：张闻玉. 古代天文历法讲座 [M]. 桂林：广西师范大学出版社，2008：60-61. 这本书第 39 页还提及，应当把星辰区别，其中星是指行星，辰是指恒星，如果是这样，那么时辰一词就可以理解为由恒星确定的时间。

支联系到一起,这样的表示方法至少可以追溯到汉代,在东汉王充(27—约97)的著作《论衡》中就有与今日述说完全相同的记载。古代中国的十二个时辰也是用十二地支命名的,十二地支分别为:

子、丑、寅、卯、辰、巳、午、未、申、酉、戌、亥

其中"子时"对应于现在时间23:00—1:00,其余顺推。到了汉代,为了皇宫守夜更替的需要,又把夜晚分为五更,其中"三更"半夜对应"子时"23:00—1:00;"五更"黎明对应"寅时"3:00—5:00,其余类推。到了宋代,人们把每个时辰一分为二,分别称其为初和正,比如,子时被分为初子、正子,分别称之为小时,这便是现在汉语中"小时"这个词的由来。于是一天的时间被划分为二十四小时,延续至今。可以看到,时间的确定完全是人为的,确定的基础便是模型,模型的清晰表述需要数学,但不一定就是现代意义上的数学表达式。

明确了"时"就明确了"日",那么如何纪录"日"呢?中国古代使用的是干支纪日法,就是采用天干与地支组合的方法。天干共有十个:

甲、乙、丙、丁、戊、己、庚、辛、壬、癸

与前面提到的十二地支组合,方法是这样的:天干的单数配地支的单数;天干的双数配地支的双数,组合数正好是10与12的最小公倍数$2 \times 5 \times 6 = 60$。这也就是六十甲子的由来。

六十甲子与纪日纪年。如果从甲子开始到癸亥结束,六十天为一周,可以循环记录。在很早以前,中国古代就采用了甲子纪日的方法,史书《世本》说:"容成作历,大桡作甲子……二人皆黄帝之臣,盖自黄帝以来,始用甲子纪日,每六十日而甲子一周。"根据这个说法,可以认为甲子的记日方法从黄帝时代就开始了。但无论如何,甲子纪日方法至少可以确认到商代,因为殷墟甲骨的卜辞中已经明确有干支纪日

的记载①。在《诗经·小雅·车攻》中也有"吉日庚午,既差我马"这样的诗句。资料表明,自鲁隐公三年(即公元前720年)二月的"己巳"日至今,干支纪日从未间断,时至今日,已经超过了10万日。

六十日而甲子一周的纪日方法实在是不方便,远不如年、月、日的纪日方法,如今人们已经不使用这样的纪日方法,但这样的纪年方法却沿用至今。一般认为干支纪年法兴自东汉②,六十甲子周而复始至今没有中断,人们常在春节时说起今年是农历什么年,比如,2024年是农历甲辰龙年。

勾股数与太阳的高度

人们最初发现具有几何规律的图形,大概都与圆、正方形、矩形及直角三角形有关。比如,直角三角形三条边的边长之间存在一种恒定关系,无论是什么形状的直角三角形,两个直角边的边长平方之和都等于斜边的边长平方,人们称这种恒定关系为勾股定理。非常不可思议的是,人们在很早以前就发现了这种关系,并用具体的数字表达能构成直角三角形的三条边,比如(3,4,5),现在人们称这样的数组为勾股数。

古巴比伦人很早就研究了勾股数,制作于公元前1900—前1600年的"普林顿322"泥板列出了15组勾股数,其中包括(13500,12709,18541)这样复杂的数组。可以想象,即便是数学高度发达的今日,通过笔算得到这样的数组也是非常不容易的。至今依然很难说清楚,古巴比伦人为什么要计算如此复杂的勾股数,完全是为知而知的学问吗?但是,古

---

① 参见:王宇信,杨升南,聂玉海. 甲骨文精粹释译 [M]. 昆明:云南人民出版社,2004:第598条.

② 参见:王力. 古代汉语:第三册 [M]. 北京:中华书局,2019:839.

埃及和中国古代，人们研究勾股数的目的是清楚的，即确定直角。

勾股数与金字塔。金字塔是人类创造的奇迹，大多数金字塔是四棱锥体①，金字塔的建造说明古埃及人已经掌握了相当精确的几何学知识。最大的胡夫金字塔原高 146.5 米（现在 138 米），底边原长 233 米（现在 227 米）。令人吃惊的是②：这个金字塔四个底边长度的误差仅为 1.6 厘米，这是底边长度的 1/14 000；四个底边直角的误差均小于 12 分，是直角的 1/270 000。这是一个在今天都很难把握的精度，而胡夫金字塔却是兴建于公元前 2760 年，距今近 4 800 年。其中，直角的确定与勾股数有关，或许也与勾股定理有关。

古埃及人很早就发现了勾股数。在尼罗河三角洲发现的大约为公元前 2000 年的卡呼恩纸草书上有这样一个题目③：

将一个面积为 100 的大正方形分为两个小正方形，一个边长为另一个边长的四分之三。

答案为一组勾股数（6，8，10）。因为正方形的面积是边长的平方，于是这个问题可以与勾股定理联系起来。设两个小正方形的边长分别为 a 和 b，大正方形的边长为 c，古埃及人大概是这样计算的：

如果 $b=1$ 那么 $a=3/4$，由勾股定理可以得到 $c=5/4$。现在 $c=10$，是 5/4 的 8 倍，这样就可以得到结论：$a=3/4×8=6$，$b=1×8=8$。

正因为如此，很多数学史学家认为，古埃及人在修建金字塔时，是用（3，4，5）这组勾股数来确定直角的。这个说

---

① 在英语中，表示金字塔和四棱锥体的单词都是 pyramid。
② 参见：SMITH D E. History of Mathematics：Volume Ⅰ [M]. New York：Dover Publications，1923：43.
③ 与莱茵德纸草书、莫斯科纸草书一样，也是在用纸莎草压制成的草片上书写的古埃及的数学知识，卡呼恩（Kahun）纸草书是以发现地命名的，现藏于伦敦大学学院皮特里博物馆，这是以现代考古学奠基人之一的皮特里（Petrie）命名的博物馆。

法很可能是正确的，因为在下面的讨论中可以看到，中国古代就是用这组勾股数来确定直角的，并且借助这样的确定，构建了中国古代借助数学认识、理解和表达现实世界的方法。

勾股数与周天历度。在话题 11 中，我们讨论了《周髀算经》开篇周公所说的周天历度，是指群星围绕北极星运转的周期，恰好为阳历的一年，即 365 又 1/4 天。分析开篇上下文的逻辑关系可以知道，正是为了解释如何得到周天历度，商高说出了最简单的一组勾股数[①]，这也是勾股定理称谓的由来。为了便于分析，我们把周公与商高的对话抄录如下：

周公问：古者包牺立周天历度。夫天不可阶而升，地不可将尺寸而度。请问数从安出。

商高答：数之法出于圆方，圆出于方，方出于矩。矩出于九九八十一。故折矩，以为勾广三，股修四，径隅五。既方之，外半其一矩，环而共盘，得成三四五。

可以用现在的语言翻译如下：

周公问：古代伏羲制定周天历度。天如此之高不可阶梯、地如此之广不可度量，请问周天立度这个数是如何知道的呢？

商高答：数出于天圆地方，这是自然之形。圆出于方，方出于直角，直角出于数的自乘。基于数的自乘可以得到：勾广三，股修四，径隅五。道理是：既方之，外半其一矩，环而共盘，得成三四五。

商高的回答似乎是所答非所问，让人摸不到头绪。为了更好地理解上面的对话，必须回归到那个时代，了解周公和商高讨论问题的背景。

如话题 11 所讨论的，中国古代测算一年四季的方法为土

---

① 除了勾股数，书中还记载，陈子给出了求直角三角形斜边的一般算法：勾股各自乘、并而开方除之。所说的陈子大概是公元前 6、7 世纪的人，参见：章鸿钊. 周髀算经上之勾股普遍定义："陈子定理"[J]. 中国数学杂志，1951（1）：13-15.

圭之法，也就是在平台中央竖立一根杆子，测量这个杆子日影的长度。杆子长八尺，称为表，也称为髀，因此《周髀算经》说的是计算周朝那根八尺长杆子日影长度的学问。称其为学问是名副其实的，因为其中蕴含了非常深奥的道理，既包括直角三角形对应边成比例的数学知识，也包括天圆地方的宇宙观，还包括中华大地的最南段与北回归线恰巧重合的认知，甚至包含中国这个称谓的由来①。

使用土圭之法，首先要保证那根八尺长的杆子垂直于平台，这就要用到勾股数：把杆子插入平台处设为 O，以 O 为中心，在杆子上量出 3 个单位设为点 A，在平台上量出 4 个单位设为点 B，如果测得线段 AB 的长度为 5 个单位，那么根据勾股数的性质知道，三角形 AOB 是直角三角形。这就意味着，这根八尺长的杆子垂直于平台。这就是商高回答周公那段话的本意，商高是通过勾股数述说如何使用土圭之法。中国古代文献的述说言简意赅，只有清晰问题的背景、理清论述的逻辑，才能明白其蕴含的意义。

开篇之后，《周髀算经》进入正文，开始回答周公之问：天那么高不可攀登，如何能计算高度。这里所说的高度是指太阳的高度。《周髀算经》主要是论述如何用"土圭之法"测量太阳高度，在论述的过程中涉及中国古代的宇宙观，也涉及更为一般的勾股定理。

如何理解日影。对日影产生原因的认知，涉及对宇宙的认识。今天的科学告诉我们，地球是圆的，太阳距离地球很远（太阳光行走到地球大约需要 8 分钟，光速约 30 万千米每秒），这个距离与地球半径相比，可以视为无穷大，可以认为罗巴切夫斯基几何成立，也就是说，可以认为太阳光平行地照射到地球上的每一处。这样，如图 H13-1 所示，夏至那一天在北回归线上会出现"立杆无影"的现象，在北回归线以北的地方立起杆子则会出现影子。

---

① 参见：史宁中. 宅兹中国：周人确定"地中"的地理和文化依据［J］. 历史研究，2012 (6)：4-15.

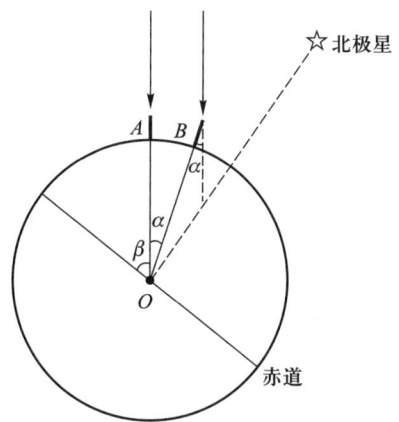

图 H13-1　日射角与纬度之间的关系

但是，中国古代的人们认为天圆地方，这样的说法大概源于"盖天说"。盖天说是中国古代认识天地的一种方法。中国古代还有两种学说，即宣夜说和浑天说，但这两种学说都要比盖天说晚，是汉以后的事情。《晋书·天文志上》和《隋书·天文志上》中有关的记载是相似的[①]："（盖天说）本庖牺氏周天历度，其所传则周公受于殷商，周人志之……其言天似盖笠，地法覆槃，天地各中高外下。北极之下为天地之中，其地最高，而滂沲四隤，三光隐映，以为昼夜。"从这段描写中可以知道，盖天说起源很早，可以追溯到伏羲，特别是文中说"周公受于殷商，周人志之"是比较可靠的，因此可以推断：周公时代对天地的认识主要是盖天说。盖天说的核心是天地同形，天像一个斗笠，地像一个扣着的盆，虽然地几乎是平的，但天地两者都是中间高、四周低。因为周天是围绕北极星运转的，所以天以北极星为最高。因为天地相似，所以地以北极星之下，即北极为最高。

在天圆地方的认知下，中国古代认为太阳距离地球并不遥远，佐证就是后羿射日、夸父逐日这些神话故事，还有计算太阳高度这样的想法。此外，中国的独特地理环境也深刻

---

① 参见：房玄龄，等. 晋书 [M]. 北京：中华书局，1974：278. 也参见：魏征. 隋书 [M]. 北京：中华书局，1973：505.

地影响了当时的人们对世界的认识。在商周时代,人们认为天下的最南端是番禺,因为番禺再往南就是浩瀚的大海。番禺恰好在北回归线附近,夏日立竿无影,如《吕氏春秋》所说①:"夏至日行近道,乃参与上。当枢之下无昼夜。白民之南,建木之下,日中无影,呼而无响,盖天地之中也。"因为夏至正午太阳在头顶正上方,立竿无影,中国古代认为那里就是天地之中。番禺以北的地方均是立竿有影,于是认为立竿有影的地方就偏离了天地之中,离天地之中越远则影子越长。就像在一间大房间的中央悬挂一盏灯,在房间的地上树立竿子,灯下无影,离灯越远则影子越长。

太阳并不遥远。根据这种认识世界的方法,《周髀算经》借助陈子之口述说了下面的结论②:夏至正午,在番禺立竿无影,在周都城咸阳立八尺之表测得影长为 1.6 尺,咸阳南下到番禺的距离为 1.6 万里;根据成比例的想法,两个大小不同的直角三角形,如果其中一个锐角的角度相同,那么,这两个直角三角形直角边的边长之比成比例,即:咸阳直角三角形的直角边之比等于天下直角三角形的直角边之比,这样就可以计算太阳的高度。设太阳的高度为 x,可以得到下面的比例关系:

$$\frac{8}{1.6} = \frac{x}{16\,000}$$

于是计算得到太阳的高度为 8 万里。

那么,周代的 8 万里折合现今的长度单位是多少呢?或者说,如何知道周代 1 里是现在的多少米呢?下面我们来分析这个问题。

《周礼·地官·大司徒》中说"景一寸地千里",也如《周髀算经》中说"法曰:周髀长八尺,勾之损益寸千里",这就是说,在同一经度,如果夏至正午南北两地日影长相差一寸,那么这两地距离相差千里。历代学者,特别是隋唐以

---

① 参见:诸子集成:卷6 [M]. 上海:上海书店, 1986: 166.
② 参见:周髀算经译注 [M]. 程贞一, 闻人军, 译注. 上海:上海古籍出版社, 2012: 137.

后的学者普遍认为这个说法是错误的。我想，很可能这些学者的理解有误，利用现代初中数学的知识计算如下。

8 尺长的杆子，如果日影长度相差一寸，即 0.1，那么两条直角边之比为 0.1/8 = 0.012 5，利用反正切函数可以得到日射角为 0°43′，对应角度大约为 0.716°。因为地球近似为圆，经线周长大约为 4×10^4 千米，1° 对应的长度大约为 4×10^4/360° = 111（千米），所以"景一寸"对应的距离近似为① 111×0.716 = 79.5（千米）。

这样，周代的"千里"大约等于现在的 80 千米，太阳高度 8 万里大约等于现在的 6 400 千米，因此中国古代认为太阳并不那么遥远。根据这样的测算，过去的历史地理书籍，普遍认为周代的 1 里大约等于现在的 300 米可能是不对的。

中国称谓的由来

在话题 11，我们讨论了中国古代如何利用土圭之法制定一年四季和二十四节气，涉及中国古代如何用数学的眼光认识时间；在上一个话题，我们讨论了中国古代如何利土圭之法测量太阳的高度，涉及中国古代发明的勾股数和勾股定理。在这个话题，我们将讨论中国称谓的由来。如果认定中国是指最中间的国，那么这个话题将会涉及周人的管理制度、对周天下疆域的认知，以及如何判断天下之中，更一般地说，这将涉及中国古代如何用数学的眼光认识地理方位。

<u>中国称谓的物证</u>。1965 年，陕西省宝鸡县贾村塬出土了西周早期一位何姓贵族定制的祭器，称为何尊，尊的内部铸

---

① 详细分析参见：史宁中. 宅兹中国：周人确定"地中"的地理和文化依据 [J]. 历史研究，2012（6）：4-15.

有 122 字的铭文，记述周成王五年，成王继承武王遗志，营建东都成周，事成之后成王在大殿对宗族小子的训话，其中说道①：

> 唯王初壅，宅于成周。……唯武王既克大邑商，则廷告于天，曰：余其宅兹中国，自兹乂民。

于是就有了"宅兹中国"一词，这是至今发现的最早记载"中国"这个词的物证，这个词出自武王之口。武王死后其子成王继位，成王年幼，托付文王四子、武王同母兄弟周公摄政七年。《尚书大传》记载周公摄政七年作了下面的事情：一年救乱，二年克殷，三年践奄，四年建侯卫，五年营成周，六年制礼作乐，七年致政成王。其中"五年营成周"与铭文的记载是一致的。

从中可以看到，选择"地中"营都成周是武王之意，正如《左传》所说："昔武王克商，迁九鼎于洛邑。"而武王选择"地中"的目的在铭文中已经说得很清楚了：可以告诉上天，我居住在中国，自此而治民。或许，包括武王在内的当时的人们普遍认为，能够获取"地中"而建都，那么统治天下就名正言顺。也如《吕氏春秋·慎势》所说："古之王者，择天下之中而立国，择国之中而立宫，择宫之中而立庙。"这里所说的"天下之中"便是"地中"的意思，是指在周天下的正中间所立的国为中国，这也就是武王所说的中国。

<mark>如何确定天下之中</mark>。在那个地理知识相当贫乏的年代，应当如何确定地中在哪里呢？下面一段文字给出了答案，《周礼·地官·大司徒》中记载：

> 以土圭之法测土深，正日景，以求地中。日南则景短多暑，日北则景长多寒，日东则景夕多风，日西则景朝多阴。日至之景尺有五寸，谓之地中：天地之所合也，四时之所交也，风雨之所会也，阴阳之所和也。然则百物阜安，乃建王

---

① 参见：徐中舒. 殷周金文集录 [M]. 成都：四川人民出版社，1984：245.

国焉，制其畿方千里耳封树之。

在注释中，郑玄引用郑众的话说①："土圭之长尺有五寸，以夏至之日立八尺之表，其景适与土圭等，谓之地中。今颖川阳城地为然。"这里说的就是用土圭之法测定地中的过程，其中土圭是一个一尺五寸长的尺子。夏至正午立八尺之表，然后测这个表的影长，影长恰好等于土圭之长的地方便是地中。周认定这个地方是颖川阳城，也就是现在的河南省登封市告成镇，那里存有周公观景台等遗迹。下面，我们用现代知识分析登封告成的地理方位。

回顾话题 13 中的图 H13-1，其中 A 表示北回归线上的点，夏至正午立杆无影，角 β 是北回归线与赤道平面的夹角，即北纬度数等于 $23°26'$，称为回归角；B 表示登封告成，夏至正午立杆有影，$\alpha = 10°37'$ 是日射角。因为太阳光平行，根据平行线内错角相等的性质，地心角 $\angle AOB = \alpha$，可以得到登封告成的北纬度数是 $\alpha+\beta = 10°37'+23°26' = 34°03'$，但登封告成的实际纬度是北纬 $34°23'$，计算结果比实际数据大约小 $20'$，这个差异主要是北极星的微小移动引起的②。

如图 H13-1 所示，北极星的方向决定了赤道平面，回归角就是赤道平面与北回归线之间的夹角。历史资料表明，随着北极星的微小移动，这个夹角逐渐缩小，大约每年缩小 $0.46''(1' = 60'')$。周距今大约 3 000 年，据此推算，这段时间北极星大约移动了 $0.46''×3\,000 = 1\,380''$，折算后大约为 $23'$，这样就大体上抵消了上面计算的差异。由此可以计算得到 3000 年前的回归角大约为 $23°49'$，这样的推理是否正确呢？我们用元代郭守敬的数据作为佐证，郭守敬在全国设立 27 个天文观测点③，南起南海（西沙群岛）、北至北海（贝加尔湖）、东起高丽（朝鲜半岛）、西至西凉州（甘肃省

---

① 参见：十三经注疏整理委员会. 十三经注疏：周礼注疏 [M]. 北京：北京大学出版社，2000：295-300.
② 更确切地说，应当是地球自转轴方向发生微小移动引起的。
③ 参见：宋濂. 元史 [M]. 北京：中华书局，1976：1000-1001.

威武市），通过观测得到①：黄赤道内外极度，即回归角为 23°33′，这个数值正是在 3000 年前的结果 23°49′ 和现在的结果 23°26′ 之间。

通过上面的分析可以判断，无论是我们的论证，还是《周礼·地官·大司徒》的记载都是正确的。周人判断地中的思路是这样的：通过土圭之法所说的"尺有五寸"计算日射角，通过日射角加回归角"计算得到"登封告成的纬度。如前所述，计算得到的纬度与实际纬度"相差无几"，因此，郑玄所说"地中是登封告成"的论断是正确的。那么，现在的关键问题：为什么影长"尺有五寸"的地方就是地中呢？

基于天圆地方的认识论，中国古代称"地方"的四个边为东方、西方、南方、北方这四个方位，如果确定了南北方位的中线和东西方位的中线，那么这两条中线的交点就是地中。《周礼·地官·大司徒》中采用的就是这样的方法确立地中，后来南北朝祖暅发明的"五表法"测定地中的方法②，实际上也借用了这样的思想。

南北方位的中。对前面引用的《周礼·地官·大司徒》中关于地中的论述，郑玄引用郑众的话进行说明之后，进一步解释③：

> 景尺有五寸者，南戴日下万五千里，地与星辰四游升降于三万里之中，是以半之得地之中也。畿方千里，取象于日一寸为正。

这句话非常不好理解，以至于东汉蔡邕说④："以八尺之仪，度知天地之象，古有其器，而无其书。"或许是因为历代学者的研究兴趣大多数集中在分析"地与星辰四游"的含义，或者讨论"景一寸地千里"的说法是否正确，等等。

---

① 参见：宋濂. 元史［M］. 北京：中华书局，1976：3851.
② 参见：魏征. 隋书［M］. 北京：中华书局，1973：514-515.
③ 其中"畿方千里，取象于日一寸为正"就是本书话题 13 所说的"景一寸地千里"。
④ 参见：魏征. 隋书［M］. 北京：中华书局，1973：521.

我认为这句话说的是南北方位（即纬度），其含义是：夏至正午立 8 尺之表，在周天下的最南端番禺测得日影长为 0 尺，在最北端测得日影长为 3 尺。如图 H14-1 所示，日影长 1.5 在 0 和 3 之间，可以确认为地中，也就是文中所说"是以半之得地之中也"的意思。

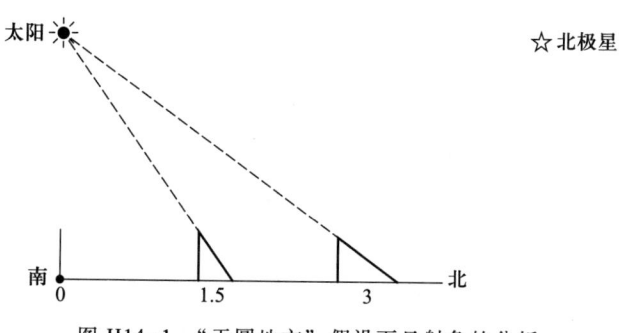

图 H14-1　"天圆地方"假设下日射角的分析

我们来分析上述理解是否正确。依然利用今天的数学知识和地理知识分析周公那个年代的地理方位，以及判断天下之中的理由；依然通过反正切函数得到日射角，再用日射角加上回归角得到北纬度数，计算如下：

最南端：比值 0/8 = 0，日射角 0°；北纬度数 0°+23°26′ = 23°26′。

最北端：比值 3/8 = 0.375，日射角 20°31′；北纬度数 20°31′+23°26′ = 43°57′。

这就是周公那个年代周天下的最南端和最北端。我们借助《山海经》分析上述计算结果与当时人们对地理的认知是否吻合。

最南端毋庸置疑。如果沿着登封告成的子午线（即经线），北回归线（即北纬23°26′）在现今的广州附近，再南就是大海。如《山海经·南山经》最后部分《南次三经》所说①："又东五百八十里，曰南禺之山。"其中南禺山指广东

---

① 参见：张步天. 山海经解 [M]. 香港：天马图书有限公司，2004：50-51.

的番山、禺山，在现在广州市番禺区。

最北端需要分析。查看地图，如果沿着登封告成的子午线，北纬 43°57′ 是在阴山以北。如《山海经·北山经》的《北次二经》所说①："又北三百里，曰敦题之山。无草木，多金玉。是錞于北海。"这里所说的北海是指贝加尔湖，是苏武牧羊的地方，如《汉书·苏武传》说："乃徙武北海上无人处。"但学者普遍认为《北次二经》最早是在战国以后，而《北次三经》才是西周古简，因此参照的对象应当是《北次三经》。谭其骧认为②："总括北山三经……北至内蒙古阴山以北直抵北纬四十三度迤北一线，这大概是不会错的。"这与计算得到的 43°57′ 吻合。由此认为，北纬四十三度迤北一线就是周天下的最北端，夏至正午"立表日影长 3 尺"。甚至可以想象，当时的周人确实进行了实地测量。

从图 H14-1 中还可以看到一个有趣的现象，如果大地真是是平的，并且太阳距离大地不很遥远，那么用日影 1.5 尺确定地中是不正确的。因为根据投影原理，影长 0 尺到 1.5 尺之间的距离不可能等于影长 1.5 尺到 3 尺之间的距离。但是，如果地球是圆的，并且太阳距离地球非常遥远，那么用日影 1.5 尺确定地中却是可以的。如此这般歪打正着，说明中国古代先哲们的直观能力相当强，往往不需要确切的理论和周密计算，就能把非常复杂的问题化简，应用得恰到好处。

东西方位的中。"尺有五寸"这个指标，只能确定南北方位的中，不能确定东西方位的中。对于东西方位的确定，中国古代很早就知道，可以利用日出时间差异，如《周髀算经》记载③："日在极东，东方日中，西方夜半。日在极西，西方日中，东方夜半。"

中国古代确定时间，主要是利用漏壶和刻漏这两种仪器，

---

① 参见：张步天. 山海经解 [M]. 香港：天马图书有限公司，2004：131.
② 参见：谭其骧. 长水粹编 [M]. 石家庄：河北教育出版社，2000：327.
③ 参见：算经十书：上册 [M]. 钱宝琮，点校. 北京：中华书局，1963：53.

原理是一样的，用水壶泄水或者接水。商周时代已经出现这样的仪器，并且有专人负责，为《周礼·夏官》所说的"挈壶氏"。考古发现，古埃及以及古巴比伦人在公元前15世纪就使用了漏壶，于是汉学家李约瑟推断，漏壶是阿拉伯传入中国的。李约瑟的这个说法可能有些武断，因为制作漏壶的想法和工艺都非常简单，并不需要引入。

在那个年代，调整漏壶或刻漏水流量与时间的关系不仅参照日影的变化，还参照夜晚星辰的方位。汉代学者桓谭做过管理刻漏的官员，他在《新论·离事》中说①："余前为郎，典刻漏，燥湿寒温辄异度，故有昏明昼夜。昼日参以晷景，暮夜参以星宿，则得其正。"刻漏的时间单位是"刻"，把一天分为100刻。现代生活仍然使用刻来计算时间，一刻钟15分钟，一日96刻。中国古代"刻"的设定一直发生变化：西汉末年规定一日为120刻②，南北朝规定一日96刻③，虽然这样的设定都比一日100刻更加合理，但不知为什么，中国古代实施这两种规定的时间都很短暂。

无论如何，商周的人们可以用漏壶规定当地的"标准时间"。《周礼·地官·大司徒》说"日东则景夕，日西则景朝"大概就是这个意思，如《周礼注疏》的解释④："日东则景夕多风者，据中表之东表而言，亦于昼漏半中表景得正时，东表日已跌矣……"这样，就可以用时间度量距离，比如，可以做这样的推断：同一纬度上两地标准时间之差与两地之间距离成正比。这样，在同一纬度上，C地在A、B两地中间，如果C地的"标准时间"等于A、B两地"标准时间"的平均，那么C地就必然在A、B两地的中点。

现在，我们依然运用现代数学知识和地理知识，分析周

---

① 参见：桓谭新论校注小组. 桓谭及其新论 [M]. 安徽大学出版社，1976：128.
② 参见：班固. 汉书·哀帝纪：卷11 [M]. 北京：中华书局，1962：340.
③ 参见：阮元. 畴人传：第9卷 [M]. 扬州：广陵书社，2009：98.
④ 参见：十三经注疏整理委员会. 十三经注疏：周礼注疏 [M]. 北京：北京大学出版社，2000：251.

人对地理方位的认知是否合理。我们知道，登封告成在北纬 34°、东经 113°。通过计算可以得到，北纬 34°纬线的周长为 33 170 千米，经度 1°对应的距离为 33 170/360≈92（千米），按一天为 100 刻计算，时差 1 刻对应的距离为 33 170/100≈332（千米）。

周天下的最东方是山东半岛。周人对山东半岛了如指掌，《山海经·东山经》有四个次经，除东二次经的南端涉及苏皖以外，其余三经首尾全在山东境内。山东半岛东端大约在北纬 36°，与登封告成的纬度相差不大。从经度看，山东半岛东端在东经 122°，与登封告成的经度相差 122°-113°=9°，两地间的距离大约为 92×9=828（千米），两地日出时间相差为 828/332≈2.5（刻）。这个时间差大约是现在的半小时，可以认为，当时的人们对这样的时间差是能够分辨清楚的。

周天下的最西方是指甘肃渭源。谭其骧在评论《西山经》时说①："（渭源）再往西已经超出作者（指《山海经》的作者）的地理知识范围。"这也是周人的认知范围。渭源是黄河最大的支流古渭河的发源地，是黄河上游古文明的中心之一。渭源的纬度约为北纬 35°，也与登封告成大致相当。渭源的经度约为 104°，与登封告成经度相差 113°-104°=9°，与山东半岛东端所差完全一样。因此，把登封告成认定为东西之中是正确的。

据此可以推断，周天下的范围大体是：南起广东番禺、北至内蒙古阴山，东起山东半岛、西至甘肃渭源，登封告成恰为其中。通过上面的分析可以看到，周人借助数学的眼光认识、理解和表达中国，即天下之中，思路是合理的，方法是可行的，结果是可信的。

---

① 参见：谭其骧. 长水粹编［M］. 石家庄：河北教育出版社，2000：322.

话题 15　地球球形的认知与经纬线

从地球的称谓可以知道，我们生活在球面上①。可是，在那个天文地理的知识都相当贫乏的年代，古代的人们如何知道地球是球体呢？如何创造出用经纬线表达球体上的点呢？

地球是一个球体。与中国古代天圆地方的认识不同，古希腊人很早就认为地球是一个球体，这大概与海洋贸易有关。因为岛屿之间贸易的需要，古希腊人擅长航海，或许，通过对海上渐渐远去最后消失不见的白帆的观察与沉思，古希腊人就会自然而然地认为地球是一个球体，海洋在这个球体的表面上。公元前三世纪，古希腊学者阿基米德写出至今依然是流体静力学经典的著作《论浮体》，其中命题 2 明确述说："处于静止状态的任何流体的表面都是其中心与地球中心相同的球体表面。"这个命题不仅述说了地球是一个球体，并且述说了静态流体表面也是一个球面。

令人吃惊的是，比阿基米德更早的古希腊学者亚里士多德，通过月蚀认识到地球是球体。亚里士多德认为月蚀是由于地球遮挡了太阳光引起的，他把月球当作镜子，于是月蚀就是地球在镜子上的影子，他在《论天》中写道②：

在月蚀时，它的外线总是弯曲的；既然月蚀是由于地球插入（太阳与月亮）其间，那么，它外线的那种形状就应是地球的表面所造成的，所以，地球必定是圆球形。此外，通过对星体的观察，不仅表明地球是圆的，也表明它的体积并不大。

在我国东汉时期，人们开始接受地球是球体的观念，浑

---

① 中文"地球"一词出自意大利传教士利玛窦，他在《坤舆万国全图》中使用了该词。《坤舆万国全图》是利玛窦和李之藻合作绘制的世界地图，于明万历三十年在北京临摹，现存于南京博物院。

② 参见：苗力田. 亚里士多德全集：第二卷 [M]. 北京：中国人民大学出版社：350-351.

天说逐渐取代了盖天说。具体而言，人们的宇宙观从"天圆地方"转变为"天地同圆"，正如浑天说的重要代表张衡在其著作《浑天仪注》中所阐述的①：

> 浑天如鸡子。天体圆如弹丸，地如鸡子中黄，孤居于内。天大而地小，天表里有水，天之包地，犹壳之裹黄。天地各乘气而立，载水而浮。周天三百六十五度四分度之一。又中分之，则一百八十二度八分度之五覆地上，一百八十二度八分度之五绕地下。故二十八宿半见半隐，其两端谓之南北极。北极乃天之中也，在正北，出地上三十六度。然则北极上规经七十二度，常见不隐。南极天地之中也，在正南，入地三十六度。南极下规七十二度，常伏不见。两极相去一百八十二度半强。天转如车毂之运也，周旋无端，其形浑浑，故曰浑天也。

可见，与盖天说不同，浑天说认为天不是一个半球，而是一个圆球，地球在其中，就如鸡蛋黄在鸡蛋内部一样。浑天说并不认为"天球"就是宇宙的界限，而认为"天球"之外还有别的世界，即张衡所说的："过此而往者，未之或知也。未之或知者，宇宙之谓也。宇之表无极，宙之端无穷。"

"浑天"这个词最初见于西汉末扬雄的《法言·重黎》，其说："或问浑天。曰：落下闳营之，鲜于妄人度之，耿中丞象之。"这里所说的"浑天"是指浑天仪，因为借助浑天仪可以进行更精确的观测，由此可以制定更精确的历法，于是浑天说就逐渐取代了盖天说。到了唐代，天文学家一行等人通过天地测试彻底否定了盖天说。因为扬雄是与《天问》对照说出了上面那段话，于是有些学者认为，可以把浑天说溯源到战国时期的屈原，因为《天问》说："圜则九重，孰营度之？"其中的"圜"就是天球的意思。

地球赤道周长与经纬线。早在 2 200 多年前，曾任亚历

---

① 参见：扬雄. 法言义疏 [M]. 北京：中华书局，1987：321.

山大城图书馆馆长的古希腊学者埃拉托色尼，通过测量计算出地球的周长。

亚历山大城位于尼罗河三角洲西侧，伸入地中海与法鲁斯岛相连，是现在埃及第二大城市。亚历山大城以航海灯塔闻名，高122米的灯塔是世界七大奇迹之一，建在法鲁斯岛上。但更具有传奇色彩的是建于公元前295年、毁于公元391年的亚历山大城图书馆。

这座图书馆开了图书编目之先河。为了便于对收集到的书籍进行管理，这座图书馆对书籍进行编目，也正因为如此，西方的古典著作才开始有了书名[1]。在近七百年的历程中，这座图书馆创立了许多影响至今的文化：收集了大量的珍贵文献，如《荷马史诗》、古希腊的三大悲剧的手稿、希伯来文及翻译成希腊文的《旧约全书》、欧几里得《几何原本》等，各类纸莎草书多达50多万卷。大批优秀学者会聚在这座图书馆中，做出了杰出的工作，比如，希罗菲鲁斯创造了人体解剖的方法、欧几里得创立了几何学、阿里斯托芬开创了词汇学、阿波罗尼奥斯研究了圆锥曲线、阿基米德提出了杠杆原理和浮力定律、梅内劳斯写出球面研究的第一部著作、托勒密写出巨著《天文学大全》，当然还有埃拉托色尼。

埃拉托色尼于公元前234年任亚历山大图书馆的馆长，是这个图书馆第一位研究自然科学的馆长。埃拉托色尼开地理学之先河，被西方誉为地理学之父。有一天，他在一本书中读到，每逢夏至的正午，位于尼罗河第一瀑布的塞伊尼（现在的阿斯旺）竖立起的木棒不会出现影子，太阳光能够直射到井里的水面上。夏至这一天，他在亚历山大也竖立起了木棒，却出现了偏角大约7°的影子，于是埃拉托色尼设想，因为太阳距离地球非常遥远，太阳光应当平行地照在地球上，又因为地球是圆的，所以竖立在地球上的木棒，有的地方有影子，有的地方没有影子，如图H15-1所示。

---

[1] 参见：张强. 西方古典著作的稿本、抄本与校本 [J]. 历史研究，2007 (4)：179-189.

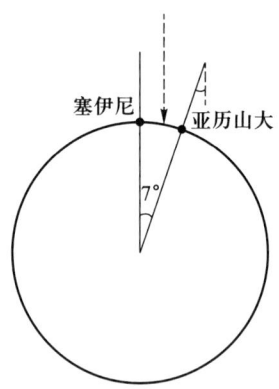

图 H15-1 塞伊尼与亚历山大城的日影示意

根据平行线内错角相等的原理，如果从塞伊尼和亚历山大分别向地球地心处连直线，其夹角即圆心角也应大约为 7°，除以圆周角得到 $7°/360° \approx 0.02$，可以推算，地球赤道的周长大约为塞伊尼与亚历山大之间距离的 50 倍。于是埃拉托色尼派人测量了这两地之间的距离，大约为 5 000 希腊里（约 800 千米），这样，埃拉托色尼推算出地球的周长约 $800 \times 50 = 40\ 000$（千米）。这个结论与现代测量的地球赤道周长（约 40 076 千米）相差无几。

西方普遍认为，是亚里士多德第一个发明了确定地球上点的位置的方法。亚里士多德发现，越接近赤道越热，越靠近北极越冷，于是他构想把圆形的大地划分为五个平行的气候带：广阔的赤道地区是热带，两个寒冷的极地是寒带，在热带和寒带之间是温带，并称这样划分的线为纬线[①]。后来，古希腊学者托勒密在八卷本的《地理学》中提出，绘制地图不仅需要纬度也需要经度。为了把地球的位置平面化，他设计了扇形的经纬线，并绘制出著名的"托勒密地图"。虽然这个地图始终没有被应用，但托勒密依然被西方称为地图学

---

① 参见：乔治·萨顿. 希腊黄金时代的古代科学 [M]. 鲁旭东，译. 郑州：大象出版社，2010：653.

之父①。

在中国古代，用经线和纬线表示位置的方法至少可以上溯到周代。《周礼注疏》中说②"以天下地理之图，周知九州之地域广轮之数"，对其中的"广轮之数"，马融注为"东西为广，南北为轮"。后来，西汉学者戴德在其选编的《大戴礼记·易本命》中记载③"凡地东西为纬，南北为经"，对这句话的注释提到了上述马融的注。这就说明，在汉代称为经和纬的概念在周代就已经有了，就是周代所说的广和轮。

到了晋代，用经纬表示地图的方法已经成熟，集中表现在裴秀的工作中。裴秀既是一位学者，也是一位官员。公元267年，晋武帝任命裴秀为司空，大概相当于现在的副总理，裴秀在地图学方面的成就与他担当的这个职务有关。裴秀主持编绘的《禹贡地域图》共18篇，这是以疆域政区为主的历史地图集，是我国有案可查的第一部历史地图集。在为此图撰写的序中，裴秀提出制图的六条原则，记载在《晋书》卷三十五中④。后来，这六条原则成为中国地图史学中的著名"制图六体"理论，其中论及比例尺，也论及用经纬（文中用的依然是广轮）构建的矩形网格坐标。由于裴秀对中国地图绘制的重要影响，李约瑟称其为⑤"中国科学制图学之父"。

图 H15-2 就是根据裴秀理论构想出来的宏观经纬坐标⑥。可以看到，由于古代人们对南极没有明确的概念，故只能画出一个所有经线朝向北极的扇形地图。托勒密设计的扇形经纬线大概也是如此。

---

① 参见：中国大百科全书：地理学 [M]. 北京：中国大百科全书出版社，1990：109，431.
② 参见：贾公彦. 周礼注疏：上 [M]. 上海：上海古籍出版社，2010：334.
③ 参见：王聘珍. 大戴礼记解诂 [M]. 北京：中华书局，1983：258.
④ 参见：房玄龄，等. 晋书 [M]. 北京：中华书局，1974，1040.
⑤ 参见：李约瑟. 中国科学技术史：第五卷 [M]. 北京：科学出版社，1976：108-117.
⑥ 参见：刘钢. 古地图密码：1418 [M]. 桂林：广西师范大学出版社，2009：147.

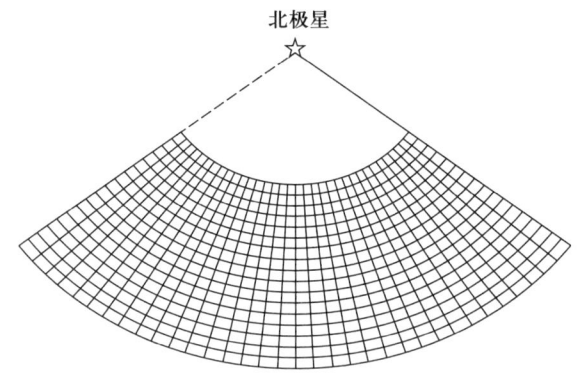

图 H15-2 裴秀"制图六体"示意图

 平行线公理与三种类型的几何

初中数学开始渗透公理化的思想，如问题 3 所讨论的那样，教师要引导学生经历依据基本事实的论证过程，感悟数学的逻辑，体会数学的严谨性。初中阶段要学习的几何中，平行线公理是最重要的基本事实，教材的表述是：

过已知直线外一点，存在且仅存在作一条直线与已知直线平行。

也如问题 3 所说，这个公理是 16 世纪英国地质学家、数学家普莱费尔给出的，是对欧几里得几何第五公设的修改。后来，数学家发现，如果不改变欧几里得几何的其他公理和公设，只是修改这个公设，还可以得到其他不同类型的几何。比如，

过已知直线外一点，可以作两条以上直线与已知直线平行。

基于这样的修改，可以得到罗巴切夫斯基几何。

过已知直线外一点，不存在直线与已知直线平行。

基于这样的修改，可以得到黎曼几何。

这样，基于三种形式的平行线公理，可以得到三种类

型的几何。后来数学家们终于明白，所谓的公理并不是不证自明的事实，更恰当的称谓应当是假设，所谓的公理体系是在不同假设下的论证系统，或称为数学结构。虽然我们曾经讨论过罗巴切夫斯基几何和黎曼几何，但是，由于平行线公理对初中数学的重要性，在本话题中我们继续进行总结性讨论。

我们将从两个方面讨论在三种假设下三种几何的差异：一方面是针对数学结论，即在不同假设下会得到什么样的数学结论；另一方面是针对现实，即这三种几何分别描述了什么样的现实表达。对这个话题的讨论，希望能引发初中数学教师的思考，从而更好地理解和把握几何学的本质，认知数学公理化体系的本质，并把这样的理解和把握落实到几何教学中去。

不同的数学结论。欧几里得平面几何的所有命题都与平面的性质有关，如果改变了面的几何构造，那么欧几里得平面几何的许多命题都可能需要修正。比如，下面六个等价命题就是如此：

① 过直线外一点有且仅有一条平行线。
② 直线段长度可以由勾股定理计算。
③ 三角形内角和为 180°。
④ 任意多边形的外角和为 360°。
⑤ 圆的周长为半径的 2π 倍。
⑥ 同弧上圆心角为圆周角的 2 倍。

第一个命题是关于平行线公理的，这个公理的改变是引发平面几何体系改变的导火索，如前所述，三种公理（假设）可以导致三种几何；第二个命题涉及几何构造的本质，如何确定距离是刻画空间的关键；第三个命题是平面几何构造改变的直接结果，如同下面所讨论的那样，这个命题引发了数学家的深入研究；第四个命题是第三个命题的直接推论；第五个命题涉及圆的周长与直径长度的比，如同下面所讨论的那样，这个问题是本质的；第六个命题是第五个命题的直接推论。

三角形内角和。三角形的内角和等于 180° 是一个常识，但这个命题与承载三角形的面的几何构造息息相关。如果承载三角形的面是曲面，分别如图 H16-1 和图 H16-2 所示的黎曼几何曲面和罗巴切夫斯基几何曲面，三角形的内角和就会分别大于和小于 180°。

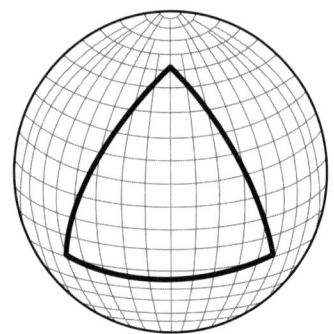

图 H16-1　黎曼几何：高斯曲率为正的曲面

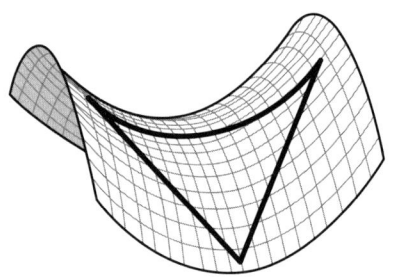

图 H16-2　罗巴切夫斯基几何：高斯曲率为负的曲面

高斯发现了一个非常重要的事实，在曲面上，三角形内角和的大小不仅与这个曲面的弯曲程度有关，还与三角形在曲面上的面积有关。高斯用微分的方法给出了刻画曲面弯曲程度的度量方法，人们称之为高斯曲率[1]。基于这样的度量方法，1827 年高斯在论文中给出了计算三角形内角和的统一公式：

$$三角形内角和 = \int_A k(a)\,\mathrm{d}a + \pi$$

---

[1]　类似平面法向量与平面的夹角。

其中 $k(a)$ 表示高斯曲率，A 表示曲面上三角形所围成的区域。

如果高斯曲率等于 0，就得到欧几里得几何的结果，三角形内角和等于 180°；如果高斯曲率为正，如图 H16-1 所示，那么上述积分为正，三角形内角和大于 180°；如果高斯曲率为负，如图 H16-2 所示，那么上述积分为负，三角形内角和小于 180°。后来人们称这种借助微分的几何研究为微分几何。1844 年，法国数学家博内把上述高斯公式推广到一般闭曲线围成的单连通区域，法国数学家韦依于 1942 年、美籍华人数学家陈省身于 1944 年，进一步把这个工作推广到高维闭黎曼流形。

圆的周长与直径的比。通过上面的讨论可以启发我们想象，圆的性质必然与承载圆的面的几何结构有关。下面我们借助球面来分析这个问题。

如图 H16-3 所示，以球面上的一个点 O 为圆心，在球面上画一个圆①，用 Q 表示这个圆。在球面上，过点 O 做一条直线，与圆 Q 相交于 A 和 B 两点，为球面上圆 Q 的直径，这就是以 A 和 B 两点为端点过点 O 的大圆的劣弧；定义半径为劣弧长度的一半，用 R 表示。在圆 Q 所在平面上连接 A 和 B 两点，为平面上圆 Q 的直径；定义半径为直径的一半，用 r 表示。用 c 表示平面上圆 Q 的周长，根据平面几何的知识可知，$c = 2\pi r$。

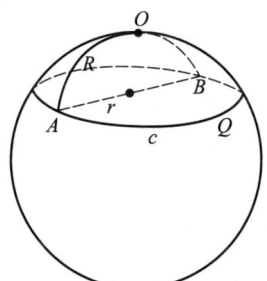

图 H16-3　平面上圆周长与球面上圆周长

---

① 即在球面上与点 O 距离相等的那些点所组成的集合。

因为 $R>r$，有 $2\pi R > 2\pi r = c$，这就说明，在球面上，前面所说的第五个命题不成立。

<mark>不同的现实表达</mark>。我们通过话题 15 的讨论已经知道，至少在地球的范围内，欧几里得几何还是适用的。下面分析罗巴切夫斯基几何与黎曼几何所表达的现实。

<mark>北极出地与罗巴切夫斯基几何</mark>。话题 15 中说到，东汉天文学家张衡发明了浑仪，提出了浑天说，但浑仪比较复杂，元代天文学家、数学家郭守敬经过缜密地研究，去掉了浑仪上黄道圈、子午圈等不必要的部件，加强了赤道的精度，人们称这样的浑仪为简仪。简仪是纯赤道式天象观察仪，其构造与现代天文望远镜使用的赤道装置是一样的，因此，尽管郭守敬没有发明天文望远镜，但他被誉为现代天文望远镜赤道装置的创始人①。

郭守敬非常清楚，为了精准确定赤道平面，就必须进行多点观测，不仅观测点要多，观测的范围也是越广越好。于是他给忽必烈奏折②：

唐一行开元间令南宫说天下测景，书中见者凡十三处。今疆宇比唐尤大，若不远方测验，日月交食分数时刻不同，昼夜长短不同，日月星辰去天高下不同，即目测验人少，可先南北立表，取直测景。

这里所说的"一行"是指唐代天文学家张遂。郭守敬的意思是说，唐代张遂在开元年间（724 年）曾经进行过大规模的天文观测，设立了十三个观测点，当今疆域更大了，应当设立更多的观测点。忽必烈接受了郭守敬的建议，下令在全国建立了 27 个观测点。

这次大规模观测最重要的成果之一，就是测定了各个观测点的"北极出地"。北极出地是古代中国天文学的一个重要概念，是指北极星与地面的高度所形成的角度，即观测者所

---

① 参见：李约瑟. 中国科学技术史：第四卷［M］. 北京：科学出版社，1975：467-489.
② 参见：宋濂. 元史［M］. 北京：中华书局，1976：3848.

处地平线与观测者和北极星连线所形成夹角的角度。不可思议的是，北极出地与现在所说的北纬完全吻合。2008 年前后，我曾苦思冥想其中的道理，直到有一次在厦门开会的早晨，我突然想到，或许要用到罗巴切夫斯基几何进行论证，于是马上着手验证，问题迎刃而解。我同时意识到，中国古代先民凭借直觉就非常清晰地认识并且使用了罗巴切夫斯基几何。下面，我们来分析这个问题。

如图 H16-4 所示，用 O 表示地心、N 表示北极星，赤道平面是以连线 NO 为法向量经过 O 的平面。北半球的观测点 A 的北纬度数，就是 AO 连线与赤道平面的夹角 α。如果过点 A 做地球的切平面，那么点 A 的北极出地是连线 NA 与切平面的夹角 α'。下面说明，北极出地恰好等于北纬度数。

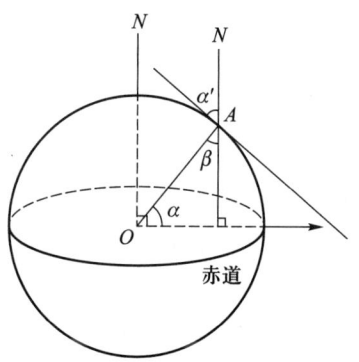

图 H16-4　北极出地与纬度之间的关系

北极星距离地球 400 光年，而地球半径只有 6 000 多千米，可以认为，北极星的距离相对于地球半径是无穷远点，这正对应于直角的正切值，可以认为，NA 与 NO 平行。如图 H16-4 所示，因为 $\alpha+\beta=90°=\alpha'+\beta$，所以 $\alpha=\alpha'$，也就是说，北极出地与北纬度数相等。

人们称这种认识现实世界的几何为罗巴切夫斯基几何，其基本特征是，过直线外一点可以作无数多条平行线，如上所述，从北极星出发，可以作无数多条到达地球的平行线。

北极出地的概念应当与浑天说有关，可能出现在汉代，这要比罗巴切夫斯基几何的发明早许多。与赤道平面的构想一样，中国古代先民往往不追求严格的论证，仅凭直觉就能把许多非常重要的结果应用得恰到好处，令人叹为观止。同时，他们对结果合理性的判断凭借的是经验和想象，可以省略许多不必要的复杂步骤。但我们也应当看到，这样的认识问题的方法，无法构建知识之间的关联，也很难形成系统的理论，不利于进行深入研究，也不利于知识的继承与传播。

飞行路线与黎曼几何。考虑球面上的两点间距离，比如，考虑北京与纽约之间的距离。北京大约位于北纬40°东经116°，纽约大约位于北纬40°西经74°，纬度基本相同，因此从北京沿着北纬40°线一直向东行可以到达纽约，行程大约为14 411千米。但是，这个行程不是北京与纽约之间的最短行程，北京与纽约间的飞机航线并不沿这条线。

球面上的最短距离要基于黎曼几何进行度量。根据黎曼几何，过球面上两点的直线是大圆，大圆的劣弧是两点间最短距离。可以这样思考，对于球面上的任意两点，都能像切西瓜那样，过这两个点把球切开，切出的轨迹是一个圆，于是可以得到两条连接两点的弧线，称较短的那条弧线为劣弧。因为切的角度不同得到的圆的周长也不同，得到劣弧的长度也不同。可以想象并且验证，经过球心的那个圆的周长最长，称这样的圆周为过两点的大圆，大圆的劣弧是球面上连接这两点的最短段，因此，黎曼几何定义大圆劣弧的长度为两点间距离。比如，北京与纽约大圆劣弧距离大约为11 005千米，比沿北纬40°线的行程大约缩短3 406千米，飞机的航线沿大圆劣弧设计，需要经过北冰洋的上空。

人们称这种认识现实世界的几何为黎曼几何，其基本特征是，所有直线，即大圆都相交，没有平行线，比如，地球上所有的经线都要相交于两极。

话题  直角坐标系的提出

在一些介绍数学文化的小册子中，我们可以看到多种版本的笛卡儿发明直角坐标系的故事，有的说笛卡儿受到房屋顶棚角落蜘蛛网的启发，还有的说笛卡儿为了确定房间里苍蝇的位置，让人觉得杜撰的成分太浓。但我在评审义务教育数学教材时也看到了类似表述，于是想借此机会，讨论一下笛卡儿发明直角坐标系的过程及其所想。无论如何，笛卡儿发明直角坐标系不是一蹴而就的，这与他的哲学思想以及他对数学的理解紧密相关。

<u>哲学思想与数学理解</u>。笛卡儿在数学上做出了杰出的贡献，笛卡儿创立的解析几何引入了变量的思想，这样的思想最终成为牛顿和莱布尼茨发明微积分思想的数学基础。但是，笛卡儿更为重要的贡献却是在哲学方面。

文艺复兴发端于地中海沿岸的意大利，逐渐扩展到整个欧洲。人们重新认识古希腊文明，重新认识古希腊艺术所彰显的人文精神，在中世纪的宗教社会中恢复了人的地位和尊严。于是，人的主动性得到空前的发挥，新的思想、新的科学、新的技术如雨后春笋般涌现出来。

论及文艺复兴时代产生的新思想，必然要涉及两位杰出的哲学家，一位是英国哲学家培根，一位是解析几何的创始人、法国哲学家笛卡儿。这两位学者倡导理性的精神和实证的方法，无论是对自然科学还是对人文科学，都产生了积极而深远的影响。

培根探求科学研究的新方法是在批判传统的亚里士多德三段论的基础上，开创了系统的归纳逻辑的思维方法，他认为这样的方法可以用于发现真理，并把自己的著作命名为《新工具》。培根的名言"知识就是力量"，是现代科学发出的第一声呐喊。笛卡儿的名言"我思故我在"，是对人的理智的呼唤，给哲学也给数学带来了思维的和理性的尊严。笛卡儿也寻求建立真理的方法，强调直觉和演绎；笛卡儿信

赖数学，认为科学的本质就是数学，并且身体力行地研究数学。笛卡儿的思想深刻地影响了 17 世纪的欧洲，影响了牛顿和莱布尼茨。

1637 年，笛卡儿发表了名著《科学中正确运用理性和追求真理的方法论》，人们通常简称这部著作为《方法论》。在这部著作中，笛卡儿说出了他对数学的看法①：

> 我发现在逻辑方面，三段论式和大部分其他法则只能用来向别人说明已知的东西……并不能求知未知的东西……至于古代人的几何和近代人的代数，都是只研究非常抽象、看来毫无用处的题材，此外，前者始终局限于考察图形，因而只有把想象力累得疲于奔命才能运用理解力；后者一味拿规则和数字来摆布人，弄得我们只觉得纷乱晦涩、头昏脑胀，得不到什么培养心灵的学问。就是因为这个，我才想到要寻找另外一种方法，包含这三种学问的长处，而没有他们的短处。

笛卡儿在《方法论》的附录"几何学"中实践了上述想法，他所要寻找的另外一种方法就是现在人们所说的解析几何。在笛卡儿工作的基础上，后代数学家发展了解析几何的研究方法，把传统欧几里得几何学（包括基于三段论的演绎推理）与代数学有机地结合起来。解析几何的出现，使变量得到直观理解和刻画，促进数学取得根本性发展，正如恩格斯所说的那样②：

> 数学中的转折点是笛卡儿的变量，有了它，运动进入了数学，因而，辩证法进入了数学，因而微分和积分的运算也就立刻成为必要的了，它们也就立刻产生了。

《方法论》的附录"几何学"共分三章。第一章的题目为"仅使用直线和圆的作图问题"，讨论如何利用尺规作图把

---

① 参见：笛卡儿. 谈谈方法 [M]. 王太庆，译. 北京：商务印书馆，2007：15.（也译为《方法论》）

② 参见：恩格斯. 自然辩证法 [M]. 于光远，等译. 北京：人民出版社，1984：164.

算术问题转为几何问题；第二章的题目为"曲线的性质"，在这一章，笛卡儿批评了传统的尺规作图方法，认为研究复杂曲线应当引入度量，于是发明了坐标系和解析几何；第三章的题目为"立体及超立体问题的作图"，讨论高次方程的根与几何作图的关系。

今天，"尺规作图"仍然是初中几何的重要内容，但很少有人把尺规作图与代数方程的根联系起来，然而这就是笛卡儿的重大突破。下面，我们来分析笛卡儿的解析几何与欧几里得几何的差别，从而感知笛卡儿发明解析几何的思维起点。以求二次方程的根为例，考虑下面的三个二次方程[①]：

$$y^2 = ay+b^2, \quad y^2 = -ay+b^2, \quad y^2 = ay-b^2$$

笛卡儿分别讨论了这三个方程，分析如何通过尺规作图的方法给出方程的解。下面我们只分析第一个二次方程。

通过变形，得到第一个二次方程的等价形式：

$$\left(y-\frac{1}{2}a\right)^2 = \frac{1}{4}a^2+b^2$$

进一步可以得到

$$y = \frac{1}{2}a + \sqrt{\frac{1}{4}a^2+b^2}$$

这样，借助勾股定理，可以用尺规作图得到根号下所要求的线段的长度，进而用线段的四则运算得到 y 所对应的线段。用类似的方法，可以得到其他两个二次方程的根所对应的线段。在此基础上，笛卡儿又把问题推广到四次方程的形式：

$$x^4 = ax^2+b^2$$

证明利用二次方程的结果，可以用尺规作图得到

$$x = \sqrt{\frac{1}{2}a + \sqrt{\frac{1}{4}a^2+b^2}}$$

所对应的线段。

[①] 参见：笛卡儿. 笛卡儿几何 [M]. 袁向东, 译. 北京：北京大学出版社, 2008：5-6.

传统的尺规作图只是为了得到基于线段长度的，也就是基于自然数四则运算的结果；而笛卡儿有意识地把几何作图与一般形式的代数方程相结合，用线段长度解释和表达方程的解。特别需要说明的是，通过表达形式可以看到，笛卡儿的心灵闪耀着理性的光芒，因为他已经利用几何与代数相结合的方法，述说了现代数学"数域扩张"思想的雏形[①]。

<u>直角坐标系的发明</u>。但是，真正引发笛卡儿思考并且创立直角坐标系的原因，是帕波斯问题，也就是"3条或4条直线的轨迹"问题。古希腊学者阿波罗尼奥斯在他著作《圆锥曲线论》第三卷的后半部分专门讨论了这个问题，他把问题表述为：

在平面上给定三条直线，令一动点到其中一条直线距离的平方与到另外两条直线距离的乘积成正比，求这个动点的轨迹。

如果给定四条直线，就把结论从"到其中一条直线距离的平方"改为"到另外两条直线距离的乘积"。阿波罗尼奥斯用几何的方法研究了这个问题，证明了这个动点的轨迹是圆锥曲线，他对自己得到的结论感到很自豪，并在其著作《圆锥曲线论》的序言中写道：

第三卷包含许多……令人不可思议的和最完美的定理，其中绝大部分都是新的，而且当我们掌握这些时便知道，欧几里得未曾作出的三线和四线轨迹，只有很艰难地偶然解出部分问题，因为没有我们所发现的事实它们就不可能被圆满解出。

几百年以后，亚历山大图书馆的数学家帕波斯把这个问题推广到四条以上直线和任意给定角，后来人们称这样的问题为帕波斯问题。笛卡儿对帕波斯问题很感兴趣，在解决这个问题的过程中萌发了建立坐标系的构想。

---

① 参见本书话题22的讨论。

借助图 H17-1，我们用现代语言把帕波斯问题描述如下①：

帕波斯问题。如图所示，有四条给定的直线 AB，AD，EF 和 GH，求点 C 描出的轨迹，使得过点 C 的四条线段 CB，CD，CF 和 CH 与给定直线成给定角时，CB 和 CF 的积等于 CD 和 CH 的积。

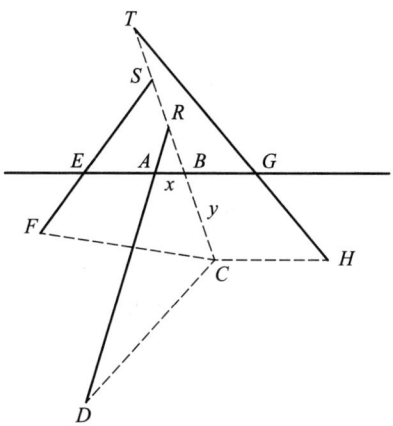

图 H17-1　四条直线的帕波斯问题

由条件知道，点 C 的轨迹中有两个变量，设 A 和 B 之间的线段长度为 x，B 和 C 之间的线段长度为 y，利用条件建立 x 和 y 之间的关系就得到一个曲线方程，这是一个椭圆曲线。为了把问题论述得更加清晰，笛卡儿建立了坐标系，借助坐标系得到曲线方程。虽然笛卡儿最初建立的坐标系的两个轴不是相互垂直的，但在《几何学》第二卷后来的论述中，他建立的大多数都是直角坐标系。

欧几里得几何研究的是静态的图形，而笛卡儿创建几何的初衷就是要用代数的方法表达动点的轨迹。可以看到，要实现代数方法与几何图形的有机结合，借助坐标系是明智之举。从这个意义上看，伴随数学发展的需要，数学家发明坐标系应当是一种必然。

---

① 参见：笛卡儿. 笛卡儿几何 [M]. 袁向东，译. 北京：北京大学出版社，2008：9-12, 26-36.

话题 18 极坐标与球坐标

通过平面直角坐标系可以知道，要在平面上表达一个点的位置和运动轨迹，需要用两个元素的数组表示点的位置，用两个变量表示这个点的运动轨迹，这也是人们把平面称为二维空间的缘由。以此类比，如果用三个元素的数组表示点的位置，用三个变量表示这个点的运动轨迹，这也是人们把空间称为三维空间的缘由。

在平面上，除了直角坐标系以外，如图 H18-1 所示，还可以利用一条射线构建坐标系。对于平面上的一个点 A，连接这个点到射线端点 O 得到线段 OA，就可以用线段长度，即两点间距离 $\rho = |OA|$ 和线段 OA 与射线夹角 θ 表示这个点的位置，这是两个元素的数组，人们称这样的表达方式为极坐标。在许多情况下，用极坐标刻画动点的运动轨迹更为方便。

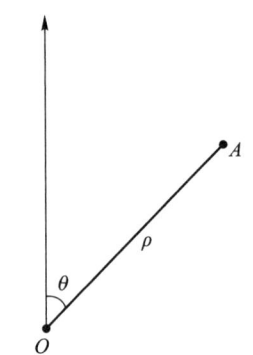

图 H18-1 用极坐标表示点的位置

古代的极坐标：距离与方位。因为极坐标是利用距离与方位表达点的位置，对于日常生活而言，这是一种看得见、摸得着的方法，因此，极坐标是比直角坐标系更加自然、更为实用的方法。

大多数古老民族都以北极星确定方位，如话题 14 所述，中国古代以北极星为北方，构建了四面八方的概念，四面是指东、南、西、北，八方是在四面上再加东北、东南、西南、西北，提出八个判断方位的参考系，构建角度的依据是观察北极星所形成的射线。

在确定方位后，还要确定射线的原点。人们通常以政治中心或文化中心为原点，比如，中国古代称这样的原点为"地中"即"天下之中"，其中的天下是指周天下，现在人们广泛使用的"中国""中原""中华"等称谓都与此有关。又如，大家熟知的一句谚语"条条大路通罗马"，出自《罗马典故》就是以罗马作为射线的原点，这与当年罗马帝国的极度扩张有关。确定了原点之后，就可以度量所在地与原点之间的距离，然后从原点出发，借助北极星判断所在地的方位，用距离和方位表达所在地的位置，这就是远古时代人们使用的极坐标。可以看到，这样的极坐标设定的根据依然是罗巴切夫斯基几何，即北半球任何处观察北极星得到的射线都是平行的。

极坐标与直角坐标系。在数学领域，牛顿是首位使用极坐标表达平面上点的位置的人，这一创新出现在牛顿的著作《流数法与无穷级数》之中，这部著作大约成书于1671年，出版于1736年。然而因为1691年伯努利在《教师学报》上发表了与极坐标有关的论文，人们通常认为是伯努利发明的极坐标。1729年，法国数学家赫尔曼进一步完善了极坐标，给出了直角坐标与极坐标的变换公式。现在人们普遍使用的极坐标表达形式是欧拉在1748年出版的著作《无穷分析引论》中确立的。

在现代数学中，如果要建立极坐标，就必须讨论极坐标与直角坐标系之间的关系，因为直角坐标系更为司空见惯。对于平面上设定的直角坐标系，让极坐标射线的原点与直角坐标系原点重合，方向与 x 轴的正方向重合。对于给定的点 A，连接原点得到线段 OA。如果点 A 的坐标为 $A(x,y)$，对应的极坐标是 (ρ,θ)，其中 ρ 为线段长，θ 为线段与 x 轴的夹角，那么，可以用直角坐标系的坐标表示极坐标的坐标，表示形式为

$$\rho^2 = x^2 + y^2, \qquad \tan\theta = \frac{y}{x}$$

反之，也可以用极坐标的坐标表示直角坐标系的坐标，表示形式为

$$x = \rho\cos\theta, \quad y = \rho\sin\theta$$

下面，我们讨论用极坐标表示的几种常见曲线。

用极坐标表示直线和圆。在直角坐标系中，如果一条直线经过原点，那么连接原点 O 和直线上任意点 $A(x,y)$ 的直线方程可以表示为 $y=ax$，其中 a 为斜率。可以得到这条直线的极坐标表达：

$$\tan\theta = a$$

因为直线经过原点，只需要知道斜率，方法简洁明快。但是，如果直线不经过原点，用极坐标表达就比较困难，有兴趣的读者可以自己尝试写出这样的表达。

用极坐标表达与光滑的弧线有关的曲线非常便捷，比如，用极坐标表达圆的方程。一个圆心在直角坐标系原点的圆，设半径为 r，则极坐标方程为

$$\rho^2 = r^2$$

其中 ρ 表示圆上的点。

与圆的表达相关，伯努利曾用极坐标表达直角坐标系中的双纽线方程，如图 H18-2 所示，在直角坐标系的表达与在极坐标的表达分别为

$$(x^2+y^2)^2 = a^2(x^2-y^2), \quad \rho^2 = a^2\cos 2\theta$$

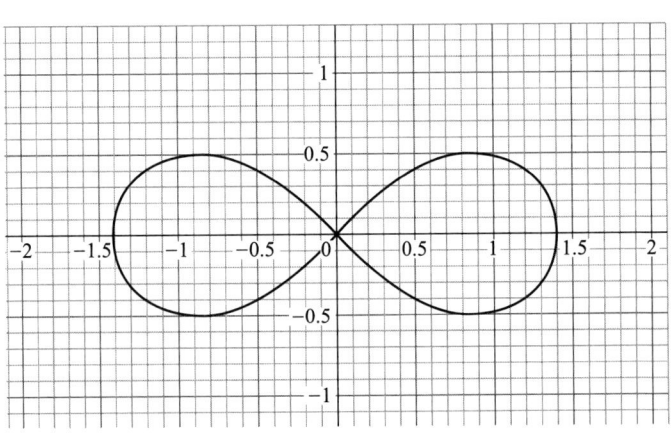

图 H18-2 双纽线图形

球坐标与高维直角坐标系。可以用类比的方法，把二维直角坐标系拓展到三维直角坐标系。用交于一点 O 的三条相互垂直的直线构成的，类比数轴和二维直角坐标系，对每条直线标上方向和相同的长度单位，分别称为 X 轴、Y 轴、Z 轴。这样，空间中的任何一个点，可以用三个元素的数组 (x,y,z) 表示，称为三维直角坐标系，称点 O 为直角坐标系的原点。因为两条相交的直线确定一个平面，所以作为坐标的三条直线可以构成三个平面，分别称为 XOY 平面、XOZ 平面、YOZ 平面。数学家完全凭借想象，把这样的方法拓展到更一般的 n 维空间直角坐标系，其中一个点对应数组 $(x_1,x_2,\cdots,x_n)$，称这样表达的空间为 n 维空间。

可以看到，在构建几何空间的过程中，数学经历了两次抽象，第一次是基于现实的，得到了一维、二维和三维空间；第二次抽象是基于思辨的，得到非现实的 n 维空间。对于数的概念的形成也是如此，数学经历了两次抽象，第一是基于现实的，从数量中抽象出数，通过四则运算拓展到有理数，通过解方程得到无理数和复数，通过极限运算拓展到更一般的、具有连续性的实数和复空间；第二次抽象是基于思辨的，得到非现实的四元数、向量和矩阵。相应的运算也得到进一步抽象。

使用同样的方法，可以把二维极坐标拓展到三维球坐标。对于空间中直角坐标为 (x,y,z) 的点 P，对应的极坐标有序数组为 (ρ,θ,φ)，其中 ρ 为点 P 到原点 O 的距离，θ 为有向线段 OP 与 Z 轴正向夹角。令 OM 为 OP 在 XOY 平面上的投影，φ 为 XOY 平面上有向线段 OM 与 x 轴的夹角。借助三角函数，从极坐标到直角坐标系的变换可以表达为

$$x = \rho \sin\theta \cos\varphi$$
$$y = \rho \sin\theta \sin\varphi$$
$$z = \rho \cos\theta$$

这样，当固定其中一个参数时，可以得到不同的曲面：ρ 为常数时，表示原点为球心的球面；θ 为常数时，表示原点为顶点、z 轴为中心轴的圆锥面；φ 为常数时，表示过 z 轴的平

面。类比极坐标和三维球坐标，人们又创建了更为一般的 n 维空间的球坐标，对于 n 维直角坐标系，这两个坐标之间的变换可以表示为

$$x_1 = \rho \cos \theta_1$$
$$x_2 = \rho \sin \theta_1 \cos \theta_2$$
$$\cdots\cdots\cdots\cdots$$
$$x_{n-1} = \rho \sin \theta_1 \sin \theta_2 \cdots \sin \theta_{n-2} \cos \theta_{n-1}$$
$$x_n = \rho \sin \theta_1 \sin \theta_2 \cdots \sin \theta_{n-1} \cos \theta_n$$

这样，可以把 n 维直角坐标系表示的圆心在原点的 n 维球面

$$x_1^2 + x_2^2 + \cdots + x_n^2 = r^2$$

用高维球坐标表示为

$$\rho^2 = r^2$$

的形式，其中 ρ 表示球面上的点到原点的距离，夹角是任意的。可以看到，用类比的方法拓展坐标系的表达，无论是直角坐标系还是极坐标系，都是非常自然、合理的。

 欧几里得全等公理的局限性

我们曾经讨论欧几里得几何公理体系的局限性，其中包括问题 1 讨论的几何概念，即几何学研究对象的确立，也包括问题 3 简单分析的第四、第五公理表达的不严谨，还包括话题 16 讨论的平行线公理，即第五公设。本话题将认真分析关于全等的第四个公理，并且讨论希尔伯特是如何修改的。这样的讨论有助于初中数学教师更好地把握初中平面几何的本质。

欧几里得《几何原本》的第四公理是这样表述的：

彼此能重合的物体是全等的。

现在问题的关键是，很难说清楚什么是重合。按照通常的理解，物体的重合必然会涉及物体的运动，但是，欧几里

得几何公理体系没有涉及物体的运动。即便如此，我们也可以想象，欧几里得在建立这个公理时，头脑中思考的一定是不改变物体形状的运动，也就是说，一定不是把盆里的水倒到碗里那样的运动，而是把一块石头从这里移动到那里的运动，也就是今天人们所说的刚体运动。

如前所示，自从欧几里得几何诞生以后的两千多年里，数学家们逐渐发现了许多问题，并且不断修正。最终德国数学家希尔伯特构建了崭新的几何体系，并且努力体现公理体系基本特征，这就是独立性、相容性和完备性。希尔伯特所构建的几何公理体系，彻底摆脱了几何直观和物理属性的约束，实现了公理体系的第二次抽象。

希尔伯特与高斯都是哥廷根大学的教授，不过希尔伯特比高斯晚整一个世纪。在这跨越百年的岁月里，哥廷根大学汇聚了众多数学家，有雅可比、狄利克雷、黎曼，还有与希尔伯特同时代的克莱因和闵可夫斯基。这样一群仍被当今大学数学系学生所熟知并敬仰的数学家，深刻彰显了哥廷根大学在数学领域所承载的悠久而深厚的传统。

希尔伯特于 1899 年出版了著作《几何基础》的第一版，其原本是 1889 年—1899 年给学生授课的讲义，后来接受克莱因的建议，1899 年以纪念高斯文集的形式出版。后经多次修改，最后一版是 1930 年的第七版[①]。可以看到，希尔伯特所构建的公理体系要比欧几里得公理体系庞杂得多，或许这是为了修补两千多年来人们研究欧几里得公理体系的过程中所发现的漏洞，从而形成一个完备的逻辑体系。

回顾问题 1 的讨论，希尔伯特用符号表达了点、直线、平面这些几何学最为基本的研究对象，然后用公理述说这些研究对象的性质，以及这些研究对象之间的关系。《几何基础》这部著作共分七章，第一章题目就是"五组公理"。

第一组公理为关联公理，述说了两点决定一条直线，三

---

① 参见：希尔伯特. 几何基础：第 2 版 [M]. 江泽涵，朱鼎勋，译. 北京：科学出版社，1995.

点决定一个平面的几何特性,并蕴含了点在直线上、直线在平面上的隶属关系。第二组公理为顺序公理,规定点在直线上的位置关系,比如,一条直线上的三个不同点,有且仅有一个点在其他两个点之间,顺序关系是数学研究对象之间最基本的关系①。第三组公理为合同公理,是与欧几里得图形全等有关的一些公理,我们将会在下面详细讨论。第四组公理为平行公理,正如话题 16 讨论的那样,这组公理述说了欧几里得平面几何的本质。第五组为连续公理,引进了无穷集合的概念。下面讨论与全等有关的公理,即五组公理中的第三组公理。

第三组公理:合同公理

1. 设 A 和 B 是一条直线 a 上的两个点,C 是这条直线或另一条直线 b 上的一个点,而且给定了直线 b 上点 C 的一侧,则在直线 b 上点 C 的这一侧,恒有一个点 D,使得线段 AB 与线段 CD 合同或者相等,用记号表示为:$AB = CD$。

2. 若两条线段都与第三条线段合同,则它们彼此也合同.

3. 设线段 AB 和 BC 在同一条直线 a 上,线段 DE 和 EF 在同一条直线 b 上。如果 $AB = DE$ 且 $BC = EF$,则 $AC = DF$。

4. 设给定了一个平面 α 上的一个角 $\angle(h, k)$,一个平面 β 上的一条直线 b,以及平面 β 上 b 的一侧。设 g 是平面 β 上从点 O 起始的一条射线,则平面 β 上恰有一条从点 O 起始的射线 s,使两个角 $\angle(h, k)$ 与 $\angle(g, s)$ 合同或相等,而且使 $\angle(g, s)$ 的内部在平面 β 上给定的一侧,用符号表示为:$\angle(h, k) = \angle(g, s)$。每一个角与它自己合同。

5. 若两个三角形 ABC 和 DEF 满足下列合同式:$AB = DE$,$AC = DF$,$\angle BAC = \angle EDF$,则也有合同式 $\angle ABC = \angle DEF$。

上面五个公理中,公理 1 是说相等的线段存在②,相等的线段可能是在同一条直线上,也可能是在另一条直线上;公理 2 是说欧几里得几何的第一个公理,即等量的等量相等;

---

① 对数量多少的感知和对距离远近的感知都是对顺序的感知,这是人类构建逻辑推理的前提。
② 回顾本书问题 18 的讨论,存在性的假设是非常重要的。

公理3是说线段的可加性,可以体会希尔伯特构思的巧妙;公理4是关于角度的相等;公理5是线段、角度相等关系的复合。

可以看到,《义务教育数学课程标准(2022年版)》把"边角边"作为基本事实,本质上是采用了希尔伯特《几何基础》合同公理中的公理5。这样表述,既克服了欧几里得几何图形全等表述的局限,也不用涉及图形运动等更为复杂的概念。

公理体系的合理性

初中阶段的数学教育,是学生感悟公理体系的开始,也是基于公理体系进行逻辑推理的发端,因此,作为一名初中数学教师,很好地理解公理体系是必要的。我们已经简要讨论了算术公理体系、欧几里得几何公理体系和希尔伯特几何公理体系,这些公理体系提供了数学研究的出发点,可是,应当如何判断公理体系的合理性呢?

希尔伯特《几何基础》这部著作的第二章,讨论了他所构建的公理体系的合理性,这也是这部著作的重点。最初,希尔伯特认为,如果这个公理体系是相容的并且公理相互之间是独立的,这个公理体系就是合理的,因此第二章设定的题目是:公理的相容性和互相独立性。后来希尔伯特又加了一条限制,即公理的完备性。

所谓相容性就是指公理之间无矛盾,也就是说,不可能从公理体系所设定的几组公理出发,用逻辑推理的方法得到与设定的其他某一个公理矛盾的结果。更确切地说,不能从公理体系的公理出发,用逻辑推理的方法既证明某个命题的正确性,又证明这个命题否命题的正确性。大多数数学家对公理体现的相容性都确信无疑,比如,希尔伯特的学生、德国数学家外尔曾明确地说①：

> 关于真理，纯粹数学只承认一个条件，而且是它必须承受的条件，那就是相容性。

可是，如何验证公理体系的相容性，更确切地说，一个公理体系能够证明自身的相容性吗？他认为这个命题是正确的，是可以证明的。他把他所构建的几何公理体系的相容性转化为算术公理体系的相容性，并且把"算术公理的无矛盾性"作为1900年巴黎数学家大会上提出23个问题中的第2个问题。

独立性是指五组公理中的任何一组公理都不是其他几组公理的逻辑推论。在《几何基础》第二章，希尔伯特借助代数的语言证明了他所给出的五组公理的独立性。

关于完备性的思想，在希尔伯特《几何基础》的"导言"中就有所体现："为几何建立一个完备的、尽可能简单的公理系统，要根据这个系统推证最重要的几何定理。"可以这样理解完备性，在某一个研究领域建立了公理体系，如果这个公理体系是完备的，那么对于任意一个基于这个公理体系概念的有意义的命题，用这个体系所提供的公理判断这个命题的真伪都是充分的。

1925年，在纪念魏尔斯特拉斯的一个会议上，希尔伯特发表了名为《论无限》的著名讲演，进一步强调完备性对数学的重要②：

> 能被这样处理的那种根本问题的一个例子，是每个数学问题都是可解的这样一个论题。我们大家都相信真是如此。事实上处理一个数学问题的主要吸引力之一，是我们总听到我们心里在喊：这里有一个数学问题，去求它的解吧！你只要通过思考就能找到它，因为在数学里没有永远不可知的东

---

① 参见：外尔. 数学与自然科学之哲学 [M]. 齐民友, 译. 上海：上海科技教育出版社, 2007：35.
② 参见：保罗·贝纳塞拉夫, 希拉里·普特南. 数学哲学 [M]. 朱水林, 应制夷, 凌康源, 等译. 北京：商务印书馆, 2003：230.

西。我的证明论并不能提供解出每一个数学问题的一般方法，这样的方法是不存在的。然而这个证明（每一个数学问题都是可解的这个假定是一个一致性假定）完全在我们的理论范围内。

可以看到，希尔伯特不仅对数学的效能，而且对他提出的纲领都充满信心。正如他所说的那样，正因为有了这样的信心，数学家们才孜孜不倦地寻求各种数学猜想的答案。但是，事实证明，希尔伯特的纲领是不可能实现的。下面，我们从逻辑分析和实例验证两个方面讨论。

逻辑分析：公理体系的完备性与相容性。下面先分析公理体系的完备性。1931年，美籍奥地利数学家哥德尔发表了一篇划时代的论文[①]，使得整个数学界为之震惊。那篇论文否定了包括算术公理体系在内的公理体系的完备性，文章的开始部分写得非常深刻，转载如下：

在较精确的意义上说，数学的发展已经导致它的大范围形式化，以至于证明竟然可以依照少数几条机械规则实现。目前，最丰富的形式系统，一个是怀特海和罗素合著的《数学原理》建立的系统，另一个是策梅罗-弗兰克尔的 ZF 集合论公理系统。这两个系统足够广博，现代数学中使用的所有证明方法都可以在系统中形式化，即都可以从几条公理和推理规则演绎出来。因此，似乎可以合理地推测，这些公理和推理规则对判定所有在系统中能够描述的数学问题是充分的。下面将要指出的是，事情并非如此！在上述两个系统中，存在相对简单的初等数论问题，不能在该系统中基于公理而判定。

如文中所说，怀特海和罗素的《数学原理》的系统和策梅罗-弗兰克尔的 ZF 集合论公理系统，是现代数学的基石，但是，存在相对简单的算术命题在这两个公理体系不能判断

---

① 参见：格勃尔. 哲学逻辑[M]. 张清宇，陈慕泽，等译. 北京：中国人民大学出版社，2008：80.

正确与否，这样哥德尔就论证了公理体系的完备性是不可能的，人们称这个结论为"哥德尔第一不完全性定理"。

哥德尔的论证方法大体是这样的，把公理体系中的每一个概念指派一个正整数，于是每个命题都可以通过算术指派一个数，现在人们称这样的数为"哥德尔数"。比如，指派 1 对应自然数 1，指派 2 对应等号，于是命题"1 = 1"就对应整数组"1，2，1"；基于最小素数 2，3，5，指派这个命题的"哥德尔数"就是 $2^1 \cdot 3^2 \cdot 5^1 = 90$。因为是基于最小素数的，这样的指派是唯一的，这就构成了公理体系与算术之间的一个映射。

利用这些算术术语，哥德尔构造了一个语句 G，这个语句指派的哥德尔数是 n，而这个语句 G 的表述是：n 在这个系统中不可证。也就是说，构造了一个"我是不可证明的"这样的语句。对于这个语句的真伪判断，下面两个命题中只有一个成立：

G 是真的，但在这个系统中不可证；
G 是假的，但在这个系统中可证。

因为数学的逻辑判断只能用来"求真"，不能用来"证伪"，所以上述第二个命题不能成为数学命题，而第一个命题恰恰就是哥德尔得到的结论。这样，哥德尔的结论就宣判了至少对于迄今为止人们所使用的、形式化公理体系的完备性不成立。

后来，哥德尔又给出了关于公理体系相容性的结论：如果一个公理体系是相容的，就不能证明它自身的相容性。人们称这个结论为"哥德尔第二不完全性定理"。

哥德尔的证明思路大体是这样的，用"consis"表示系统相容的算术语句，用"⊆"表示蕴含的技术符号，对于语句 X，Y，Y⊆X 读作"如果 X，则 Y"。显然，如果有 X，Y，Y⊆X 为真，那么 Y 也为真；同样，在一个公理体系中，如果 X，Y，Y⊆X 可以证明，那么 Y 也可以证明。如果仍用 G 表示命题：n 在这个系统中不可证，那么根据"哥德尔第一不完全性定理",关系 G ⊆ consis 为真。这样,如果语句 consis 是可以证明的,那么 G 就是可以证明的,这恰是上面曾经论述到的第二个命题,对于数学逻辑判断不成立,基于反证法,否命题语句 consis 是不可以证明的。这样就得出结论。

现在,考虑这个命题的逆否命题:如果一个公理体系可以证明自身的相容性,那么这个公理体系就是不相容的。这样就彻底否定了希尔伯特关于"算术公理的无矛盾性"的猜想,因此,希尔伯特试图通过《几何基础》给出的几组公理,论证这个公理体系的相容性也是不可能的。

实例验证:公理体系的完备性和相容性。我们讨论一个具体的例子,来更加直观地说明策梅罗-弗兰克尔的 ZF 集合论公理系统是不完备的,也就是说,存在一个非常具体的、非常明晰的数学命题,无法通过 ZF 集合论公理系统判断这个命题的真伪。这个例子就是著名的希尔伯特第一问题。

希尔伯特第一问题。20 世纪最引人注目的数学事件莫过于希尔伯特在第二次国际数学家大会上所作的演讲。1900 年 8 月 8 日,在巴黎大学的一个报告厅,年仅 38 岁的希尔伯特用德语发表了他的演讲①。他提出了 23 个问题,这些问题深刻地影响了整个 20 世纪世界数学的发展。第一个问题是连续统的问题。

如话题 9 所述,康托定义了集合之后,希望度量集合的大小,即集合中元素的个数,也称为基数。基数用希伯来文的第一个字母 $\aleph$ 表示,发音为"阿列夫"。因为包含自然数的所有集合元素的个数都是无穷多,于是康托借助一一对应的方法定义了无穷多,并且证明,有理数集合 **Q** 的基数与自然数集合 **N** 的基数一样大,实数集合 **R** 的基数要大于自然数集合 **N** 的基数。于是康托设想,无穷大概也能像自然数那样从小到大排序,其中自然数集合的基数最小,称为"阿

---

① 参见:希尔伯特. 数学问题 [M]. 李文林,袁向东,编译. 大连:大连理工大学出版社,2009:63-65.

列夫 0"，即可数多个，之后为"阿列夫 1""阿列夫 2"，其表达形式为

$$\aleph_0, \aleph_1, \aleph_2, \cdots$$

可以看到，这完全是自然数的类比。

现在的问题是，如何理解实数集合的势？用 C 表示实数集合的势，康托已经证明了实数集合的势大于自然数集合的势，于是在 1884 年发表了他的猜想：$C = \aleph_1$。

因为在 1872 年，德国数学家戴德金构造性地证明了实数的连续性，于是数学家们就称实数集合的势 C 为连续统。包括希尔伯特在内的那个时代的许多数学家都认为，在自然数集合的势与实数集合的势之间不会有其他的无穷多，于是他们称康托的这个猜想为连续统假设。对于现代数学，连续统假设的重要性是不言而喻的，因此，希尔伯特把连续统假设作为 23 个问题中的第一个问题提出来。

哥德尔曾经深入研究过连续统的问题，1947 年在《美国数学月刊》上发表题为《什么是康托的连续统问题》的论文[1]。在这篇论文中，哥德尔猜想[2]：连续统问题在 ZF 系统中是不可解的。直到 1963 年，美国数学家科恩用"力迫法"证明，连续统假设与 ZF 集合论公理体系独立，也就是说，作为一个命题，基于 ZF 集合论公理体系无法判断连续统假设正确与否。为此，科恩获得 1966 年度菲尔兹奖。从此，连续统假设成为现代数学中一个既不能证明又不能推翻的经典。数学与科学一样，只要有一个反例就意味着结论不成立，因此，连续统假设的例子说明公理体系完备性的论断是不正确的，也进一步说明，数学是人创造出来的一种语言，可以用来认识、理解和表达现实世界，但数学结论并不意味着事实本身，更不意味着它就是客观存在。

---

[1] 参见：GODEL. What is Cantors Continuum Problem? [J]. American Mathematical Monthly, 1947 (54): 515-525.

[2] 参见：王浩. 哥德尔 [M]. 康宏逵, 译. 上海：上海译文出版社, 1997: 415.

距离和基于距离定义的几何体系

希尔伯特构建的几何公理体系完全是形式的,研究对象是高度抽象的,如果没有欧几里得几何作为铺垫,就很难想象出希尔伯特定义的点、直线、平面的形态。这样,我们仔细分析哥德尔的两个不完全定理的论证思路可以发现,问题的要害在于公理体系的封闭性,也就是说,公理体系从概念提出、命题发想、命题表达,到命题验证,完全是自给自足。这也就是希尔伯特所说的公理体系的独立性,是哥德尔的论述没有论及的。

事实上,除了用名义定义的方法构建不触及内涵的基本概念之外,还有一个解决问题的思路,就是借助数学外部的概念构建几何学最基本的概念。或许,这样的思路是摆脱哥德尔不完全定理束缚的最好方案。那么,应当如何确定距离呢?我想,几何学最基本的概念是距离,因此,可以寻找合适的度量距离的工具,就像庞加莱曾经说过的那样①:

如果对距离、方向、直线的直觉不存在,简言之,对空间的这种直觉不存在,那么我们关于它所具有的信念从何而来?如果这只是一种幻觉,那么这种幻觉为什么如此牢固?考察一下这些问题是恰当的。我们说过,不存在关于大小的直觉,我们只能达到数量和我们的测量工具的关系。因此,如果没有测量空间的工具,我们便不能构造空间。

数学可以借鉴现实的或物理的概念,通过度量形成距离的概念。纵观社会发展的历史,人类学会精准度量距离经历了几千年,在中国经历了寸、尺的过程,在欧洲经历了脚、米的过程。后来人们发现,确定构建距离概念最可靠的方法就是利用"距离=时间×速度"这个模型,需要先确定时间和速度。1967 年,第 13 届国际计量大会利用原子钟的原理给

---

① 参见:彭加勒(庞加莱).科学与方法[M].李醒民,译.北京:商务印书馆,2006:74.

"秒"作了严格的定义：铯-133基态的两个超精细能级之间跃迁所对应的辐射的9 192 631 770个周期的持续时间。1983年，第17届国际计量大会通过了"米"的新定义：光在真空中1/299 792 458秒时间间隔内所经路径的长度。

这样我们就获得了距离的概念，使得时间和空间，由康德所说的获取知识的先验直觉变为了现实工具。有了这样的度量，就可以在几何体系中，不加说明地使用"距离"这个术语，就像我们在数学中曾经使用的"对应""多少""大小""前后"这样的概念一样。事实上，数学研究是抽象的、形式的，不需要进行真正的度量，只需要借助这样的概念作为数学表达的语言。

我们还需要建立一个基本原则：只有站在高维空间才能判断低维空间的几何特征。这个原则不是基于数学的，而是基于思维判断的。这就是说，只有在二维空间才能判断一条线是直的还是弯的，只有在三维空间才能判断一个面是平的还是曲的。因此，几何概念建立的原则是：

在线上定义点，建立点与点的关系；
在面上定义直线，建立点与线、线与线的关系；
在体上定义平面，建立线与面、面与面的关系。

借助上述原则和距离的概念，可以定义所有几何学的研究对象。比如，在面（并不要求平面）上定义所有与线有关的定义①。

直线段：面上任意两个不同点，可以有无数条线连接这两个点，称其中距离最短的连线为直线段，称这两个点为直线段的端点，称两点间的最短距离为直线段的长度。

射线：从直线段的一个端点出发，在面上按一个方向无限延长形成线，如果这条线上的任意两点间都构成直线段，称这条线为面上的射线。

直线：从直线段的两个端点出发，在面上向两个方向无

---

① 只有在三维空间才能判断一个面是不是平面。正因为如此，我们的定义不仅适用于欧几里得几何，也适用于罗巴切夫斯基几何和黎曼几何。

限延长形成线，如果这条线上的任意两点间都构成直线段，称这条线为面上的直线。

夹角：对于两条具有公共端点但不重合的直线段，分别在两个直线段上截取到公共端点同样长 r 的两个点，称连接这个两点的连线为弧，如果这个连线上的点到端点的距离都等于 r，称弧的长度为弧长，称弧长与 r 之比为面上的角①，比值越大角度越大。

三角形：面上不重合的三条直线段的端点两两重合，称所形成的图形为三角形。

点到直线距离：不在直线上的一个点与直线上的点形成直线段，称最短的直线段为这个点到直线的垂线，称垂线的长度为点到直线的距离，称垂线在直线上的点为垂足。

两条直线平行：面上的两条直线，如果一条直线的所有点到另一条直线的距离都相等，称这两条直线平行。

两条直线垂直：面上的两条直线，如果一条直线的所有点到另一条直线的垂足都为同一点，称这两条直线垂直。

用同样的方法，可以在三维空间的体上定义面，这样，基于三维空间可以构建一个新的基于定义的几何体系，包括研究对象的定义，也包括研究对象关系之间的定义。

可以看到，我们给出的定义既避免了欧几里得述说不清内涵和外延的定义，也避免了希尔伯特完全脱离直觉、彻底形式化的定义。我们构建的几何源于人们对现实世界空间形式的认识，借助了现实世界中距离的概念。在定义研究对象和研究对象之间关系的同时，也定义了传统意义的公理。这样的几何不需要任何公理体系，因为这样的几何学是对现实世界的一种回归，我们姑且称这样的几何学为现实几何②。

---

① 在一般情况下，角的计算需要用到平面的曲率，比如本书话题16讨论过的高斯曲率。
② 详细讨论参见：史宁中. 数学基本思想18讲 [M]. 北京：北京师范大学出版社，2016：第八讲.

话题  尺规作图的最大范围

《义务教育数学课程标准（2011年版）》强调尺规作图，《义务教育数学课程标准（2022年版）》进一步把尺规作图的部分内容下放到小学。如问题16所述，这是为了让学生在适当年龄动手操作，通过图形的构造过程感悟几何的抽象过程，培养想象力和几何直观。

古希腊学者重视几何学，不仅仅因为几何学的研究看得见、摸得着，更重要的是，他们充分认可几何学演绎推理的论证形式。因此，当他们解释不清楚无理数时，就尝试用几何作图的方法解释。可能与此有关，欧几里得《几何原本》五个公设中的前三个公设都与几何作图有关，这些公设给出了无刻度直尺和圆规作图的限制，后世学者称这样的作图方法为"尺规作图"。

尺规作图的最大范围。利用尺规作图，可以从单位线段出发进行线段的加、减、乘、除，如果把四则运算作图的结果看作单位线段的扩充，那么这样的扩充类似于把自然数集扩充到有理数集。通过尺规作图，还可以得到与 $\sqrt{2}$ 对应的线段，由此自然会产生这样的问题：通过尺规作图能够扩充到多大范围？能够得到与任何实数对应的线段吗？下面我们来讨论这个问题。

用代数方法分析尺规作图的功能，关键是分析无刻度直尺和圆规的作图功能。我们从有理数出发进行讨论，用 δ 表示单位线段，用 $a\delta$ 表示对应于有理数 a 的线段。

因为用无刻度直尺作图只能得到直线，所以在平面直角坐标系中有
$$Ax+By+C=0$$
其中 A，B，C 均为有理数。

因为用圆规只能得到圆，所以在平面直角坐标系中有
$$(x-s)^2+(y-t)^2=r^2$$

联立上面两个方程求解,可以得到圆与直线的交点的坐标 x,即得到二次方程

$$Ax^2+Bx+C=0$$

的解。由二次函数求根公式,解具有

$$\frac{-B\pm\sqrt{B^2-4AC}}{2A}$$

的形式。又因为在联立方程中 y 与 x 是对称的,坐标 y 也只能是这样的形式。这样,能够得到下面形式的集合:

$$W_1=\{a+b\sqrt{c};a,b,c\in\mathbf{Q}\},$$

其中 $\mathbf{Q}$ 为有理数集合。

可以看到,上面的集合包含了所有的有理数,也包含了与有理数的平方根有关的无理数。进一步,从集合 W_1 出发得到的新的集合,依然具有同样的形式,变化的只是用 W_1 替代有理数集合 $\mathbf{Q}$。这样,经过 k 步操作后,可以得到集合的形式:

$$W_k=\{a+b\sqrt{c};a,b,c\in W_{k-1}\}$$

借助数学归纳法可以证明,通过 k 步操作得到的 W_k 是有理系数 2^k 次方程的根,这就是用尺规作图可以得到的最大范围。

虽然古希腊学者用尺规作图的方法解释了 $\sqrt{2}$ 这样的无理数,认为几何学比代数学更加符合逻辑,用几何学解释无理数更加合理,但在事实上,古希腊学者并没有走得很远,用尺规作图解释代数运算的能力相当有限。无论如何,通过上面的讨论可以看到,不仅可以借助几何作图来讨论代数运算的问题,也可以反过来,借助代数运算来讨论几何图形的问题。后来,人们称用代数的方法讨论几何的研究为代数几何,至今为止,这个研究领域方兴未艾。

<u>三等分角的问题</u>。三等分角的问题就是用尺规作图的方法三等分任意给定角。这是一个非常著名的不可作图问题。在这个问题中,任意给定角是关键,对于特殊的角,比如平角和直角,很容易找到三等分角的方法。同时我们也知道,为了否定"任意"的命题,只需要找到"一个"特殊的情况,也就是说,针对现在的问题,只需要找到一个特殊角,论证

用尺规作图的方法不能三等分这个角。

阿基米德三等分角的作图。在数学发展的历史上，曾有不少学者设想各种方法解决这个问题，但这些方法都超出了尺规作图的限制，比如，下面的例子是在阿基米德的著作中发现的。

如图 H22-1 所示，对于任意给定的角 α，角的顶点为 O，过角的一个边作直线 w。以 O 为圆心、任意长 r 为半径画一个圆，直线 w 上方的半圆与角 α 的另一边交于点 A。在直尺上标出两点 B 和 C，使得线段 BC 的长度等于 r。然后，让直尺以点 A 为轴心，使点 B 保持在半圆上滑动，当点 C 恰好落在直线 w 上时停止，连接 AC，这时点 B 在半圆上。令 $\angle ACO = \beta$，下面证明 $\beta = \alpha/3$。

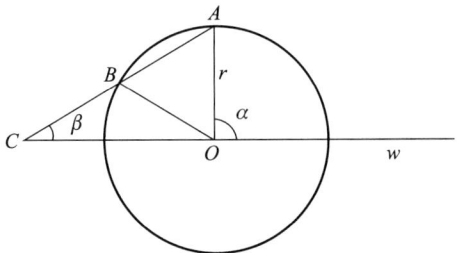

图 H22-1　三等分任意角的作图

因为 $\alpha = \beta + \angle CAO$，只要证明 $\angle CAO = 2\beta$。因为 $OA = OB$，则 $\angle CAO = \angle OBA$，只要证明 $\angle OBA = 2\beta$。又因为 $\angle OBA = \beta + \angle BOC$，只要证明 $\beta = \angle BOC$。由作图方法可以知道 $BC = r = BO$，因为等腰三角形的两个底角相等，所以结论成立。

阿基米德的构思相当巧妙，如果操作精细，确实能够作出一个角的三等分角。但是，按尺规作图的两个限制，这样的作图方法是不被允许的，主要原因是作图过程中"过分"地使用了直尺，因为尺规作图限制直尺只有联结两点作直线段的功能，没有"以点 A 为轴心，使点 B 保持在半圆上滑动"的功能。下面，我们寻找一个特殊的角来说明这个角是不能三等分的。

三等分角作图的不可能。我们选定的特殊角为 $60°$，论证用尺规作图方法不能三等分这个角，也就是说，如果记 $\theta =$

60°，那么用尺规作图方法不能得到 $\theta/3$。

由三角函数的定义，在一个斜边长为单位线段的直角三角形中，如果有一个角为 $\theta/3$，那么两条直角边的长度分别为

$$x = \cos\frac{\theta}{3}, \quad y = \sin\frac{\theta}{3}$$

这样，作三等分角就等价于作直角边分别为 x 和 y 的直角三角形。下面论证用尺规作图的方法不可能作出这样的直角三角形。由三角函数的公式知道

$$\cos\theta = 4\cos^3\frac{\theta}{3} - 3\cos\frac{\theta}{3} \qquad ①$$

因为当 $\theta = 60°$ 时 $\cos\theta = 1/2$，代入上式可以得到

$$8x^3 - 6x - 1 = 0 \qquad ②$$

这样，我们就把特殊直角三角形的作图问题转化为求特殊三次方程根的问题。

根据话题 10 所述的代数基本定理，任意一个三次方程都可以化为乘积的形式：

$$x^3 + ax^2 + bx + c = x^3 - (x_1+x_2+x_3)x^2 + (x_1x_2+x_2x_3+x_1x_3)x + x_1x_2x_3$$

其中 x_1，x_2 和 x_3 为三次方程的三个根。这样，就可以得到三次方程的韦达定理：

$$x_1 + x_2 + x_3 = -a$$
$$x_1x_2 + x_2x_3 + x_1x_3 = b$$
$$x_1x_2x_3 = -c$$

由二次方程的求根公式可知，如果有一个根的形式为 $x_1 = p + q\sqrt{h}$，其中 p 和 q 为有理数，那么必然还有一个根的形式为 $x_2 = p - q\sqrt{h}$，$x_1 + x_2 = 2p$，可得 $x_3 = -a - 2p$，因此第三个根必为有理数。因为在上面的假设中，x_1 和 x_2 都是用尺规作图得到的，属于 W 所示集合。这就说明，如果一个有理系数三次方程的根可以通过作图得到，那么至少有一个根为有理数。反过来，我们可以得到用尺规作图求解有理系数三次方程的基本定理：

基本定理。如果一个有理数系数三次方程没有有理根，那么这个三次方程的根是不可作图的。

现在，我们论证②式所示三次方程不存在有理根。令 $y = 2x$，方程可以化简为
$$y^3 - 3y - 1 = 0 \qquad ③$$
用反证法证明如下。

如果三次方程③存在有理根，设这个根为 $y = m/n$，其中 n 和 m 为互素整数。把这个有理根代入③式，可以得到
$$n^3 = m(m^2 - 3n^2)$$
这意味着 n^3 和 m 有公因子，因为 n 和 m 互素，只能有 $m = \pm 1$。由③式还可以得到
$$m^3 = n^2(n + 3m)$$
这意味着 m^3 和 n^2 有公因子，因为 n 和 m 互素，只能有 $n = \pm 1$。

于是，如果三次方程③存在有理根，那么这个有理根只能为 1 或者 -1。但是，把 1 或 -1 代入，三次方程③均不成立，这就说明三次方程③不存在有理根。

这也就说明②式所示三次方程不存在有理根，根据基本定理，用尺规作图的方法不能得到这个三次方程的根，因此，用尺规作图的方法三等分 60°角是不可能的。这就说明，用尺规作图的方法三等分任意给定角是不可能的。

话题 23 数学表达：与时间无关的比例模型

数学核心素养可以表述为"三会"，其中包括"会用数学的语言表达现实世界"，这里所说的表达，不仅表达自然界的那些具有规律性的东西，也包括表达人对自然界的感觉。在接下来的三个话题中，我们将讨论如何用数学的语言表达现实世界：前两个话题，讨论如何用数学的语言表达自然界的那些具有规律性的东西，包括与时间无关的、相对静态的规律，也包括与时间有关的、相对动态的规律；第三个话题主要讨论对称的美，我们将尝试用数学的语言表达人对美的感

觉。为了突出数学表达，前两个话题讨论最简单的乘法模型，即作为乘法模型特例的比例模型。

<u>比例模型</u>。至少在形式上，乘法运算包含三个量：两个乘数和一个乘积。要讨论数量关系，构建基于乘法运算的数学模型（称为乘法模型），主要是体现乘积与其中一个乘数之间的关系。在这个意义上，把两个乘数分为被乘数和乘数是合适的，因为乘法模型主要体现乘积与被乘数之间的关系，乘数则往往是作为乘法模型中的系数或参数①，这样就形成了比例关系，也可以把这样的乘法模型称为比例模型。

在本话题中，我们讨论静态的、与时间无关的比例模型。如果用 X 和 Y 表示两个变量，用 ρ 表示这两个变量之间的比例系数，则比例模型就可以表示为

$$Y = \rho X$$

的形式。在一般情况下，要求比例系数 ρ 为正数，也称这样的表达式为正比例模型。比如路程模型，如果把速度看作比例系数，那么路程和时间就构成了正比例模型。通过下面的几个例子可以看到，物理学中的许多模型是正比例模型，这些模型不仅与我们的现实生活息息相关，并且深刻地揭示了自然界中的一些核心关系。

<u>弹性力学中的胡克定律</u>。如果在弹簧的一端悬挂重物，那么重物的重量与弹簧长度之间的关系可以用胡克定律表示。用 F 表示弹簧所受的力，x 为弹簧的位移，k 为弹簧的弹性系数，胡克定律可以表示为

$$F = kx$$

其中弹簧的弹性系数 k 是一个正数，与弹簧本身有关。

这个模型说明，弹簧的位移与弹簧受力大小成正比例关系，受力越大则位移越大。如果把问题回归到单纯数学，那么上述表达式在平面直角坐标系的图像是一条直线，弹性系数 k 为直线的斜率，因此，人们称这样的关系为线性关系，称这样的模型为线性模型。这个定律是英国物理学家胡克发

---

① 在一般情况下，系数是固定不变的，而参数的确定通常与所要描述的问题背景有关。

现的，被称为胡克定律。

牛顿力学第二定律。牛顿用数学的语言给出了力的定义，这个定义就是著名的牛顿第二定律：

$$F = ma$$

其中 F 表示力，m 表示物体的质量，a 表示物体的加速度。在牛顿力学体系中，牛顿第一定律明确了惯性与惯性系的概念，指出物体在不受外力作用时将保持静止或匀速直线运动的状态。牛顿第二定律则深入揭示了力与物体运动状态变化之间的内在联系，明确指出力是物体产生加速的根本原因，且加速度的大小与合外力成正比，方向一致。这意味着，物体的运动状态之所以会发生变化，是因为受到外力的作用。牛顿第二定律不仅极大地深化了人们对力与运动关系的认识，更为科学技术的发展提供了坚实的理论基础和强大的推动力。

这个定律之所以重要，是因为在牛顿提出这个定律之前，虽然人们早就知道力的存在，甚至会使用力、制造动力，却始终说不清楚力到底是什么。显然，牛顿采纳了伽利略的建议，不讨论力是什么，而是用数学的语言描述力的表现。

理想气体状态方程和绝对零度。这个方程研究与气体有关的四个变量之间的关系，这四个变量是：气体的体积 V、气体的压强 p、气体微粒的数量 n 和气体的温度 T。这个研究经历了相当漫长的过程，我们简要回顾一下其发展过程，进一步感知现实世界是如何彰显大道至简的，人们又是如何用数学语言恰到好处地表达这种大道至简的。

英国化学家玻意耳发现[①]，气体的体积与气体的压强存在反比例关系，即体积越大则压强越小。16 年后，法国物理学家马略特也独立得到了这个结果，并且通过实验发现：这个关系成立的前提条件是保持气体的温度不变。后来，人们把这个反比例关系称为玻意耳-马略特定律。

法国物理学家查理进一步研究了气体体积与气体温度之间

[①] 玻意耳比牛顿大 16 岁。玻意耳于 1661 年出版了著作《怀疑派的化学家》，对化学的发展产生了重大影响，因此许多化学史家把 1661 年作为近代化学起始的标志。

的关系，发现：一定质量的气体，在压强不变的条件下，温度每升高或降低 1 ℃，增加或减少的体积是一个常数。法国化学家盖吕萨克进一步深入研究了这个问题并给出了表达式：

$$V_t = V_0(1+t/s) = V_0(t+s)/s$$

其中，V_0 表示气体在 0 ℃时体积，V_t 表示 t ℃时气体的体积，$1/s$ 表示常数。这样，对于任意温度 t_1 和 t_2，令 $T_1 = t_1 + s$，$T_2 = t_2 + s$，均有 $V_1/T_1 = V_2/T_2$。如果用直角坐标系表达，可以得到如图 H23-1 所示的直线。

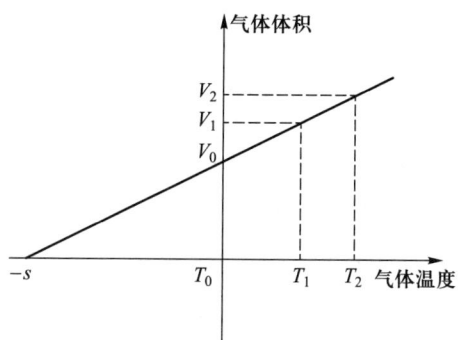

图 H23-1　气体体积与气体温度的线性关系

如图所示，当气体温度 t 逐渐下降到 $-s$ 时，气体体积 V 会下降到 0。因为气体的体积总是大于 0 的，所以 $-s$ 是一个不可及的温度，于是人们称这个常数为绝对零度，这是一个可以无限接近但永远达不到的温度极限。显然，如果能精确地测量气体体积和气体温度，那么根据图中的直线，可以得到 $-s$ 的具体数值。通过实验，盖吕萨克得到 $-s = -266.66$ ℃，后来，人们通过计算得到更精确的绝对零度，其数值为 -273.15 ℃[①]。

<u>爱因斯坦质能变换公式</u>。宇宙的本质是什么？物质论者认为，宇宙的本质就是物质。人们不断探究物质的最基本形态，始终说不清物质到底是什么，迄今为止，人类已经发现 61 种不可再分割的基本粒子，物质竟然会由如此多元的基本

---

① 根据量子力学原理，当粒子的动能达到量子力学最低点时，所有粒子的运动停止，温度也就达到了绝对零度。

形态构成，无论从科学的角度还是从哲学的角度，都令人难以接受。

但人们普遍接受物质具有两个基本属性的观点，即物质具有"能量"和"质量"。爱因斯坦质能方程是在狭义相对论的基础上，描述了能量与质量之间的关系，表示为

$$E = mc^2$$

其中 E 表示物体的能量，m 表示物体的质量，c 表示光速。因为光速是绝对的，与发光物体所在惯性系的速度无关，于是这个公式就形成了正比例模型。

因为系数 c^2 非常大，这个模型明确地告诉我们，任何物质都蕴含着大量的能量。比如，通过这个公式可以计算得到：1 g 物质中蕴含着 9×10^{13} J 的能量，这些能量足以把 21.4 万 t 水从 0 ℃ 加热到沸腾。质能方程为制造原子弹奠定了理论基础。正是这个原因，爱因斯坦竭力反对核战争[1]。

爱因斯坦引力场方程。宇宙认知中最本质的问题是什么？或许就是如何理解时间和空间。爱因斯坦引力场方程讲述的就是物质与时空之间的关系，是迄今为止最生动的、最难解的方程，是广义相对论的核心。特别需要说明的是，这个方程的雏形也是一个正比例模型。

爱因斯坦在《关于广义相对论的原理》一文中谈到[2]，根据马赫原理中"物质的分布及其运动决定时空结构"的假设，可以得到"时空状态完全取决于物体的质量"的结论。根据爱因斯坦质能方程，可以把能量-动量和质量看作是同一种东西。用张量描述能量-动量，爱因斯坦就得到了广义相对论的核心表达式：

$$G_{uv} = \rho T_{uv}$$

式中，G_{uv} 表示时空结构的张量形式，称为爱因斯坦张量，T_{uv}

---

[1] 1946 年 5 月，67 岁的爱因斯坦发起组织"原子科学家紧急委员会"，并担任主席。委员会的宗旨就是告诫人们原子弹的危害，希望和平利用原子能，终止使用核武器，最终实现世界和平。

[2] 参见：爱因斯坦. 爱因斯坦全集：第七卷 [M]. 邹振隆，主译. 长沙：湖南科学技术出版社，2009：34.

是表示能量-动量的张量，ρ 是比例常数①。这真是大道至简，这个简单的比例模型描述了宇宙及其认知的最本质的关系，这就是"时空结构"与"能量"之间具有正比关系。

 数学表达：与时间有关的比例模型

比例模型也可以用来描述随着时间的变化而变化的数量关系，也就是说，话题 23 中的 X 和 Y 是随时间变化而变化的量。进一步，如果这两个变量是同质的（如某小学校学生的身高、某地区年度 GDP、某企业投资回报率等），则可以形成一种比例意义下的递推关系，称为与时间有关的比例模型：如果不考虑随机因素的影响，则称这样的模型为动力系统模型；如果考虑随机因素的影响，则称这样的模型为时间序列模型。

动力系统模型。我们用 $n = 0, 1, 2, \cdots$ 表示时刻，用 a_n 表示 n 时刻的数量，用 b 表示一个常量，那么最简单的动力系统模型可以表示为

$$a_n = \rho a_{n-1} + b$$

其中，ρ 表示系数或参数。可以看到，动力系统模型具有这样的功能：如果实践证明，可以由过去推断现在，就可以由现在推断将来。

在推断的过程中，系数 ρ 非常重要，分析如下。

令常数项 $b = 0$，并假定初始值 a_0 为正。表达式可以化简为

$$a_n = \rho a_{n-1}$$

当时刻 n 逐项变化时，可以得到 $a_1 = \rho a_0$，$a_2 = \rho a_1 = \rho^2 a_0$，$\cdots$，这

---

① 更为详细的讨论参见：史宁中. 数学基本思想 18 讲 [M]. 北京：北京师范大学出版社，2016；第十七讲.

样就得到一个基于初始值 a_0 的一般表达式：
$$a_n = \rho^n a_0$$
称为基本关系式。这个表达式充分表达了数量依次递推的关系，人们称这样的关系式为动力系统。当系数 ρ 不同时，动力系统会表现出不同的性状：

当 $\rho < 0$ 时，动力系统会出现振荡：当 n 为奇数时，数值为负；当 n 为偶数时，数值为正。

当 $\rho = 0$ 时，从 $n = 1$ 开始，动力系统的值恒为 0。

当 $0 < \rho < 1$ 时，因为数列 $\{\rho^n\}$ 随着 n 增大而单调递减，并趋于 0，动力系统单调递减。

当 $\rho = 1$ 时，动力系统始终停留在初始值上，不增不减保持平衡；

当 $\rho > 1$ 时，因为数列 $\{\rho^n\}$ 随着 n 增大而单调递增，并趋于无穷大，动力系统单调递增。

上面的分析充分说明，对于与时间有关的比例模型，模型中的系数格外重要，系数取值的不同往往会决定模型的变化趋势。

动力系统的平衡点。正因为系数的重要性，对于简单动力系统，人们关注如何得到系统的稳定状态。稳定状态是指，对于所有的 n，基本关系式的解都是一个常量，表示为 $a_n = a$。这样，简单动力系统就形成一个恒等式：$a = \rho a + b$，通常称这样的常值 a 为简单动力系统的平衡点，即 $a = b/(1-\rho)$。显然，当 $\rho = 1$ 且 $b \neq 0$ 时，动力系统的平衡点不存在。下面，我们通过一个例子来分析平衡点的重要性和计算方法。

投资额度确定。假设有一个项目，预测这个项目的年回报率是 20%，假定每年的经营成本和计划收益都是 100 万元，为了保证这个项目能够稳定经营，一开始投资多少合适？基于简单动力系统模型，可以把资金运转的过程表示为
$$a_n = 1.2 a_{n-1} - 100$$
即模型中的系数 $\rho = 1.2$，常数 $b = -100$，可以得到这个动力系统的平衡点为

$$a = -100/(1-1.2) = 100/0.2 = 500$$

因此，一开始投资 $a_0 = 500$（万元）比较合适。

基于这个初始值容易验证，对于每一个年份，资金运转过程的解都为 500 万元，资金运转始终处于一个稳定状态；由于每年的收益都是 100 万元，符合回报率 20% 的设想。显然，这样的投资是为了获得经营收益，与那些为了获得资本收益的风险投资存在本质差异。

自回归模型。下面考虑随机因素影响。在许多实际问题中，数据是按照规定的时间获取的，但是每次获取的数据事先无法确定，是随机的。尽管数据受随机因素影响，但具有相对稳定性。例如，每天股票的收盘价，每个年度的国民生产总值（GDP）或者国内生产总值（GNP）等，如果把这些数据按照时间顺序排列，在时间 t 得到的数据设为 x_t，那么当 $t = 1, 2, \cdots, T$ 时就可以得到一个数据序列：

$$x_1, x_2, \cdots, x_T$$

一般情况下，这样的数据之间是有关联的，比如，现实数据会受到前一时间或前若干时间的影响，可以写成下面的形式：

$$x_t = \beta_0 + \beta_1 x_{t-1} + \cdots + \beta_p x_{t-p} + \varepsilon_t$$

其中 ε_t 表示时间 t 的随机误差的影响。人们称这样的模型为自回归模型。下面，我们分析其中最为简单的形式，即随机游走模型。

随机游走模型。令 $p = 1$，$\beta_0 = 0$，$\beta_1 = 1$，可以得到最简单形式的自回归模型：

$$x_t = x_{t-1} + \varepsilon_t$$

其中，$t = 1, 2, \cdots, T$，随机误差之间是相互独立的。

考虑这样的情境，如图 H24-1 所示，在平面上画出一些方格子，行列间距相等，间距大致为一个人的步幅。设想有一个醉汉随机行走在这个平面上，每一步恰好走在一个交叉点上，那么上面的表达式就可以描述这个人行走的轨迹，比如从 A 点走到 B 点。人们诙谐地称这样的表达为醉汉的随机游走模型。随机游走是指完全无目的、无意识地行走。

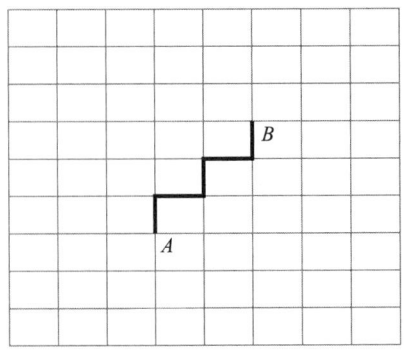

图 H24-1　随机游走示意图

英国统计学家皮尔逊在研究市场价格变化的过程中发现，在独立性假设下，价格序列的变化规律与随机游走模型十分相似[1]，于是人们开始重视对随机游走模型的研究。随后，人们把随机游走模型应用到现实生活的许多领域，比如，在经济学中研究价格规律，在金融学中构建股价模型，在物理学中模拟粒子行为，在生物学中探讨动物活动，在心理学中解释决策可能等。在现今社会，人们又把随机游走模型应用于大数据分析和信息技术开发，比如，在线上收集社交网络中的随机数据，在机器学习中模拟人的决策等。

此外，数学家还从纯数学的角度，研究随机游走模型的行走规律。如果称图表达的随机游走模型是二维的，那么很容易把这样的模式拓展到一般的 n 维游走。1921 年，匈牙利籍美国数学家、数学教育家波利亚证明，对于一维和二维的随机游走模型，无论从哪一个点出发，只要行走的步数足够多，那么将会以概率 1 返回出发点；对于三维以上随机游走模型，返回出发点的概率将小于 1，维数越高返回出发点的概率越小[2]。

下面，我们分析随机游走模型的一些统计学性质。如果令 $x_0=0$，对于 $t \geqslant 1$ 可以得到

---

[1]　参见：PEARSON K. The problem of the Random Walk [J]. Nature, 1905 (72): 294.
[2]　参见：皮寇弗. 数学之书 [M]. 陈以礼, 译. 重庆：重庆大学出版社, 2015：问题 164.

$$x_t = \varepsilon_1 + \cdots + \varepsilon_t$$

这是随机误差加法形式的直接表达，称这样的模型为误差序列。如果假定每一个随机误差都服从均值为 0，方差为 σ^2 的正态分布，则称这样的误差序列是高斯白噪声①。通过上面的表达式，可以得到随机变量的均值和方差分别为

$$EX_t = 0 \text{ 和 } VX_t = t\sigma^2$$

这样，方差就是时间的增函数，人们称这样的随机游走模型是非平稳的②。非平稳模型会失去许多好的统计性质，但是，随机变量差所构成的随机变量却具有很好的统计性质。令

$$x_s - x_t = \varepsilon_{t+1} + \cdots + \varepsilon_s$$

其中 $s>t$，容易得到这个差的方差为

$$V(X_s - X_t) = (s-t)\sigma^2$$

对于另外两个时刻 $q>p$，类似构建两个相应随机变量的差，如果这两个时间间隔不相交，即满足 $q<t$ 或 $s<p$，那么两个时间段差的随机事件相互独立，可以表示为

$$(X_q - X_p) \perp (X_s - X_t)$$

并且都服从正态分布。

可以看到，时间间隔不相交的两个时间段差的随机事件相互独立，这意味着增量之间相互独立，借助这个性质可以把随机游走模型从离散形式拓展到连续形式，这就是著名的布朗运动，是英国植物学家布朗于 1827 年提出的。人们通常把表示独立增量的数学模型称为维纳模型或维纳过程，也称为布朗运动模型，这里所说的维纳是控制论创始人。有兴趣的读者，可以在概率论或者数理统计的书中找到相应的论述。

---

① 白噪声是一个物理学概念，是对一类功率谱密度相等的噪声情况的表达。如果用数学语言描述，是指随机变量序列独立同分布，均值为 0，方差有限；如果还服从正态分布，则称为高斯白噪声。

② 平稳性是时间序列的重要性质，述说随机变量 x_t 和 x_s 的协方差 $r(t, s)$ 只与时间差 $t-s$ 有关，与 t 无关，即对任意 k 均有 $r(t+k, s+k) = r(t, s)$。这个性质保证时间序列样本均值是总体均值的无偏估计，样本方差是总体方差的无偏估计。

话题 25 数学表达：关于对称美的感觉

前两个话题讨论了如何用数学的语言表达自然界的和社会的那些具有规律性的事物，本话题中将讨论如何用数学语言表达人的感觉，比如，人对现实世界美的感觉，主要讨论关于对称美的表达。

关于对称美的表达，我们按以下逻辑线索展开讨论：一是什么是人的关于美的感觉，二是人为什么会感觉到对称是一种美，三是如何用数学的语言表达这样的感觉。

<u>人对美的感觉</u>。美是人对事物的一种感觉[①]。虽然不同的人对美的感觉存在差异，甚至一个人对美的感觉也可能会随着心情的改变而改变，但在大多数情况下，人对美的感觉是具有共性的。比如，春天盛开的鲜花、夏日晴朗的夜空，都会使人心旷神怡；敦煌的壁画千年不朽，李白的诗歌传唱至今。毋庸置疑，人对于美的感觉的共性源于事物原本属性，正如恩格斯所说的那样[②]：

> 我们的主观的思维和客观的世界服从于同样的规律，因而两者在自己的结果中不能相互矛盾，而必须彼此一致，这个事实绝对地统治着我们的整个理论思维，它是我们的理论思维的不自觉的和无条件的前提。

如果人对美的感觉是具有共性的，那么美就是可以学习的，美的学习属于艺术修养。学会审美非常重要，美可以陶冶人的道德情操，增加生活的乐趣；美可以改善人的思维品质，提高行为的素养。不仅如此，美还能激发人的创造力，许多科学家潜心研究学问的动力不仅是为了探究真理，还来

[①] 美通常与审美关联，审美的英语单词 aesthetic 源于希腊语 aesthetikos，原意就是感觉。
[②] 参见：马克思恩格斯全集：第二十卷[M]．中共中央马克思恩格斯列宁斯大林著作编译局，译．北京：人民出版社，1971：610．

自对美的追求，如数学家庞加莱所说①：

> 科学家之所以研究自然，不是因为这样做很有用。他们研究自然是因为能从中得到乐趣，而他们能够得到乐趣是因为它美。如果自然不美，它就不值得去探求，生命也不值得存在……我指的是本质上的美，它根源于自然各部分和谐的秩序，并且纯理智能够领悟它。

关于科学家研究的动机与对美的追求之间的关系，作为科学家的爱因斯坦说得更为生动，他在普朗克 60 岁生日的庆祝会上说②：

> 首先我同意叔本华所说的，把人们引向艺术和科学的最强烈的动机之一，是要逃避日常生活中令人厌恶的粗俗和使人绝望的沉闷，是要摆脱人们自己反复无常的欲望的桎梏。……
>
> 除了这种消极的动机之外，还有一种积极的动机。人们总是想以最适当的方式来画一幅简化的和易领悟的世界图像；于是他们就试图用他的这种世界体系来代替经验的世界，并来征服它。这就是画家、诗人、思辨哲学家和自然科学家所做的，他们都按自己的方式去做。

无论数学家庞加莱所说的"自然各部分和谐的秩序"，还是科学家爱因斯坦所说的"一幅简化的和易领悟的世界图像"，都涉及自然界的规律或事物的共性。凡是具有规律或共性的东西，必然会存在某种支配规律或达成共性的客观的本质属性，对于美而言，客观的本质属性就是审美的对象引发人们从各个角度观察与追求。

审美是一种判断，判断需要建立判断准则，对于美，判断准则就是审美标准，其中蕴含着文化，甚至蕴含着文明。随着时代的变迁，虽然人们审美的标准会有所变化，但美本身却又是相对稳定的，如同马克思在《政治经济学》导言

---

① 参见：钱德拉塞卡. 真理与美 [M]. 杨建邺，王晓明，译. 长沙：湖南科学技术出版社，2018：88.

② 参见：爱因斯坦. 爱因斯坦文集：第一卷 [M]. 许良英，范岱年，编译. 北京：商务印书馆，1976：101.

中所说①：

困难不在于理解希腊艺术和史诗同一定社会发展形式结合在一起。困难的是，它们何以仍然能够给我们以艺术享受，而且从某些方面来说还是一种规范的和高不可及的范本。

这就意味着，伟大的艺术品是永恒的，彰显着永恒的美。可以说，必然存在着某种美的客观本质属性，支撑着这样的永恒的美，并且这样的客观本质属性能够深刻地影响人们的审美标准，就像恩格斯所说的那样"彼此一致"。下面我们以对称美为例分析这个问题。

自然界的对称美。在地球上，有一类非常普遍的奇特现象，这就是对称。比如，图 H25-1 中的大丽花和蝴蝶都表现出对称之美。画面使人赏心悦目，美的共性表现于结构的对称，也表现于色彩的对称。虽然探究成因非常困难，但追溯事物的源头，我们可以认为，自然界普遍存在的对称性是物质的和生命的基本单元性状的拓展，这就是固体物质的晶体对称结构和生物体的基因双螺旋结构。我们尝试分析这个问题。

图 H25-1　大丽花和蝴蝶的对称美

晶体的对称性。自然界中固体物质根据微观结构大体可以分为三种类型，分别是晶体、非晶体和准晶体，其中绝大

---

① 参见：马克思恩格斯选集：第二卷 [M]. 中共中央马克思恩格斯列宁斯大林著作编译局，编译. 北京：人民出版社，1972：114.

多数是晶体。晶体内部的粒子是按一定的几何规律排列的，如图 H25-2 所示的氯化钠的晶体结构，在三维空间中的排列具有周期性，相隔一定的距离会重复出现。晶体具有几何形态的对称特征，晶体按其内部结构可分为七类晶系，根据对称程度的高低又可分为三个晶族：对称程度最高的称为等轴晶系，包括钻石、黄金等；对称程度中等的称为六方、四方、三方晶系，分别包括冰、锡、石墨等；对称程度最低的称为斜方、单斜、三斜晶系，分别包括碘、蔗糖、硼酸等。或许，这样基本构造的对称性就是大自然的物体展现出对称美的源头。

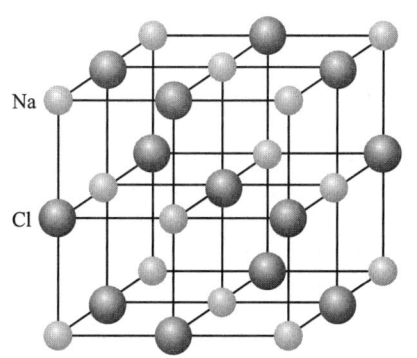

图 H25-2 氯化钠的晶体结构

<u>基因的对称性</u>。20 世纪，生物学有两个最重要的成果，一个是发现了基因的双螺旋结构，另一个是成功测序人类 DNA。1953 年，美国科学家沃森和英国科学家克里克发现了基因双螺旋结构（图 H25-3），开启了分子生物学时代。

复制是地球上生物繁衍的基本路径。生物体能够得以延续和发展，最基本环节是生殖和发育。无论是生殖还是发育，本质上都是 DNA 的复制。微小到依赖寄主的支原体，高大到深山里的参天大树，从低等动物到人类这样的高等动物，都是如此。而生物体能够得到进化，是因为 DNA 发生了突变，突变后的结果依然得到复制，是否能繁衍依赖大自然的选择，适者生存。

从图 H25-3 中可以看到，基因的双螺旋结构是对称的，

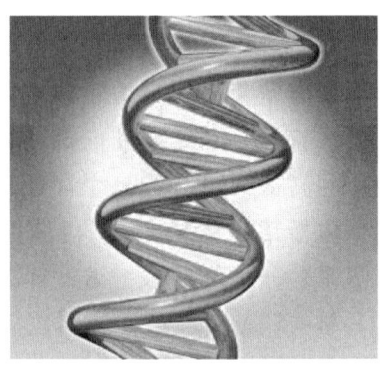

图 H25-3 基因的双螺旋结构

这样的对称结构通过复制得以拓展。或许，这就是大自然的生物展现出对称美的源头。

<u>数学语言的表达</u>。因为对称给人以平衡、典雅、和谐、安定的感觉，于是人们逐渐把对称的感知演化为美的享受。进一步，人们借助数学的语言表述对称美的概念，创造数学的公式来刻画对称美的规律，正如外尔所说的那样[1]："对称，狭义地定义它也好，宽泛地定义它也罢，千百年来它都是人们试图借以理解并创造秩序、美和完美的一种概念。"下面，我们尝试用数学的语言表述对称的概念，分析对称的美。关于图形的对称，初中数学涉及中心对称和轴对称两种情况。

如前面提到的，大丽花基本呈现中心对称，这是因为以大丽花的花心为中心，适当移动一个角度，那么花上的任意点到中心的距离保持不变，任意一个局部都可以得到同样的图形，数学语言表达这样的特性为旋转变换，通过旋转变化得到的图形呈现中心对称；蝴蝶的对称是通过反射变换得到的，反射变换得到的图形呈现轴对称，比如蝴蝶身体的中心线是对称轴，在蝴蝶画面的左边任取一点作对称轴的垂线、延长相同的距离可以得到颜色花纹类似的点。可以看到，无论是旋转变换还是反射变换，图形上任意两点间的距离都保

---

[1] 参见：外尔. 对称[M]. 李红杰，译. 长沙：湖南科学技术出版社，2020：3.

持不变,因此,对称就是物体在某种变换下保持不变的一种性质。

<u>关于对称的度量</u>。度量是数学的本质,那么,应当如何度量对称呢?这就需要制订一个指标,利用这个指标刻画图形的对称程度。我们凭借直观认为,正八边形比正方形更对称,正方形比正三角形更对称,正三角形比等腰三角形更对称,等腰三角形比一般三角形更对称。这样,要刻画一个平面图形 A 的对称程度,用 $S(A)$ 表示保持图形形状不变的全体变换形成的集合,称这样的集合为对称集。用 $|S(A)|$ 表示对称集合元素的个数,$|S(A)|$ 越大则图形对称程度越高。那么,对于一般的三角形,只有静止才可能保持形状不变,只有一种情况,因此 $|S(A)|=1$,也就是人们所说的不对称;对于等边三角形,既是中心对称又是轴对称,各有三种情况,因此 $|S(A)|=6$;对于圆,绕圆心旋转任意角度都保持形状不变,因此 $|S(A)|=\infty$,说明圆是平面上最对称的图形。

<u>基于变换的表达</u>。但是对于复杂情况下的对称,如果我们用直观加操作的方法就会感到力不从心,比如,计算氯化钠的晶体结构对称集合元素的个数。这就需要创造出一种更为一般的、更为便捷的数学表达,这就是群论。数学家在研究高次方程解的过程中发现了解的对称性,如问题 12 所讨论的那样,法国数学家伽罗华和挪威数学家阿贝尔相继提出了群的概念,用以研究方程求根公式存在的充分必要条件,比如,一个与方程解有关的变换是置换方程的解的下标,于是人们称由有限集合各元素的置换所构成的群为置换群。

这样,如果把几何图形的变换转化为数字位置的交换,用群的语言予以表述,就可以大大化简对称问题的表达与分析,比如用群的语言表述氯化钠晶体结构的对称性。正是因为对称问题的研究极为重要,现代群论已经成为代数学的一个重要分支,它是人们认识、理解和表示现实世界对称性的重要思想、有效工具和精确语言。

话题 26  海量数据、大维数据、大数据

现今社会，大数据这个概念已经被广泛使用，如问题 30 所述，现在人们所说的"数据"是指信息的数字化，这里所说的"大"是指现今世界信息的庞大而杂乱。大数据的概念始于 20 世纪 90 年代，21 世纪前 10 年开始被测试和应用。尽管其应用历史并不长，但这一概念得到了广泛传播，显示出各类信息，无论有用与否，都对人们的生活产生了极大的影响。

海量数据。在最初阶段，人们将大量的数据称为海量数据。第二次世界大战后，随着经济和科学技术的蓬勃发展，特别是在 20 世纪末到 21 世纪初这段时间，由于各种检测技术和计算机技术的飞速进步，人们能够在较短时间内获取大量的数据。

比如在生物学领域，世纪之交，人类第一次破译人体基因密码用了十多年的时间，得到了人体基因三十亿个碱基对的排列，而二十多年后的今天，完成这个工作只需要几天的时间；又如在天文学领域，美国 2000 年启动斯隆数字巡天项目（SDSS），设立在新墨西哥州阿帕奇山顶上的天文台有一个口径约为 2.5 米的望远镜，设立后的短短几周内收集到的数据竟然比天文学历史上收集到的数据总和还要多。今天，网络数据更是如此，各种数据以爆炸的方式增长。人们称这样的数据为海量数据，一是说数据如海潮般不断涌现，二是说数据如海水般无穷无尽。在此背景下，信息科学、计算科学及统计学都面临着极大挑战：如何在短时间内处理海量数据，高效获取数据提供的信息，形成数据蕴含的知识？

大维数据。统计学的核心是处理数据，为了研究变量之间的关系，向量形式的数据非常重要。这样的研究起源于英国科学家高尔顿的工作，为了研究子女的身高与双亲身高之间的关系，1885 年，高尔顿收集了 205 对夫妻与他们 938 个

成年子女的身高，经过对数据的认真分析，高尔顿发现虽然有的父母高其儿女也高，有的父母矮其儿女也矮，但有一个值得深入思考的现象，这就是：父母越高则子女高过父母的可能性要小于父母身高偏低则子女高过父母的可能性。于是高尔顿猜想，这应当是大自然的一个普遍规律，子代平均身高向父辈平均身高回归。后来，高尔顿的学生、现代统计学的奠基人皮尔逊用数学的语言表达了这个定律，证明了定律的合理性，并且发展了高尔顿提出的相关和回归的概念，这些概念已经成为现代统计学的基本概念[1]。对于这样的研究，数据必须成组出现，也就是说，双亲和他们子女的数据必须以一个向量的形式出现。传统向量数据的维数很少超过50维，并且向量数据的个数要远远超过向量的维数，在这种情况下，统计学创造了一套精密的数据分析的理论与方法。

但是基因数据的出现，使数据骤然上升到万维以上，由此出来了大维数据的问题。随着人们对随机现象决策提出了更高的精度要求，需要把各种信息统筹考虑，比如，需要统一研究水文、气象、地质等数据；又如，精准医疗方案的提出、精准扶贫方案的提出等，都极大地扩充了数据的维数。对于这样的数据，向量数据的个数往往会小于，甚至远远小于向量的维数，于是，人们称这样的数据为大维数据。显然，传统的统计学理论和方法不再适用于大维数据的分析，大维数据不仅对统计学，也对信息科学和计算科学提出了挑战。

大数据。21世纪，与信息有关的事物发生了根本性的变化，主要是网络信息的出现，不仅包括网络平台发布的信息、电商的广告信息、监测网点提供的信息，还包括企业管理、医疗机构、政府服务发布的信息，更包括个人计算机和手机上传的信息。数字化问题变得越来越重要，甚至许多国家的政府直接干预数字化的进程。文本数据、图像数据、音像数据等各类数据层出不穷，这样的数据不仅量大而且维数高，

---

[1] PEARSON K, LEE A. On the law of inheritance in man: inheritance of physical characters [J]. Biometrika, 1903 (2): 357-462.

是海量数据时代无法相比的。人们干脆直接称这样的数据为大数据（big data）。

2008年9月《自然》（Nature）杂志同时刊登了近10篇讨论大数据的文章，引起人们对大数据的广泛关注。2011年2月《科学》（Science）杂志以数据处理为专题，刊登了一系列文章探讨如何处理大数据的问题；2011年12月，该杂志又刊登了一系列文章讨论如何刻画数据之间的关联。

2012年，美国政府启动"大数据研究和发展计划"项目，该计划涉及国家科学基金、国家卫生研究院、能源部、国防部、国防部高级研究计划局、地质勘探局六个联邦政府部门，旨在提高从大数字数据中提取知识的能力，加快科学与工程发现的步伐，加强美国安全和实现教学变革。同年，中国由国家自然科学基金委员会和中国科学院联合发布《未来10年中国学科发展战略：数学》，提出在统计学与海量数据分析方面，优先发展由网络复杂结构所产生的高维、海量数据驱动的统计分析与建模方法。随着"大数据"这一新兴词汇的流行与逐渐被人们理解，它正深刻地影响着人们的传统思维模式，并悄然改变着人们的生活方式与处事方法。

下面，我们通过对网络数据的分析，感悟大数据的基本特征，直观认识大数据的特征提取与传统数学的差异。从数据产生的方式来看，网络数据有以下三个重要特征。

数据价值稀疏。无论是主动产生的网络数据，如博客、微信等，还是自动产生的网络数据，如手机轨迹、视频监控等，都会产生庞大的数据集。可以想象，这样的背景必然造成数据混杂冗余，使数据价值密度低，呈现出稀疏特性。有调查报告显示，当今社会每天产生25亿GB以上数据，但只有不到0.5%的数据具有分析价值。事实上，凭借生活经验我们也能理解网络数据的这种特征。

分析这种非结构化文本的第一步，是将数据表示为超高维结构化向量，这样的向量是极其稀疏的，也就是说，这样的向量大部分维数上的数字都是0。这就意味着，由这样的向量形成的表示数据之间关联的相关矩阵，虽然维数非常大，但大部分元素为 0，只有很少的指标包含对预测或分类有价值的信息。从这样的数据中提取信息称为数据挖掘。

数据结构复杂。数据结构的复杂性主要来自三个方面。首先是因为网络结构复杂，网络结构刻画了社交网络中的个体之间的联系，不仅个体各种各样而且联系方式五花八门，很难用简单模型进行表示；其次是因为网络数据类型复杂，既包含结构化数据（如年龄、性别等），也包含非结构化数据（如文本、图片等），即便是进行数字化处理，也很难用传统的矩阵予以表达；最后是因为网络数据关系复杂，既有别于传统数据中的时间序列，也有别于自然距离刻画的空间相关，很难用统一的形式表述数据之间的关联。因此，有学者认为[1]：大数据就是"海量数据+复杂结构"。这样，就需要重新理解互联网时代人和人、人和物、物和物之间的相依关系，并且进行相应的数学表达与度量。

数据多源动态。各种物联网络结构和社交网络结构打通了不同的信息平台，连接了不同的数据资源，形成了网络数据的多源性特征。虽然大部分数据是非主动自动生成的，但瞬间主动生成的源头不明的数据会形成数据漩涡。网络数据的动态性主要体现在：以数据流的方式涌现，如网络购物；以轨迹移动的方式显现，比如全球定位系统（GPS）提供的轨迹数据；以网络结构的变化的方式呈现，如新朋友的随机加入和老朋友的随机离开，导致网络结构随着时间而改变。对于这些类型的数据，不可能把所有的数据都收集以后再进行整理和分析，而需要实时进行。这就进一步说明本书问题 28 讨论的分布式计算的重要性，当然，还涉及与之配套的数据的分仓储存。

以上特征不仅对经典统计学提出了挑战，也对数学的计算科学和动态模型的构建提出了挑战。可以想象，这些挑战涉及信息安全，更涉及基于高科技的，特别是与信息科学和人工智能有关的经济发展，因此，这样的挑战更是发展的机遇。

---

[1] 参见：麦肯锡公司报告《大数据：创新、竞争和生产力的下一个前沿》，2011 年 5 月。

话题 27  信息的数学度量

我们在本书问题 30 讨论了信息数字化的方法与格式，并在话题 26 讨论了各种信息所转化的数据的形式和特征，本话题将讨论信息的数学度量。

我们首先讨论什么是信息，这涉及信息的本质特征。随着信息技术的飞速发展，人们获取、管理和分析信息的能力不断提高，信息技术的应用越来越广泛，人们纷纷从本专业的角度、利用本专业的话语定义信息，以至于不同行业之间很难达成共识。为此，我们需要追溯创立者最初的关于信息的思考和表达，感悟其中所蕴含的信息的本质特征。

1928 年，美国数学家哈特莱发表了关于信息表达的第一篇文章，提出信息定量化的初步设想；1948 年，维纳出版《控制论》，提出了研究系统的通信和控制的一般规律；同年，香农发表的论文《通信的一个数学理论》奠定了信息论的基础。

他们一致认为，信息源发出的信息是随机的。更确切地说，信息源发出的信息本身是确定的，但对于信息的接受者来说，在未收到信息时不能确定信息源发出的信息是什么，信息是随机的。基于这样的特征，人们研究通信系统的目的，就是要使接收者在接收到信息后，尽可能排除信息的不确定性，尽可能准确地还原信息源发出的信息。这就是人们研究信息的本意，为了使这样的研究成为可能，首先需要解决的问题是如何用数学的语言刻画信息。

比特：二选一所需信息。显然，最简单的也是最基本的信息形式，是在两个可能结果中随机选择一个结果的记录，其中随机是指选择两个结果的概率相等，正如维纳所说的那样①："单位信息量就是对具有相等概率的二中择一的事物作单一选择时所传递出去的信息。"比如，抛掷一枚质地均匀的

---

① 参见：维纳. 控制论 [M]. 郝季仁，译. 北京：科学出版社，1962：10.

硬币，如果选择正面记为 1，选择背面记为 0，那么一次选择就是 1 或 0。称这时所需要的信息量为 1 比特①，表示为 $\log_2 2 = 1$。

可以思考这样的问题：如果在 1 到 64 的整数中设定一个数，那么一个人能够选择到这个数需要的信息量最少是多少？这是一个连续的二中择一的问题，可以设计这样的问题：这个数如果小于等于 32，则记为 0；如果大于 32，则记为 1，需要 1 比特的信息量。依此类推需要问询 6 次二中择一的问题，就可以知道 1 到 64 的整数中所设定的数，对应的记录可以表示为 $a_1 a_2 a_3 a_4 a_5 a_6$，其中 $a_k = 0$ 或 1，$k = 1, \cdots, 6$。所需信息量为 6 比特，表示为 $\log_2 m = 6$，其中 $m = 2^6$。这就是哈特莱最初的表达。

信息熵：以概率为权的加权平均。后来，维纳和香农等数学家借用统计力学的表达方式，用概率熵刻画信息量。比如，如果用 n 表示所有可能结果的个数，用 p_k 表示第 k 个信息出现的概率，可以把信息量表示为

$$H = -\sum_{k=1}^{n} p_k \log_2 p_k$$

称这样的表达为信息熵。

仍然考虑"在 1 到 64 的整数中设定一个数"的问题，上述表达式中的 $n = 2^6 = 64$，因为所有的概率都相等，即 $p_k = 1/64$，可以把信息熵表示为

$$H = -\sum_{k=1}^{64} \frac{1}{64} \log_2 \frac{1}{64}$$

通过计算可以得到信息量为 6 比特。后来，人们用自然对数替代了以 2 为底的对数，并且把随机变量的取值由离散拓展到连续的情况，进而把信息熵求和的形式拓展到积分的形式。

在信息熵的基础上，人们又构建了一种基于熵的距离，称为相对熵或者 K-L 距离②，用以度量获取信息与原始信息之间的差异，离散型和连续型分别表达为

---

① 比特（bit）是指二进制的数位，是信息量的最小度量单位。
② KULLBACK S, LEIBLER R A. On information and sufficiency [J]. The Annals of Mathematical Statistics, 1951, 22 (1): 79-86.

$$d(P,Q)=\sum_{k=1}^{n}P_k\ln\frac{P_k}{Q_k}$$

和

$$d(P,Q)=\int f(x)\ln\frac{f(x)}{q(x)}dx$$

其中 P 和 Q 表示概率分布，$f(x)$ 和 $q(x)$ 表示对应的密度函数。

显然，对于任何概率分布，K-L 距离均不为负；当 $P=Q$ 或 $f(x)=g(x)$ 时 K-L 距离为 0；K-L 距离越小说明两个概率分布越接近。通过计算可以知道，K-L 距离不满足对称性和三角不等式。即便如此，人们依然称这样的表达为距离，用于度量信息之间的差异，特别是用于判断两种信息接收方法好坏的工具。我们通过下面的例子来说明。

假如一个信息源随机发出 0 和 1 两种字符，发出的概率分布为 H，有两种信息处理方法得到的概率分布分别为 P 与 Q。如果具体的概率分布如下：

$$H(0)=H(1)=\frac{1}{2}$$

$$P(0)=\frac{1}{4},\quad P(1)=\frac{3}{4}$$

$$Q(0)=\frac{1}{8},\quad Q(1)=\frac{7}{8}$$

凭借直观感觉就可以认为，对应于概率分布 P 的信号处理方法要优于对应于概率分布 Q 的。现在，分别计算二者与信号源的 K-L 距离，可以得到

$$d(H,P)=\frac{1}{2}\ln\frac{\frac{1}{2}}{\frac{1}{4}}+\frac{1}{2}\ln\frac{\frac{1}{2}}{\frac{3}{4}}=\frac{1}{2}\ln\frac{4}{3}$$

和

$$d(H,Q)=\frac{1}{2}\ln\frac{\frac{1}{2}}{\frac{1}{8}}+\frac{1}{2}\ln\frac{\frac{1}{2}}{\frac{7}{8}}=\frac{1}{2}\ln\frac{16}{7}$$

因为对数函数是单调增函数，所以 $d(H,Q)>d(H,P)$。这样就从量化的角度得到了与直观感觉一致的结论，这也说明利用相对熵的度量是有意义的。

人们在日常生活中，往往需要对随机发生的事情进行决策，通常称为随机决策。毋庸置疑，随机决策最可靠的依据是数学度量或概率估计。比如，下雨可能性的度量，即下雨概率的报道，已经成为天气预报的常识；道琼斯指数、日经指数、上证指数等，分别是针对纽约股市、东京股市、上海股市股价变化的度量，已经成为人们抛售或购买股票的基本依据，甚至成为预测国家经济状况的参考。又如，基于国内生产总值的递增率，已经成为人们衡量经济发展的重要指标；度量食品支出占个人消费支出总额比重的恩格尔系数，已经成为衡量生活水平的指数①。国家政策的制定也是如此，比如，2018年国务院印发《打赢蓝天保卫战三年行动计划》，所设定的指标已经成为各地治理雾霾的基本标准。

正因为如此，如本书问题26说讨论的那样，《义务教育数学课程标准（2022年版）》把百分数移到"统计与概率"领域，并且通过具体的例子讨论了简单的随机决策问题，让学生从小感悟，在日常生活中，大量的问题需要做出随机决策，而不都是传统数学所表述的确切性和绝对性。

随机指标的数学表达

比话题27讨论的信息的数学度量更进一步，人们还对现实生活中众多随机现象发生的程度，用数学的语言，更确切地说，用基于概率的公式进行度量，并且称这样的度量为随

---

① 德国统计学家恩格尔（Ernst Engel, 1821—1896）根据统计资料，对消费结构变化得出一个规律：一个家庭收入越少，家庭收入中用来购买食物的支出所占比例就越大，随着家庭收入的增加，购买食物的支出比例会下降。

机指标。我们先讨论一个具体问题，从中感悟随机指标的意义，再讨论随机指标产生与发展的过程。

生物多样性指标。工业化的高速发展使得人类的物质生活水平得到了极大提高，但是这样的发展也带来了副作用，这就是对自然资源的过度开发、对生态环境的无情破坏。因此，后工业时代的显著特征就是：寻求新型能源、保护生态环境。

衡量生态环境质量的一个重要指标就是生物多样性，为此，人们需要构建描述生物多样性的数学模型，基于这样的数学模型量化定义生物多样性指标。在一般情况下，某个生物物种的出现是随机的，或者发现是随机的，因此，用以描述生物多样性的数学模型应当是一个随机模型，也就是说，得到的结论不是必然成立而是或然成立。我们讨论两个最重要的生物多样性指数，一个是香农-维纳多样性指数，另一个是辛普森多样性指数。

香农-维纳多样性指数。从名称可以看到，这个多样性指数涉及两位著名的数学家，其中香农是信息论的创始人，维纳是控制论的创始人。这两位数学家所创建的两个学科在现代数学甚至在现代科学都占有重要的地位，伴随着大数据分析、人工智能的发展日新月异，信息论和控制论更是推陈出新，充满活力与创新。

假设一个群落有 n 个物种，其中第 k 个物种存在的概率为 p_k，即表示在群落中随机取一个个体，这个个体属于第 k 个物种的概率，用香农-维纳多样性指数表示为

$$H = -\sum_{k=1}^{n} p_k \ln p_k$$

可以看到，这个表达与话题 27 讨论的信息熵的表达是一致的，只是把以 2 为底的对数改为自然对数。因为概率取值在 0 和 1 之间，上式中的对数值均不为正，所以式子前面的负号是为了保证香农-维纳多样性指数的非负性。基于表达式可以认为，香农-维纳多样性指数是一个权为概率的加权平均，是最简形式的随机模型。

下面分析香农-维纳多样性指数的合理性。我们凭借直觉

认为,生物多样性指数应当随着群落中物种个数的增加而变大;如果物种个数确定,那么这些物种的个数相对均衡时达到最大。通过简单计算可以发现,香农-维纳多样性指数恰到好处地刻画了这样的直觉:当 $n=1$ 时,即群落物种个数最小时 H 取最小值 0;随着群落物种个数 n 的增加,H 值也逐渐增加;如果群落物种个数 n 确定,这 n 个物种的个体数量以相同概率存在,即 $p_1=p_2=\cdots=p_n$ 时,H 取最大值。

但在一般情况下,我们不可能知道群落物种的概率,需要通过抽样的方法进行估计,生物学者进行野外调查只能采用抽象的方法。如果在一个群落抽取了 M 个样本,发现其中有 n 个种群,第 k 个种群数量为 m_k,$k=1,2,\cdots,n$,那么,香农-维纳多样性指数估计可以表示为①

$$H = -\sum_{k=1}^{n} \frac{m_k}{m} \ln \frac{m_k}{m}$$

在上面的表达式中,仍然采用本书问题 25 所述说的规定,用大写字母表示随机变量,用小写字母表示随机变量的取值。

下面通过具体的数值计算,直观分析香农-维纳多样性指数。假设有三个群落分别表示为 A、B、C,每个群落都有两个种群,分别表示为甲和乙,对应概率分别为 p_1 和 p_2,尝试用香农-维纳多样性指数对这三个群落生物多样性进行度量。

我们先进行随机抽样,假设在这三个群落中都随机获得个体数量 100 个,这些样本组成如下:

群落 A,甲 50、乙 50;

群落 B,甲 80、乙 20;

群落 C,甲 100、乙 0。

我们凭借直觉可以认为,群落 A 的生物多样性最好,群落 B 次之,群落 C 最差。那么,用香农-维纳多样性指数的计算结果如何呢?

再进行三个群落的概率估计,分别为

群落 A:$p_1 = \frac{50}{100} = 0.5$, $p_2 = \frac{50}{100} = 0.5$

---

① 这就是用频率估计概率的方法。

$$\text{群落 B：} p_1 = \frac{80}{100} = 0.8, \quad p_2 = \frac{20}{100} = 0.2$$

$$\text{群落 C：} p_1 = \frac{100}{100} = 1, \quad p_2 = \frac{0}{100} = 0$$

把三组估计值代入香农-维纳多样性指数，因为

$$\ln 0.5 = -0.69, \quad \ln 0.8 = -0.22, \quad \ln 0.2 = -1.61$$

得到香农-维纳多样性指数分别为

$$H_A = (-0.5) \ln 0.5 + (-0.5) \ln 0.5 = 0.69$$
$$H_B = (-0.8) \ln 0.8 + (-0.2) \ln 0.2 = 0.50$$
$$H_C = 0$$

可以看到，如果群落中种群数量越趋于均衡，则香农-维纳多样性指数越大；如果种群数量差异越大，则香农-维纳多样性指数越小。这与我们的直觉是一致的。

香农-维纳多样性指数源于香农信息熵。熵是一个物理学概念，是对体系混乱程度的度量。1850年，德国物理学家克劳修斯首次提出熵的概念，这一概念最初以参数的形式表述，它是热力学第二定律所揭示的自发过程不可逆性的一个物质状态参量。1948年，香农将这个概念引入信息论①，在最初的形式中对数是以2为底的，相应计量单位称为比特。后来，熵这个概念逐渐在信息论、控制论、概率论、数论、天体物理、生命科学等领域都得到了重要应用。

辛普森多样性指数。英国统计学家辛普森提出了一类表达形式更为简单的生物多样性指数，对应的模型也是随机模型②。顺便提及，辛普森以著名的辛普森悖论闻名统计学界③。

辛普森多样性指数与香农-维纳多样性指数使用数学语言描述的事物背景基本一致，假设一个群落有 n 个物种，第 k 个

---

① SHANNON C E, WEAVER W. A mathematical theory of communication [J]. The Bell System Technical Journal, 1948 (27): 379-423, 623-656.

② SIMPSON E H. Measurement of diversity [J]. Nature, 1949 (163): 688.

③ 辛普森悖论是基于整体数据判断得到的结论与基于分层数据判断得到结论不同所引发的悖论。比如，对某一种药的疗效进行判断，会出现这样的情况，通过男性和女性的分组数据进行判断，这种药都是有效的，但通过整体数据（男性数据与女性数据之和）进行判断，这种药却是无效的。

物种存在的概率为 p_k，辛普森多样性指数表示为

$$S = 1 - \sum_{k=1}^{n} p_k^2$$

因为，当 $k=1$ 时 S 取最小值 0，当 $p_1 = p_2 = \cdots = p_n$ 时，S 取最大值，这与香农-维纳多样性指数是一致的。同样的道理，在一般情况下，需要使用辛普森多样性指数的估计，可以写成

$$S = 1 - \sum_{k=1}^{n} \left(\frac{m_k}{m}\right)^2$$

下面，我们利用同样的数据计算辛普森多样性指数，并且与香农-维纳多样性指数的计算结果进行比较。计算如下：

$$S_A = 1 - [0.5^2 + 0.5^2] = 0.50$$
$$S_B = 1 - 0.8^2 - 0.2^2 = 0.32$$
$$S_C = 1 - 1 = 0$$

可以看到，两个多样性指数得到的多样性排序是一致的，但辛普森多样性指数的计算更加简洁。用辛普森多样性指数计算估计值平方的方法，在统计学中具有一般性，这种方法与数学分析中的泰勒展开有关，因为在统计学中，最常用的估计是最大似然估计，如果把这个估计在真值处进行泰勒展开，那么第一项为 0，第二项恰好是平方项。

数学的抽象结构与模式

随着计算机技术和信息技术的发展，人们对数学的认识发生了质的变化，数学家还创造了两个新的名词，构建了两个新的概念，用于表征他们所认识的发生了质变的数学形态。一个概念是抽象结构，用以表征数学的研究对象；一个概念是数学模式，用以表征数学的研究结果。在这个话题，我们简要讨论这两个概念的内涵及其对数学影响，特别关注它们对数学教育产生的影响。

抽象结构。《普通高中数学课程标准（2017 年版）》和《义务教育数学课程标准（2022 年版）》都提到了抽象结构这个概念，其缘由是这样的。

高中课程标准的修订工作于 2014 年启动，那时我作为数学天元基金的评审专家，参与国家自然科学基金委员会撰写中国数学未来发展报告的工作，在阅读有关材料时第一次接触到抽象结构这个概念①。这个概念原本是为了表述数学研究的基础与未来发展，我尝试把它用于我国基础教育阶段的数学教育，于是就出现在《普通高中数学课程标准（2017 年版）》的课程性质中，表述为：

> 数学是研究数量关系和空间形式的一门科学。数学源于对现实世界的抽象，基于抽象结构，通过符号运算、逻辑推理、模型构建等，理解和表达现实世界事物的本质、关系和规律。

但在整个课程标准包括对课程标准的解读中，都没有对抽象结构这个概念作任何解释。直到修订义务教育数学课程标准时，我对抽象结构这个概念有了较为深入的理解，借助"互联网+"的表达形式，把抽象结构这个概念具体表述为"研究对象+"的形式，其中"+"的内容可以是研究对象的性质或者关系。于是在《义务教育数学课程标准（2022 年版）》的课程理念第二个问题"设计体现结构化特征的课程内容"的课程内容组织中强调"重点是对内容进行结构化整合"。

为了体现"研究对象+"的课程结构，课程标准特别强调了数的认识和运算的一致性，比如，小学数学"数与代数"部分，把传统的六个主题浓缩为"数与运算""数量关系"两个主题，提出"数的概念本质上的一致性""数的运算本质上的一致性"的要求；在"图形与几何"领域，把"图形的认识"与"图形的测量"的内容合并为"图形的认识与测

---

① 参见：美国科学院国家研究理事会. 2025 年的数学科学［M］. 刘小平，李泽霞，译. 北京：科学出版社，2014：总序.

量"一个主题①。

需要进一步强调的是,这样的表达与大学数学的结构化是一致的。比如,如果用集合表示所要研究对象的全体,那么:

"集合+运算律"形成了环、群、域等基于不同运算律的抽象代数;

"集合+测度"形成了实变函数、泛函分析、概率论等基于不同测度的数学分析的分支;

"集合+距离"形成了欧式空间、巴拿赫空间、希尔伯特空间等基于不同距离的几何空间;

"集合+平行线公理"形成了欧几里得几何、罗巴切夫斯基几何、黎曼几何等基于不同平行线公理的几何形态。

可以看到,对于数学研究,基于抽象结构的认识是非常本质的,因为数学研究对象本身的存在性并不重要,重要的是研究对象的性质以及研究对象之间的关系与运算,正如我们在本书问题 1 中所讨论的那样。

数学模式。数学模式是 20 世纪末逐渐形成的一个新概念,这个概念的出现伴随着计算机技术的迅猛发展,伴随着海量数据分析的需要。有许多学者认为,数学就是一门关于模式的科学②。美国数学教育家斯蒂恩曾经专门著文论述模式的科学,文中是这样述说③:

数学通常被定义为关于空间与数量的科学,就像扎根于几何与算术那样。虽然现代数学的广泛性已经远远超出了这个定义,但直到近年来由于计算机与数学的协同发展,一个更加灵活的定义才逐渐明晰起来。

---

① 这是本书作者与马云鹏教授等数学课程标准修订组(小学组)成员共同商定的结果。
② 参见:美国国家研究委员会. 振兴美国数学:90 年代的计划 [M]. 世界图书出版公司,1993:1.
③ 这段文字是本书作者翻译的。英文版原文见:STEEN L A. The science of patterns [J]. Science, New Series, 1988, 240: 611-616。中文版可以参考:STEEN L A, 张晓东. 模式的科学 [J]. 世界科学, 1989 (10): 4-10.

数学是模式的科学。数学家寻求数量、空间、科学、计算机，以及想象中的模式。数学理论则解释了模式之间的关系，函数和映射、算子和同态把一类模式转化为另一类模式，产生了近年来的一些数学结构。数学的应用就是用这些模式来解释和预测适用这些模式的自然现象。模式又提出其他模式，产生模式的模式。数学以这样的方法遵循着自己的逻辑：起始于科学的模式，完成于那些累加起来的、由初始模式推导出来的所有模式。

……

因为计算机，我们可以比以往更加肯定数学发现类似于科学发现。它开始在数据中寻求模式：数据或许是数，但更经常是几何或代数结构。这样的推广引发抽象，导致思维的模式。理论则作为模式的模式，其重要性取决于一个领域的模式与其他领域的模式之间的关联度。具有最大解释能力的精巧的模式成为最深刻的结果，构成全部子学科的基础。

基于上面的论述，数学模式与抽象结构关联密切，正如本话题在开始述说的那样，抽象结构用以表征数学的研究对象，数学模式用以表征数学的研究结果。二者相容，才形成了数学。在上面的表述中，有一个说法应当引起我们的思考，这就是"因为计算机，我们可以比以往更加肯定数学发现类似于科学发现"。

在本质上，数学与科学一样，研究的问题最初都是源于现实，形成的概念最初都是出自经验，得到的结论最初都是基于想象，差别只在于验证结论的方式不同：科学是通过现实验证（既包括观察也包括实验）；数学是通过思辨验证，依赖的是演绎推理。但是，数学发展到一定阶段，自然而然要进行基于逻辑的而不是基于现实的第二次抽象，比如，通过自然数和三维空间进一步抽象出实数和高维空间的概念，通过数的运算法则进一步抽象出矩阵与四元数的运算法则，等等，甚至可以抽象出完全没有背景的集合概念，以及基于这些研究对象想象出来的结论。因此，上文所说的数学发现是指基于第二次抽象发现的研究对象和数学结论。这句话的总体意思是，随着计算机技术的发展，这样的数学发现也将会转化为基于数据的发现。这里所说的数据主要是指几何结构或代数结构。

回顾本书话题 26 的讨论可以知道，上文对于大数据的理解是不确切的，因为在本质上，大数据不具备结构性，大数据更像我们观察到的现实世界本身，杂乱、随机，而所谓的结构完全是人抽象的结果。因此，更确定地表达应当是，现代计算机所表现出来的越来越强大的功能，以及与此关联的包括人工智能、机器学习在内的信息科学飞速发展，使数学发生了本质性的变化，使数学发现更加类似于科学发现。

统计学、计算科学甚至包括一部分数学，正在加速改变传统的研究方法：研究的对象不再是那些抽象了的东西，而是现实世界中的那些实实在在的数据；研究的目的不再是在公理体系中发现某些必然存在的结论，而是通过数据提炼信息，发现事物的性质、事物与事物之间的关联；研究的前提不再是那些想象出来的假设，而是产生数据的现实背景及其蕴含的规律；验证结论的方法也不再是基于演绎推理的思辨，而是参照那些基于同样背景和规律产生的数据。

正因为如此，我们可以采纳数学家斯蒂恩的建议：数学的研究应当更加关注模式。数学模式类似于数学模型，但又不完全等同于数学模型，相同之处在于：二者都是基于数学语言的一般化的东西，都可以作为认识、理解、表达问题的思想和方法；不同之处在于：数学模式针对的是数学内部，可以作为认识、理解、表达数学问题的思想和方法，数学模型针对的是数学外部，可以作为认识、理解、表达现实问题的思想和方法。因此，一个好的数学模式可以适用于一批数学模型，更确切地说，可以作为构建一批数学模型的数学语言。比如初中数学中的方程和函数都可以构成数学模式，但基于数学模式的数学教学，不仅要重视知识和技能，更要重视各种背景下的应用，从中感悟数学语言的一般性，理解数学语言所承载的数学思想。在本书的最后一个话题，我们将讨论数学模型，在讨论的过程中会更加深入地分析什么是数学模式。

话题  数学模型是用数学的语言讲述现实世界的故事

数学模型与数学应用是有区别的。数学的应用范围极为广泛，可以泛指用数学的概念、原理和方法解决现实世界的所有事情，小到日常生活中的购物计算，大到人造卫星的轨道精密设计。虽然数学模型属于数学应用的范畴，但它更侧重用数学的概念、原理和方法描述现实世界中的那些规律性的东西。更加通俗地说，数学模型就是用数学的语言讲述现实世界的故事，其中所说的数学语言主要是指本书话题 29 中所讨论的数学模式。

作为数学语言的数学模式，大体上可以分为两类：一类是基于文字表达的，包括数学定义和命题，这类模式可以用来指导如何构建、理解数学的概念和定理；一类是基于算式表达的，包括一些函数和方程，这类模式可以用来启迪如何提出、解决数学问题。因为数学模式是构建数学模型的本原，所以有时也把数学模式直接称为数学模型，如线性模型、广义线性模型等。

<u>数学模型的两个出发点</u>。既然数学模型是用数学的语言讲述现实世界的故事，那么构建数学模型就需要从数学和现实这两个出发点开始，规划研究路径、构建描述用语、验证研究结果、解释结果含义，最终得到与现实世界相容的、可以描述现实世界规律的结论。

这样，数学模型的研究就不完全属于数学的范畴，大多数应用性很强的数学模型的命名，都依赖于所描述的学科背景或现实背景。比如，在生物学中，种群增长模型、基因复制模型等；在医药学中，专家诊断模型、疾病靶向模型等；

在气象学中，大气环流模型、中长期预报模型等；在地质学中，板块构造模型、地下水模型等；在经济学中，股票衍生模型、组合投资模型等；在管理学中，投入产出模型、人力资源模型等；在社会学中，人口发展模型、信息传播模型等。在物理学、化学这些传统的自然科学领域，各类数学模型更是百花齐放。

因此，对于数学模型的教学，教师应当尽可能让学生经历构建数学模型的全过程，至少要经历这样三个步骤：一是经历基于现实的抽象过程，理解现实问题的关键所在，包括变量以及变量之间的数量关系，建立构建数学模型的基本准则，让学生体会如何用数学的"眼光"观察现实世界；二是基于基本准则，选取或者创造合适的数学语言表达变量以及变量之间的数量关系，形成数学模型，让学生体会如何用数学的"思维"思考现实世界；三是运用数学模型得到结果，尝试用结果解释现实问题，在这样的过程中判断数学模型的合理性、学会修正数学模型，让学生体会如何用数学的"语言"表达现实世界。当然，还要在这样的教学过程中增强学生学习数学的兴趣和学好数学的自信心。

数学模型的验证与价值。正因为数学模型的出发点不仅仅是数学，所以验证数学模型正确与否的方法也不仅仅是数学论证，判断数学模型的好坏也不在于数学表达的难易程度。事实上，与科学结论的验证类似，数学模型正确与否的验证更侧重于对现实问题的解释力，数学模型的价值大小更体现于描述现实世界的能力大小。一个最现实的说明就是，那些获得诺贝尔经济学奖的数学模型，关注的并不是模型的数学价值，而是模型的应用价值。下面，分别通过自然科学中和社会生活中的例子进行说明。

自然界中的数学模型。我认为，第一个真正的数学模型应当是伽利略的自由落体模型。伽利略不仅对物理学的发展做出了杰出的贡献，更重要的是，伽利略创造了全新的物理学研究方法，正是因为这样的改变，现代意义的科学诞生了。

关于这一点,爱因斯坦说得非常明确①:

> 纯粹的逻辑思维不能给我们任何关于经验世界的知识;一切关于现实的知识,都是从经验开始,又终结于经验。用纯粹逻辑方法得到的所有命题,对于现实来说是完全空洞的。由于伽利略看到了这一点,尤其是由于他向科学界谆谆不倦地教导这一点,他才成为近代物理学之父,事实上,也成为整个近代科学之父。

下面,我们通过人们对引力的认识和研究,分析爱因斯坦为什么说伽利略是近代科学之父。在伽利略之前,人们思考的问题是:为什么会有引力?比如,亚里士多德在《物理学》中探讨引力的缘由②:

> 一切感觉到的物体都或重或轻,并且,如果是重物体,自然就移向中心,如果是轻物体,自然就移向上面。……但是,它们被何物所动现在还不清楚。

亚里士多德所说的"中心"是指"地心"。亚里士多德的研究引力的方法,就是爱因斯坦所说的"用纯粹逻辑方法得到的所有命题,对于实在来说是完全空洞的"。那么,伽利略是如何研究的呢?在划时代的著作《关于两门新科学的对话》之中③,伽利略借助萨尔维亚蒂之口说④:

> 看来现在不是研究自然运动加速度原因的合适时候,对这个问题不同的哲学家表达了各式各样的意见,有些人解释为向心的吸引力,有些人解释为物体非常小的部分之间的斥力,还有些人归诸于周围介质的某些压力,这些介质随后包围落体而驱赶它从一个位置到另一个位置。现在,所有这些

---

① 参见:爱因斯坦. 爱因斯坦文集:第一卷 [M]. 许良英,范岱年,编译. 北京:商务印书馆,1976:313.
② 参见:苗力田. 亚里士多德全集:第二卷 [M]. 中国人民大学出版社,1991:74,223.
③ 原著的名称是《关于力学和位置运动的两门新科学的对话》。因为教会的反对,这部书最初是在荷兰而不是在意大利出版的,参见:弗·卡约里. 物理学史 [M]. 戴念祖,译. 北京:中国人民大学出版社,2010:30.
④ 参见:伽利略. 关于两门新科学的对话 [M]. 武际可,译. 北京:北京大学出版社,2006:153.

和其他离奇的想法都应当受到考察，但是实在不值得（为这种事情）花费时间。

伽利略这里所说的"自然运动加速度"是指地球引力所产生的加速度，也就是我们现在所说的自由落体加速度或引力加速度。伽利略说得非常正确，不应当把精力放在研究引力加速度的产生"原因"上，即便是到了科学技术发展到相当程度的今天，我们依然说不清楚引力到底是什么，更说不清楚为什么会有引力。虽然早在16世纪开普勒就计算了太阳系内行星的椭圆轨道，17世纪牛顿万有引力定律就告诉我们宇宙中引力无处不在，1916年爱因斯坦广义相对论描绘了引力场空间的弯曲，2015年美国两所大学的科学家观察到引力波的存在。

伽利略从根本上改变了引力的研究方向和路径：研究和证实加速度的性质、加速度与物体运动规律之间的关系，而不探究加速度产生的原因。这就是说，科学研究应当关注自然现象性质和规律，而不应当关注人类自身的逻辑思考。我们可以大致描述伽利略所创立的现代科学的研究路径：通过现象分析建立假说，借助数学语言表达假说，通过观测或者实验验证假说。可以看到，伽利略对数学语言情有独钟，他曾经感叹地说，宇宙这本书是用数学语言写的[①]。

遵循自己创建的研究路径，伽利略开始了自由落体模型的构建。伽利略假设了一个基本事实：物体下落的速度随下落时间的增加而增加。也就是说，在没有干扰的情况下，物体下落的速度越来越快，后来人们称这样的速度为重力加速度。虽然假设源于观察产生的直觉，但伽利略最终通过实验验证了这个假设。现在，人们称这个加速度为重力加速度，与物体所在引力场有关，在地球上重力加速度大约为 9.8 m/s^2，月亮上的重力加速度大约是地球上的 1/6。

伽利略想象了一个理想情境：物体的下落速度与物体的

---

① 参见：爱德文·阿瑟·伯特. 近代物理科学的形而上学基础 [M]. 徐向东, 译. 北京：北京大学出版社, 2003：56.

形状和质量无关。可以想象，这样的情境只能在真空中实现。伽利略通过假设和想象，建立了关于自由落体的假说，在真空情况下，自由落体下落距离与时间的平方成正比，思维过程大体如下。

如果把加速度设为 g，那么根据假设的基本事实，自由落体下落 1 s 时速度大小为 g，下落 2 s 时速度大小为 $2g$……下落时间 t 后的速度为 tg。可以推算，时间 t 内，下落的平均速度为

$$v = \frac{1}{2}gt$$

因为路程=速度×时间，就可以得到自由落体路程模型为

$$s = vt = \frac{1}{2}gt^2$$

这只是一种基于直观的思考，事实上，伽利略的论证要复杂得多。他利用三角形的面积来表示自由落体下落的距离，论证了上述表达式的合理性。伽利略的论证蕴含了微积分思想的萌芽，由此可以认为，在那个时代产生微积分是一种必然[①]。

为了验证模型的正确性，伽利略开始设计实验。虽然许多科普书讲到伽利略是在比萨斜塔安排了他的试验，但是这样的述说虽然故事性很强但不可信，因为自由落体的速度太快，在那个没有钟表的时代[②]，不可能精确记录数据。事实上，伽利略的实验是在斜面上进行的。

实验验证的关键是，物体下落的距离是否与时间的平方成正比。为此，伽利略在《关于两门新科学的对话》中的定理 3 证明了这样的结论：同样的高度、同样的重物沿垂直下落和斜面下落，下落的时间之比等于垂直长度和斜面长度之比。这就说明，可以利用斜面进行自由落体实验。伽利略用一块 12 码长的木板，在中间划出 1 英寸宽的光滑沟槽，让一

[①] 参见：史宁中. 数形结合与数学模型：高中数学教学中的核心问题 [M]. 北京：高等教育出版社，2018：264-271.

[②] 伽利略发现单摆的等时性后，惠更斯利用单摆原理于 1656 年制作了第一台机械钟，但伽利略于 1642 年去世。

个光滑的黄铜球沿着沟槽滚下。他试验了不同的斜度，又试验了不同长度的木板，一百多次的试验结果均显示：黄铜球下落的距离与下落时间的平方之比近似成正比例关系。在试验过程中，为了解决时间的度量，伽利略通过管子流到杯中的水流量进行度量，可以这样度量的理由是：物体下落时间与杯中水的重量成正比例关系。从这个角度来说，伽利略自由落体实验的结论是用"秤"称出来的。

通过伽利略的研究路径可以看到，构建数学模型的前提是简化现实问题的背景，剥离那些不必要的细节，抽象出现实背景中的核心要素；建立数学模型需要思考因果关系，有逻辑地想象核心要素之间的关联，选择恰当的数学语言表达这样的关联；验证数学模型的基本依据是现实，既可以是现象的观测，也可以是实验的结果[①]。

<u>社会生活的数学模型</u>。英国经济学家凯恩斯是现代西方经济学最具影响力的经济学家之一。凯恩斯创立的宏观经济学、奥地利心理学家弗洛伊德所创的精神分析法与爱因斯坦创造的相对论，并称20世纪人类知识界的三大革命。

凯恩斯的宏观经济学强调政府干预市场经济的重要性，他用数学的语言表达了他的思考。如果用 Y 表示国民收入，用 C 表示国民消费，用 I 表示国民投资，那么可以把三者之间的关系表示为

$$Y = C + I$$
$$C = a_0 + aY$$

现在，人们称这个模型为凯恩斯静态模型。

第一个等式表示的是：收入 = 消费 + 投资，因此需要假定，国民收入不是用来消费就是用来投资，所说投资包括银行储蓄、购买证券或股票。可以看到，与自然界的数学模型一样，社会生活中的数学模型也需要进行必要的假设。

第二个等式是最简形式的线性模型，其中 a_0 和 a 是模型的系数。与自然界的数学模型一样，社会生活的数学模型中

[①] 例如，杨振宁和李政道获得诺贝尔物理学奖，依赖的是吴健雄设计的实验和实验结果。

的系数也具有非常明显的现实意义，在上述模型中，系数 a_0 表示国民的基本消费，如房租、水电、交通费等；系数 a 表示国民的"边际消费倾向"，可以用来表示基本消费以外消费的程度，系数 a 越大则消费倾向越大，如果不存在透支消费的情况，那么总有 $a \leqslant 1$。①

这个数学模型的数学形式非常简单，第一个等式就是《义务教育数学课程标准（2022年版）》中提到的加法模型，第二个等式是加法模型与乘法模型的混合，都是小学生也可以接受的数学表达。但是，这个数学模型所讲述的现实社会生活中的故事是生动的，这些故事深刻地影响着国家经济政策的制定。经济学家们研究并且发展了这个数学模型，形成了凯恩斯学派，其中有若干个学者获得了诺贝尔经济学奖。下面，我们来分析这个模型及其拓展应用。

在较短时间段内，可以假定 $a_0 = 0$，得到 $a = \Delta C/\Delta Y$（其中 Δ 是常用的符号，表示时间间隔内数量的变化），这样，系数 a 表示时间间隔内消费与收入的比，人们又称系数 a 为乘数系数，第二等式为乘数效应方程。通过简单求解，容易得到

$$Y = \frac{a_0 + I}{1 - a}$$

其中 a 是一个小于1的正数，a 越接近1则国民收入 Y 越大，因为这个增长关系不是线性的而是成倍数的，所以人们称 a 为乘数。为了说明这一点，我们分别考虑两种情况。

固定乘数、变化投资。设基本消费系数 $a_0 = 10$，乘数 $a = 4/5$，那么当投资 $I = 5$ 时，收入 $Y = 75$；当投资 $I = 10$ 时，收入 $Y = 100$。这个结果表明：投资增加5，收入增加 $100 - 75 = 25$，即收入增长是投资增加量的5倍。

固定投资、变化乘数。设基本消费系数 $a_0 = 10$，投资 $I =$

---

① 美国经济学家弗里德曼研究持久收入消费理论，他认为，如果收入是持久的，那么相应的边际消费倾向 $a = 1$。参见：FRIEDMAN M, BECKER G S. A statistical illusion in judging keynesian models [J]. Journal of Political Economy, 1957（1）：64-75. 弗里德曼获得1976年度诺贝尔经济学奖。

10，那么当乘数 $a = 3/5$ 时，收入 $Y = 50$；当乘数 $a = 4/5$ 时，收入 $Y = 100$。计算结果表明：乘数增加 $1/5$，收入增加 $100 - 50 = 50$，是投资的 5 倍。

正是因为存在乘数效应，凯恩斯静态模型成为许多国家制定经济政策的基本依据，这也就是人们通常所说的"消费拉动经济"的基本依据，这样，经济学家就构建了宏观经济学中"乘法原理"的基本框架，并且把这个数学模型拓展到国民经济管理的诸多方面①。

1968 年瑞典中央银行在建行 300 周年时，为纪念诺贝尔增设"诺贝尔经济学奖"。参照诺贝尔物理、化学、生理或医学、文学、和平这五个奖项，1969 年诺贝尔经济学奖首次颁奖，用以奖励在经济学领域作出突出贡献的人。迄今为止的评选结果表明，数学模型在现代经济学的研究中至关重要。

1970 年度诺贝尔经济学奖授予美国经济学家萨缪尔森，以表彰他对数量经济学做出的巨大贡献。萨缪尔森被誉为凯恩斯经济学理论的集大成者，与凯恩斯一样，萨缪尔森也强调政府引导市场经济的重要性。在凯恩斯静态模型的基础上，萨缪尔森在 1939 年发表的一篇文章中提出了著名的乘数-加速模型②：

$$Y_t = g_t + C_t + I_t$$
$$C_t = a_0 + aY_{t-1}$$
$$I_t = b(C_t - C_{t-1})$$

与凯恩斯静态模型对应，上式中的 Y_t、C_t 和 I_t 分别表示 t 时期国民收入、国民消费和国民投资，g_t 表示 t 时期政府支出。通过这样的变化，萨缪尔森就把经典的凯恩斯模型与时间联系起来了，这就是凯恩斯动态模型。

上述第二个等式仍然称为乘数效应方程，系数 a 为乘数

---

① 参见：高鸿业. 西方经济学：宏观部分 [M]. 5 版. 北京：中国人民大学出版社，2011：第 13 章.

② 为了便于比较，称萨缪尔森的乘数-加速模型为凯恩斯动态模型。模型参见：SAMUELSON P A. interaction between the multiplier analysis and the principle of acceleration [J]. Review of Economics and Statistics，1939（21）：75-78. 中文版参见：史树中. 诺贝尔经济学奖与数学 [M]. 北京：清华大学出版社，2002：22.

系数，但现在需要假设：t 时期的消费只与 $t-1$ 时期的收入有关。生活经验告诉我们，这个假设相当苛刻，它描述的是一种现挣钱现花费的生活状态。我们再次看到，与自然界的数学模型一样，为了得到表达清晰的生活中的数学模型，人们也不得不做出一些非常苛刻的假设。

上述第三个等式也是一个线性模型，称为加速效应方程，称其中的系数 b 为加速系数，这个方程表明投资是消费增长的线性函数，系数 b 是线性函数的斜率。这个方程进一步说明消费的增长能够促进国民收入的增长。

如果政府的支出是一个常数 $g_t = g_0$，那么解上面的方程组可以得到

$$Y_t - a(1+b)Y_{t-1} + abY_{t-2} = a_0 + g_0$$

这是一个非齐次二阶差分方程。对于时间变量连续的情况，这个模型可以用二阶微分方程描述，方程的解取决于特征方程：

$$\lambda^2 - a(1+b)\lambda + ab = 0$$

萨缪尔森在 1939 年发表的文章中给出了一些数值计算的结果，特别指出，当方程没有实根时，方程有阻尼振荡解，他认为这个结果可以说明经济增长的周期现象。

可以想象，如果在数学模型的教学过程中，能够恰到好处地向学生展示数学模型的现实魅力，不仅可以让学生更好地了解数学的实际应用，还会激发学生使用数学的语言表达现实世界的激情。比如，讲述凯恩斯静态模型和萨缪尔森动态模型的故事。

数学模型的数学贡献。数学模型构建了数学与现实世界的桥梁，对数学发展的贡献是不可估量的。数学家凭借直觉，在数学模型的构建过程中汲取了"创造数学"的灵感，促进数学自身的发展。甚至可以认为，数学模型的构建与应用，是现代数学得以健康发展的重要的源泉，正如美国数学家、计算机的创始人冯·诺伊曼所表述的那样[1]：

---

[1] 参见：数学史译文集 [M]. 刘金顺，何绍庚，译. 上海：上海科学技术出版社，1981：123.

数学思想来源于经验，我想这一点是比较接近真理的。真理实在太复杂，对之只能说接近，别的都不能说……数学思想一旦被构思出来，这门学科就开始经历它本身所特有的生命。事实上，认为数学是一门创造性的、受审美因素支配的学科，比认为数学是一门别的特别是经验的学科要更确切一些……换句话说，在距离经验本源很远的地方，或者在多次"抽象的"近亲繁殖之后，一门数学学科就有退化的危险。

在上述论述中，关于数学经过多次抽象之后可能出现近亲繁殖，可能带来退化的危险，这种警告是值得我们充分重视的。很显然，避免数学退化最简单的办法就是注重数学与现实世界的联系，而联系的最重要的途径就是数学模型。

合理的思维过程具有理性加工的功能，而现实世界的东西一旦经过理性加工，或者说，现实世界的东西一旦经过数学描述，不仅具有了一般性而且具有了真实性。而数学模型就是这种理性加工的范例，数学对解释现实世界是无能为力的，但利用数学能够更好地描述现实世界。正因为如此，数学模型的价值大小往往不在于数学本身，而在于数学模型在描述现实世界中所起到的作用大小。数学模型的教学需要引导学生从数学的角度思考，更需要引导他们从现实问题的角度思考，只有这样，才能激发学生的学习兴趣，提升他们的应用意识和创新意识。

郑重声明

高等教育出版社依法对本书享有专有出版权。任何未经许可的复制、销售行为均违反《中华人民共和国著作权法》，其行为人将承担相应的民事责任和行政责任；构成犯罪的，将被依法追究刑事责任。为了维护市场秩序，保护读者的合法权益，避免读者误用盗版书造成不良后果，我社将配合行政执法部门和司法机关对违法犯罪的单位和个人进行严厉打击。社会各界人士如发现上述侵权行为，希望及时举报，我社将奖励举报有功人员。

反盗版举报电话　　（010）58581999　58582371
反盗版举报邮箱　　dd@hep.com.cn
通信地址　　北京市西城区德外大街4号
　　　　　　高等教育出版社知识产权与法律事务部
邮政编码　　100120

读者意见反馈

为收集对教材的意见建议，进一步完善教材编写并做好服务工作，读者可将对本教材的意见建议通过如下渠道反馈至我社。

咨询电话　　400-810-0598
反馈邮箱　　gjdzfwb@pub.hep.cn
通信地址　　北京市朝阳区惠新东街4号富盛大厦1座
　　　　　　高等教育出版社总编辑办公室
邮政编码　　100029